谨以此书
献给翠微小学六十周年华诞

明德至翠
篤行于微

致广大而尽精微

——翠·微教育的思考与实践

许培军 编著

教育科学出版社
·北京·

编委会

序

当前学校教育进入一个追求办学品质的时代。前所未有的、开放的社会和教育环境，要求每一所学校都要有足够的主体意识和发展动力，学会从整体上思考学校的发展之道。建设蕴含深层教育追求的学校文化，塑造永葆活力的学校精神，是提升学校教育品质的基本途径。

今日的翠微小学需要以高品位的学校文化理念促进整体办学品质的提升。翠微小学创建半个多世纪以来，在历任校长的努力下，经过了几代人的艰苦奋斗，有了今日较高的办学质量，有许多可贵的传统。这是翠微小学的财富，是学校不断向前发展的基础和精神支柱。因此，挖掘翠微小学的文化积淀，传承几代翠微人的精神，把握学校主体发展的脉络，拥有领先、超前的办学理念，着眼于未来的发展，形成翠微小学教师、学生、家长共同的价值取向，成为我们今天的重要使命。

近年来，我们一直潜心于学校文化的研究。我们站在教育学的学科立场，从文化哲学的高度，将学校文化建设的理性思辨、历史叙事、自主创生融为一体。在文化建设的不同时期，我们各有侧重：在进行历史梳理和顶层设计时，我们需要理性思辨；在各部门具体实践时，我们需要自主创生；在总结呈现时，我们需要历史叙事，也需要理性思辨。借鉴这样的思路，我们的学校文化建设既科学系统，又充满灵性和活力，在学校教育独特内涵的基础上探索学校文化的独特品质及其生成之路，彰显全体师生作为文化主体的地位，在学校文化核心理念的影响下，在学校成员的自主成

长中，主动生成学校文化，形成顶层设计和过程生成的有机结合，使学校文化根深脉长，枝繁叶茂。

现在，回顾文化建设之旅，我们很欣慰。我们以"明德至翠，笃行于微"这一价值取向统领学校的整体工作，在育人目标、办学目标和教育方式上形成翠微小学核心文化理念实践体系，促进各项工作在核心理念指引下保持协调一致，教育教学质量有了很大提升，教职员工的文化认同更强，社会的认可度也更为广泛。

我们更清醒地认识到学校的责任和使命：我们期望通过六年的教育培养出什么样的孩子？对于任何有着高度教育自觉的小学教育工作者和学校来说，这是一个贯穿始终的问题。可以说，对教育目的的思考与践行是一所学校进行文化建设的核心与宗旨，我们将紧扣这样的思考，继续深入地进行学校文化建设，使我们的翠·微教育更为高尚、更加智慧！

目 录

为什么是翠·微教育

　　当前教育领域一直流行着很多种"教育"：赏识教育、成功教育、新平民教育、生命教育、幸福教育、愉快教育，不一而足。看到翠·微教育，也许您会联想到前面这些"教育"，并心生疑惑。如果说前面那些"教育"从字面上就能反映其教育理念所指，那么，翠·微教育除了给人留下"套用校名"的刻板印象外，很难直观地让人领悟文字背后的教育意蕴。为此，本书有必要在文前先说明为何是翠·微教育。

　　首先，从辩证发展的角度来看，每一种"教育"的提出都必然地基于一套相对成熟的生长基因：或应对时代的呼唤，如新平民教育；或尝试改进当前教育领域普遍存在的问题，如赏识教育、生命教育；或呼应当前社会倡导的主流价值观，如价值教育、幸福教育。总之，没有无缘无故的"教育"存在，也无须评价出孰优孰劣。翠·微教育正是在翠微小学60年历史与文化的浸润中，在若干翠微人追求教育理想的实践中，在学校热情并审慎地回应时代诉求的过程中不断地发展与完善。

　　其次，我们自知翠·微教育至今远没有像有的教育理念那样高屋建瓴，它只是翠微小学在探索与发展的实践过程中总结和提炼出来的治校理念。我们理智、大胆、谨慎，但我们从不奢望翠·微教育被作为普及性的教育理念得到推广和复制。况且，翠·微教育的提法只能是独一无二的，校情不一样，生源不一样，师资不一样，何谈推广和复制呢？顶多是借鉴罢了。

最后，为什么是翠·微教育，而不是翠微教育？如果从含义和功能来看，"·"至少具有以下功能：第一，"·"作为分隔符，从视觉上更加突出了"翠"和"微"，将学校建设与发展中"翠"和"微"的理念更为直观地表现出来，由此也成为学校教育实践的准则与标尺；第二，"·"意指焦点、核心，翠·微教育不是历史与现实的堆砌，它引领未来，是学校未来发展的灵魂，并保障着学校实践的纲举目张；第三，"·"可以形象化为一颗种子，代表无限可能——点可以构成线，可以构成平面，也可以构成立体，寓意着翠·微教育及其实践创新拥有广阔的空间。

本书尽可能全面、生动、有条理地论述翠·微教育的理念与实践，尤其是将翠·微教育理念提出之后翠微小学的改革与变化摆在这里，与大家分享，供大家批判，以求共同成长。

第一，翠·微教育是翠微小学的治校理念。

早在 2008 年，翠微小学作为海淀区第一批小学规范化建设的项目校，在一系列专家的引领和带动下，开始从战略上明确了"梳理历史，精确提炼"、"面向未来，富有创新"、"广泛调研，系统构建"三大原则。2010年 4 月，经各方专家论证以及全校教职工代表大会的一致通过，翠微小学召开了学校文化核心理念发布会，向社会发布了翠微小学学校文化及核心办学理念系统，明确将"明德至翠，笃行于微"作为学校核心价值理念及校训，确定了"培养明德笃行的阳光少年"这一培养目标，以及"创建受社会广泛认可的翠·微教育品牌学校"这一办学目标。"明德至翠，笃行于微"首次巧妙地将翠微小学的"翠"字和"微"字与教育的追求相联系，赋予了翠微小学这一校名独特的精神内涵。

在两年多的探索过程中，翠微小学的办学理念愈加明晰，内涵愈加丰富。"明德至翠，笃行于微"的价值追求得到了广大教职员工的热情拥护，品牌标识日渐深入人心。2012 年，经过两年多的实践，在第四届第五次教职工代表大会上，全体教职工又对文化理念、培养目标、管理格局、名师培养、课程建设进行了深入思考，展开了热烈讨论，最终集大家智慧，

"翠"与"微"的内涵得到进一步的阐释，即"绿的生态、玉的品质、微的细腻、润的内涵"。较为形象化的阐释在实践上更具有可操作性，使得校园建设、教育教学实践有了接地气的追求与目标。同年的一次机遇，促成学校在培养学生健康自我方面也开展积极的实践，在"学生健康自我发展能力培养的研究"这一课题的带动下，我们又重新审视了学校的学生培养目标。2013年，学校慎重地对外宣布了翠微小学新的学生培养目标，在目标指向上加入了学生健康自我的因素，语言表述明确为"培养明德笃行、自觉自为的阳光少年"。梳理翠微小学办学理念近几年的发展思路，我们有理由说翠·微教育的提出不是为了标新立异，而是有着较为深厚的实践根基，而且体现了翠微小学在探索治校理念的道路上至真、至善、至美的追求。

第二，翠·微教育要培养明德笃行、自觉自为的阳光少年。

践行翠·微教育，我们不仅追求在理念表述上形成一套较为成熟的逻辑体系，而且力求在教育实践层面打磨出一套较为严谨、科学的操作体系。其中，所有的实践都指向一个核心，那就是学校的培养目标——培养明德笃行、自觉自为的阳光少年。它影响着学校的教育教学、课程建设、德育活动设计、校园环境建设，甚至影响着教师的行为文化、师资队伍建设乃至学校管理。本书力求真实地呈现我们的所思所想以及近年来学校在上述方面的变革与实践。

我们愿意以开诚布公的态度呈现学校在发展过程中的思考与实践，也欢迎对教育有想法的同人对学校发展提出宝贵的建议并进行指导。正如同我们用"翠绿"和"温润"来刻画纯净之玉一样，对于教育，我们也希望达到"翠"与"微"的境界！

第一章

翠·微教育的提出

一、翠·微教育的缘起

一种学校文化的形成不是随意的，它需要依据学校自身特点，符合学校实际情况。这里的"学校自身特点"、"学校实际情况"通常包括两方面：第一，学校历史发展过程中逐渐形成的学校文化特质，这是学校进行文化建设的基础；第二，学校的发展愿景，这通常与当前的一些教育问题相关联，反映了学校对当代学校教育中存在的主要问题的判断和把握，它为学校文化注入了新的元素和发展的动力。

（一）翠微小学的历史发展

学校文化建设不是搭建空中楼阁，把学校原本没有的东西强加给学校，而是对学校在历史发展过程中形成的文化遗产进行梳理、凝练和提升，使之合理化、体系化，从自发的文化走向一种自觉的文化。翠微小学在半个多世纪的发展历程中，逐渐形成了一些自身的文化特征，传承到今天，已经深入到学校生活的各个方面，成为学校有意识地开展文化建设的重要基础。

建校以来，翠微小学一直勤勉进取、锐意改革、不懈追求，特别是在三十年来的教育改革中，先后在海淀区教委推出学校内部管理体制、规模办学和人事制度三项重大改革之时做出明智的选择，为学校发展赢得了先机。在前后八任校长的引领下，翠微小学在不同的历史时期始终坚持选择和培养最好的师资，始终坚持开明而严谨的治学态度，始终坚持改革创新的办学思路，质朴求真、濡化品行，传播知识、研究学术，滋兰树蕙、造就人才。

1. 学校创建与初步发展

翠微小学初建于 1956 年，是隶属于部队的子弟小学。1955 年，中央军委通信部、四机部、训练总监部和农大联合办学，在一大片荒芜的空地上开始了翠微小学初始的校园建设，因矗立在翠微路上，而拟定校名为翠微小学。1956 年 9 月，北京市海淀区翠微小学正式成立，建有两排平房，只有 8 间教室、7 个班，校址就在现在的翠微小学本校区，第一任校长为原延安军委三局托儿所第一任所长吴文喻。1957 年 10 月，通信兵学院文化教员张宗仁服从组织调动，作为现役军人担任翠微小学第二任校长。1964 年，学校被移交给地方，"对孩子负责，一切为了孩子"成为当时学校的办学理念。学校从二年级开始就开设了俄语、英语、日语课程，体育课和音乐课分别聘请了专业的足球教练和广播事业局的专业演员执教，内容丰富，生动活泼。学校教学水平比较高，成绩在全区比较突出，迅速发展到 30 个教学班、1000 多名学生。

"文革"十年，学校受到冲击。1970 年 2 月，转业军人潘力担任党支部书记兼"革命委员会"主任，为第三任校长。她继承前任的光荣传统，尊师重教，任职后不久，就积极落实党的知识分子政策，大胆起用干部，任命高淑娥、杨显清为副校长主抓教学，任命徐凤霞为大队辅导员主抓教育，积极培养骨干教师队伍。

1978 年党的十一届三中全会后，学校恢复了正常的教育教学秩序。为了改变校园环境，学校干部和教师一起当清洁工，清理校园死角；当园丁，种花、栽草、植树；当建筑工，建花坛、修喷水池；当化缘者，到处筹集资金以改善办学条件。在艰苦的条件下，前辈们为翠微小学创建了美丽校园的雏形。

2. 改革开放后的发展历程

改革开放后，经过几代师生的共同努力，翠微小学不断发展，在提高教学质量的同时，逐渐形成自身的办学特色，办学规模不断扩大，学校声誉显著提升。改革开放后，翠微小学的发展历程大致可以概括为以下三个阶段。

（1）教学为本，满园春色（1980 年至 1994 年）

改革开放为学校发展提供了稳定的环境和良好的机遇，学校以"教

学为本、强化师资"为中心工作,千方百计地安排教师们去学习,以加强青年骨干教师的培养。学校鼓励教师积极报名上"中华社会大学";鼓励听课,特别是听教学专家的课;聘请特级教师张光璎来到我校做课,指导语文教学;改善办学条件,建立了校办工厂;实施学校教职员工聘任制和结构工资制;进一步加强校园环境建设,拆除平房,新建了教学楼,花园式校园里,春色满园、生机盎然。当时的校长刘锡纶于 1980 年从七一小学调入翠微小学,作为副校长主管教学及学校日常工作,1986 年被任命为羊坊店中心学区书记、校长,兼翠微小学书记、校长,在翠微小学"战斗"了 12 年,为学校的发展做出了巨大贡献。其后一年,王育华校长接任,为学校营造了一个严格制度下的和谐办学环境。

1988 年,翠微小学率先在北京市学校内部管理体制改革中脱颖而出,实行了校长负责制、教职工聘任制、工资总额包干和校内结构工资制。经过改革,激活了办学机制,学校办学条件、教师干部素质、教育教学质量都有了较大提高,翠微小学由原来的名不见经传发展为全区较为知名的学校。

(2) 规模办学,彰显特色(1994 年至 2006 年)

1994 年 7 月,海淀教委为适应城市发展需要,进行规模办学实验。原罗道庄小学、卫国学校小学部统一合并到翠微小学,同年年底又与温泉小学合并,形成一校四址的办学格局。这期间,田志刚担任校长,他依据翠微小学的传统与周边家长的需求,于 1997 年提出以艺术教育为龙头,全面推进素质教育。学校成立了多种艺术社团,培养学生的艺术修养。来自美国、德国、新加坡、日本等国家的访问团体,曾多次到校进行关于规模办学、教育理念、课程研究、艺术教育等方面的友好交流活动。

1998 年,学校又开办了"外籍教师英语实验班",高质量的外语教学实践成为翠微小学吸引社会注意力的又一热点,学校的教育教学进入平稳上升时期。校园硬件条件有了较大的改善,师资队伍素质有了较大的提高。"明天的我,是翠小的骄傲"成为当时脍炙人口的校训,对内引导风范，对外展示形象；"以人为本"是学校的办学理念，对全体师生的价值取向、人格塑造、思维方式、道德情操及行为习惯养成都起到了重要的作用。这个阶段，学校五大艺术社团已初具规模，英语特色逐步彰显，校园环境和硬件设施有了较大的改善，成为海淀区首批"素质教育优质校"。

(3) 科学发展，文化立校（2006 年至今）

2006 年，张彦祥担任翠微小学校长。此时，学校正处于新老交替的关键时期，一大批新上任的干部需要业务上的培训与指导。在实施三年平稳过渡、适度调整、平稳起步的"三步走"战略中，学校顺利地走过了历史上最大、最严峻的新老交替的过程。学校重点加强干部系统建设，数次干部培训主题鲜明、方法科学，有力地促进了干部队伍素质的提升，干部结构日趋合理，部门管理日趋科学。

学校从硬件到软件发生了巨大的变化。办学环境得到极大改善，本校区、东校区重新装修、加固，让人耳目一新，现代化办公环境、学习环境让人心旷神怡。艺术类、体育类、科技类、学科拓展类校本课程逐步规范化、科学化，为学生的个性发展、人格完善提供了保障，面塑课程、民乐课程在全区更是独树一帜。六大社团发展壮大，凸显了学校艺术教育的成果：2009 年 4 月，学校民乐团在国家大剧院举办首场民乐演出，同年，学校金帆书画院在中华世纪坛专场展示了师生 1000 多件精美的艺术作品；教授艺术类课程的多名教师去新加坡讲学，民乐团去奥地利、新加坡等诸多国家演出。2010 年，北京市校本课程建设现场会在翠微小学召开，学校开设艺术类课程的独特经验获得同人的认可。学校的办学质量在区域内的影响越来越大，社会认可度越来越高。

2010 年 4 月 2 日，翠微小学对外召开了学校文化核心理念发布会。"明德至翠，笃行于微"成为新的发展时期学校的核心价值理念和校训，"培养明德笃行的阳光少年"成为学校的培养目标，"创建受社会广泛认可的翠微教育品牌学校"成为新的办学目标。近 30 家社会新闻媒体参加了这次发布会，张彦祥校长就学校文化核心理念确立的背景和过程，核心理

念所包含的办学目标、培养目标以及校徽和校训的深刻含义逐一进行了阐释。"创建受社会广泛认可的翠微教育品牌学校"成为每一个翠微人的追求。

2011 年 7 月，翠微小学又迎来新任校长许培军，为学校发展带来了新的机遇。自 2011 年开始，以许校长进入北京市名校长工作室为契机，学校开始参与课题"学生健康自我发展能力培养的研究"，在培养学生健康自我方面开展积极的探索，重新审视学校的学生培养目标。与此同时，学校的办学理念愈加明晰，内容愈加丰富，阐释更加接地气，"绿的生态、玉的品质、微的细腻、润的内涵"明确昭示了"翠"与"微"这一教学品质的追求。2013 年，学校慎重地对外宣布了新的翠微小学学生培养目标，在目标指向上加入了学生健康自我的因素，语言表述明确为"培养明德笃行、自觉自为的阳光少年"。办学理念的明确与细化，引导学校办学实践全面开花，教学、德育、课程都得到了渐进式发展，翠微小学在海淀区乃至北京市的影响力逐步提升。

（二）对当代学校教育问题的回应

对于一所学校来说，一方面，学校文化来自于历史的积淀，与学校整个发展历程息息相关；另一方面，学校文化又是在具体的时代背景下不断发展和建构的。一所学校提出和建设什么样的学校文化，除了要观照学校发展历程中积累的文化遗产，也常常需要对当下一些具体的学校教育问题进行回应。翠微小学提出以"明德至翠，笃行于微"为核心的翠·微教育，就是基于其对现实教育问题的判断与把握。

1. 学校教育实践中对质量的追求出现歧误

（1）追求质量与追求成绩画等号

质量是学校教育生命力的体现，但是在应试教育的桎梏下，教育行政单位、学校、教师、家长乃至整个社会仍然有意无意地将质量与成绩画等号，造成了当前素质教育实践的窄化。今天，当我们说一所学校是"好学校"的时候，其判断标准很大程度上是学生的考试成绩，即便不是唯一，它也是最为核心和关键的。尽管今天许多学校在观念上已经意识到应试教育的弊端，意识到素质教育对于学生终身发展的重要性，但由于高度的学业竞争压力和我们对学生、对学校的评价模式的限制，在实践中学校仍然不得不把应试教育作为最重要的内容。由于我国实行小升初就近入学政策，小学阶段的应试压力的确不如中学阶段那样直接而沉重，但也只是程度上的差别。出于择校或"为中学打牢基础"的考虑，小学同样无形中被纳入应试教育的流水线之中。

首先，学校课程建设创新性不足，学生课堂生活单一。

在国家取消小升初"成绩定输赢"之前，升学率几乎是判断学校教育质量的唯一标准。而且，小升初取消考试之后，这种"成绩导向"的局面并未有大的改观，仍然潜移默化地影响着教育实践。虽说国家课程改革越来越重视学校作为教育主体的地位，比如逐渐下放了课程权力，允许地方课程、校本课程百花争春，但是，囿于国家三级课程的规定性，诸多学校只能在国家课程的既定范围内进行操作，而且装点门面的较多，疲于应付的不少。因为成绩的压力，教师教学方式单一，也使得学生的课堂生活单一。由于学校生活的贫乏，家长不得不寻求社会教育机构的支持，五花八门的社会教育内容侵占了学生大量的业余学习时间，同样也变相肢解了固有的课程内容。再加上社会教育内容与学校教育内容的不一致，使得学生和家长花费大量的时间分头应付，负担加重。

其次，学生缺少校园生活体验。

著名教育哲学家杜威极力提倡"校园即社会"，在理念上，这也得到了我国诸多教育学者的认可。但是在实践层面，学校仍然多多少少地成了一心只读圣贤书的象牙之塔，因为校园围墙的限制，真正意义上的"社会"很难形成。学校教育向社会生活的延伸更成为奢谈，学生们顶多只是有着家庭作业的束缚罢了。

真正的人的成长是一个复杂的过程，一个人进入社会不是只靠知识

就能够行走天下的。一个体面的、幸福的人的存在，一定既体现在知识层面，也体现在情感层面，同时还体现在价值层面。我们现在的教育过多地关注了有形的知识层面，对情感的培育和价值观的引导却是态度冷淡甚至是漠视的。如此，我们的教育始终是缺少温度的，这也导致了我们当前的教育缺少了一个重要的维度，即学生的成长体验。

（2）缺少生态考量

学校教育实践虽然复杂，但是分门别类倒也清晰，不外乎德育、课程教学、管理这三大块儿。但是，清晰的部门划分在提高学校教育工作效率的同时，也容易导致各部门工作内容之间的割裂，造成学校各部门单兵作战的较多，协商整合的较少，尤其缺少顶层设计，少了一条清晰的线贯穿始终。

从教育生态学的维度来审视学校的建设与发展，犹如生物成长需要适宜的生态环境一样，教师的专业成长和学生的全面发展也需要营养丰富的生态环境。这种环境既包括自然环境，也包括社会环境，只有人与人、人与自然、人与社会相互和谐、共生共荣，彼此促进、协同进化，才有利于个体的全面发展，有利于每个系统的协同进化。一个良好的学校系统就应该从尊重教育系统的生态性出发，以全面、系统、联系的观点对教育现象及其管理进行一种新的审视，从教育生态系统的内部规律出发来进行研究，探讨教育管理的最佳途径和最优机制。

2.学校德育实践面临诸多尴尬

传统上，我们国家尤为重视道德。古代就有"以德治国"的思想，这种思想在今天也在一定程度上得到了继承。我们的学校教育一直以来都提倡"德育为本"，然而学校教育的实际情况往往并非如此。

（1）"大德育"导致"空德育"

我国学校教育中"大德育"的特点，往往使道德教育不能落到实处。在我国的学校教育中，"德育"并不仅仅是"道德教育"的缩写，还包括了更多的内涵，甚至有"除了教学都归德育"的说法。这种"大德育"的观念和现实与我国学校教育发展的特定历史背景有关，也存在着它独特的价值，但从道德教育本身来看，它可能引发一些问题。在"大德育"的背景下，学校德育工作中常常突出的是政治教育、意识形态教育，纯粹道德品质教育的空间有限，对学生的道德品质教育容易受到政治和意识形态教育的影响，教育目标容易定得过高从而脱离学生的日常生活经验，教育方式也容易局限于说教。

(2) 知识教育与道德教育相分离

从学校的组织结构来看，我国的中小学一般都设有德育处、教学处，分管学校的德育和教学工作。在一个班级中，德育工作一般被认为主要是班主任的工作，而承担学科教学任务的教师只需要讲好自己的课就足够了。从不同的学科来看，与道德教育工作最密切相关的是思想品德课、思想政治课，其次是诸如语文这样的人文学科课程，而数学等理科课程常常被认为与学生的道德培养没有太大的关系。以上这些划分，事实上都反映了学校教育实践中普遍存在的知识教育与道德教育相分离的现状。

在教育学理论中，德国教育学家赫尔巴特的"教育性教学"原则无疑是对知识教育与道德教育关系的一种经典表达。赫尔巴特认为不存在"无教学的教育"和"无教育的教学"，他在《普通教育学》中指出："教育学是教育者自身所需要的一门科学，但他们还应掌握传授知识的科学。而在这里，我得立刻承认，不存在'无教学的教育'这个概念，正如反过来，我不承认有任何'无教育的教学'一样，至少在这本书中如此。"[1] 他还进一步指出："教学如果没有进行道德教育只是一种没有目的的手段，道德教育如果没有教学，就是一种失去了手段的目的。"[2] 赫尔巴特这里所说的"教育"即指道德教育，他把形成学生的良好道德品质作为整个教育活动的最高任务。今天，也许我们并不能完全同意把知识与技能的教学仅作为教育的手段而不是目的，但即便如此，我们也能从赫尔巴特的观点中得到

---

① 赫尔巴特.普通教育学：教育学讲授纲要[M].李其龙，译.杭州：浙江教育出版社，2002：13.

② 曹孚.外国教育史[M].北京：人民教育出版社，1979：177.

启示：道德教育蕴含于整个教育活动之中，并不存在不包含道德教育的教育活动。

对学生进行道德教育需要教育中多种元素的相互配合。对学生的道德教育不仅仅是班主任的任务，也不仅仅是思想品德一门课程的任务，而是所有教育者共同的责任。在我国当前的学校教育中，学科知识的教学由于应试的需要，处于最核心的地位，而恰恰在这样的背景下，在大部分学科教学中，教师并没有对学生进行道德教育的意识和责任感。尤其是一些理科课程的教学，教师认为学生的主要任务是学会科学、客观的知识和技能，道德教育尽管很重要，但却与这些科学知识的教学无关。作为教育者，我们需要意识到，一切教育活动都会对学生的道德品质产生影响，所有教育者在自己开展的一切教育活动中，都需要有对学生进行道德影响的自觉和责任感。

学科教学无疑是当今我国学校教育的主要载体，思考如何在学科教学中恰当建立起学科知识教育与道德教育的联系，是翠微小学提出翠·微教育的一个重要的关注点。

（3）学生知行不一致

当前学校中的道德教育面临的另一个问题是学生的道德认知与道德行为不一致。我们常常可以看到，学生们对一些道德品质讲得头头是道——助人为乐、尊老爱幼、关爱同学、保护环境等，但在自己的行动中却把这些"大道理"忘得一干二净，课上课下两回事，语言和行动两回事。尽管这种现象不完全是由学校的道德教育造成的，但我们学校道德教育也的确应当对此有所反思。

道德教育中学生的知行不一，首先是道德教育方式的问题。我们传统的道德教育方式来自于知识教学，希望通过讲授把道德品质传递给学生。这种传统的方式不仅存在于思想品德课堂上，也更广泛地存在于课后的师生交往之中。通过"言传"让学生懂得道理本身并没有问题，问题在于我们的教师能否把这些道理讲透，更为关键的是，这种"言传"是否能与

"身教"结合起来。一位教师总是不断地教导学生要"尊重他人",但学生从他平时的行为中却常常看到"不尊重"的影子——教师本身树立了一种道德上"知行不一"的形象,又如何去奢求学生能够做到"知行合一"呢?其结果是,学生感到教师的"言传"只是空洞的说教和灌输,与行动和实践相去甚远。当然,不少中小学校也积极开展各种德育活动,这些活动对于学生在实践中体悟道德品质很有意义,但这些精心组织的活动存在一个与课堂教学同样的问题,它们都与真实生活存在或多或少的距离,而学生们是能够敏锐地发现这种距离的。课堂、课后的"言传"和积极开展德育活动都是必要的、有益的,但学校对学生进行道德教育的真正力量存在于日常的学校生活、师生交往之中。

道德教育中学生的知行不一也与道德教育内容的设置有关。我们曾经开展过五年级语文课《金色的鱼钩》的课例研究,学生被课文中"老班长"舍己为人的精神深深感动,但即便如此,一旦教师把"舍己为人"作为这篇课文教学在价值观或道德上的目标,就几乎不可能去实践了。当前我们的学校教育中类似的现象很多,为了给学生们树立崇高的道德榜样,我们在道德教育中经常提及类似于"老班长"这样的伟大人物,但这些榜样人物与学生的现实生活毕竟有距离,要理解和感悟他们的道德品质已属不易,更不用说践行这些道德品质了。道德教育在内容上应当注意与学生真实生活的联系,这样才能促进学生对道德教育内容的理解、体悟和实践。

学生在道德上知行不一的问题反映了当前学校道德教育中方式和内容上的问题,翠·微教育提出"明德"与"笃行"的统一,正是着眼于这一问题,对学校教育进行的改进。

二、翠·微教育的内在精神

前面我们从继承学校历史文化传统和回应当前教育问题两个角度,分

析了翠微小学提出翠·微教育的缘起，但究竟何谓翠·微教育？从 2009 年开始，经过对学校自身文化特点的深度调研、吸纳改进、历史梳理和精确提炼，翠微小学初步形成了办学理念体系，提出创建以"明德至翠，笃行于微"为核心价值理念追求的翠·微教育品牌。"明德至翠，笃行于微"是翠微小学的校训，也是统领翠·微教育理念体系的核心。

"明德"是翠微小学的立校之基和育人之本。建校半个多世纪以来，翠微小学一直追求教育德行的提升，回首过去，正视现在，展望未来，"明德"一直是而且将永远是翠微小学对师生的首要要求，这个要求渗透在学校教育方方面面的管理、点点滴滴的小事中。无论时代如何变化，人事如何变迁，"明德"永远不会变，只会被赋予更新的内容。

"笃行"是翠微小学一贯坚持的实践精神。翠微小学在办学实践中坚持"知行合一"的笃行精神，强调师生既要有开阔的视野、高位的追求，又要能够把这种追求落实在具体的行动中。在各项工作与管理中，翠微小学强调决策谨慎、实事求是、细节落实的工作态度；在学习和实践中，翠微小学强调学与用结合，贯彻知行合一的学习策略，这也是培养未来富有实践能力与创新精神的人才所要求的。"笃行"就是要培养学生的实践能力和创新精神，让其在实践中自主创新，更好地服务社会。

"翠"、"微"是翠微小学的根本追求。从目的上看，翠微小学强调以"翠"字所昭示的"纯净、高尚"的教育，培养学生纯净的心灵、高尚的德行，以完善学生的人格。在行动上，翠微小学强调以"微"字所昭示的"精细"精神，强调学生学习习惯、生活习惯、文明礼仪等细节的不断完善，促进人在未来社会的可持续发展。这是将"明德至翠，笃行于微"作为翠微小学核心价值观的重要原因。

（一）明德至翠

"明德"语出《大学》："大学之道，在明明德，在亲民，在止于至善。"大意是说，大学的宗旨在于弘扬光明正大的品德，在于使人弃旧图新，在于使人达到最完善的境界。"翠"主要有两个含义：一是希望的绿色；二是珍贵的翡翠。翡翠乃玉之精品，于是我们赋予"翠"的含义就是"纯净的心灵、高尚的德行"。"至翠"代表至真、至善、至美的道德和理想境界。"明德至翠"既从整体上对学校教育培养什么样的人、如何培养人进行了规定，同时也对学生和教育者两种不同角色分别提出了更为具体的要求。

首先，"明德至翠"就是要不断加强道德修养，努力进行人格提升，并达到完美的境界。

如前面所述，尽管在我国的教育政策和许多学校办学理念的文字表述中对学生全面和谐的发展非常重视，但由于现实中应试教育的压力、学校德育工作自身的缺陷等，我们的学校还没有将学生素质培养工作落到实处。把"明德至翠"提出来作为学校的核心理念，就是要改变单纯追求考试成绩的应试教育模式，把道德的修养、人格的提升、能力的培养作为学校师生共同的价值追求。

教育作为培养人的事业，它应当是高瞻远瞩的。只立足于应付各种考试，在短期内也许可以收获很多关注和赞许，但从长远看，这种教育所造成的人的片面发展，于社会的进步和个人的幸福都不利。从社会发展的立场来看，需要社会成员有一定的知识和各种不同的技能，但更需要其成员拥有良好的德行，以引导其知识和技能发挥作用的方向和方式。历史已经证明，缺少良好的德行规范，知识、技术同样可能成为社会发展的阻碍，甚至给社会带来巨大的灾难。从个人幸福的角度来说，高尚的德行是人生幸福的内在保证，人的幸福不在于一时的名利，而在于从对高尚人格和完美境界的不断追求中获得生命的激情与意义感。

需要指出的是，翠·微教育对"明德"的追求，并不是片面强调对道德修养的追求而不重视对学生的知识教育。我们反对应试化的知识教学对学校教育的狭隘理解，而追求一种全面、协调的教育。全面、协调的教育必然把学生纯净心灵、高尚德行的培育放在首位，但并不是不重视学生科

学知识的学习、学业成就的获得，相反，我们坚信，学生良好德行的养成对于他们在知识学习上取得成绩也有重要的促进作用，良好德行能促进学生形成良好的学习态度、学习品格和学习习惯。

其次，对学生来说，"明德至翠"就是要追求真知，富有旺盛的求知欲；就是要富有敢于实践、勇于探索的科学精神；就是要富有理想，放眼长远，在未来能创造独特价值，服务文明社会。

"明德"的过程不能只依赖于教育者的传授，它更是学生发自内心的对于真、善、美的真诚探寻，是一个在寻求完善人格与完美境界的路途中不断求索的历程。完善人格和高尚德行的形成，并不是只依靠教师"教"就能实现的。尽管教师努力把所认可和珍视的真、善、美传达给学生，但学生还需要一个自我内化的过程，以使之真正成为自我人格的一部分。而且，完善的人格本身包含着求知的愿望、探索的精神，而被动地接受、消极地服从则与这种人格的完善状态格格不入。

翠·微教育追求"明德"以至"翠"，在我们的理解中，"翠"这一隐喻性的表达意味着"纯净的心灵、高尚的德行"，而所谓"纯净的心灵"，也正包含了人本真状态中所具有的对未知的好奇心。一方面，这种人性本真状态中所具有的对未知的好奇，是人天生具有的求知的兴趣和愿望；另一方面，它也赋予我们求真的精神和勇气，促使我们在实践中去探索和发现新的知识。当前的学校教育在教育目的、内容和方法上存在种种问题，导致学生求知欲受到压抑，学生常常处于不爱学习、逃避学习的状态。翠·微教育提出"明德至翠"，在改变学校的教育观念和教育行动的前提下，激发和鼓励学生原有的求知愿望，让学生重新爱上学习、乐于学习，在此基础上，积极引导和培养学生敢于实践、勇于探索的科学精神，帮助他们在求知的道路上顺利前行。

对于学生而言，"明德至翠"还意味着着眼于长远，树立自己的理想，为社会做出自己的贡献。当代中国社会正受到一种短视的功利主义价值观的冲击，过度的个人主义、对物质利益的极度追求等观念正在不断蔓延，在这些观念的影响下，有的人把即时享乐当作人生的意义，把对社会的奉献看作幼稚和愚昧。这些观念也对当代学生群体造成了不良影响。倡导"明德至翠"的翠·微教育希望通过合理的途径和方式，帮助学生理性客观地看待个人与集体的关系、利己与利他的关系、索取与奉献的关系，在此基础上重新理解人生的追求与意义，超越狭隘、短视的功利主义价值观，树立长远的人生理想，为社会做出应有的贡献，并在这个过程中去理解生命的意义，获得人生的幸福。

再次，对教育者而言，"明德至翠"就是要心怀爱与责任，以爱为教育的灵魂，以责任为教育的原则，真诚地爱学生，智慧地爱学生，追求专业化发展，高效履行职责，恪尽职守，践行高尚的教育德行。

作为翠·微教育的核心价值理念，"明德至翠"不仅是对学生的要求，也是对教育者的要求。对于教育者，"明德至翠"意味着什么呢？它包括很多方面，但在教育者的"明德"之中，对学生的爱无疑是最为基础、最为根本的。教育的目的是要促进学生的发展，而这本身就离不开对学生的爱。教育者有对学生的爱，教育活动不是必然能达到促进学生发展的预期目的，因为影响教育活动效果的除了教育者的良好愿望外还有很多其他因素，但是，如果教育活动中没有爱，那么教育活动本身就会出现问题，教育也就不再成为教育。正是在这个意义上，我们说爱是教育的灵魂，也正是因为这样，翠·微教育的"明德至翠"对教育者的要求是以爱为根本的。

一方面，教育者对学生的爱是普遍的、抽象的，它表现为一种教育理念下教育者对于教育事业的信念；另一方面，教育者对学生的爱也是具体的，它在教育者与学生的具体交往中变得更加真实、鲜活、有生命力。除了对学生的爱，对于自己从事工作的责任感也是"明德至翠"对于教育者的一项基本要求。对工作的高度责任感，是督促教育者积极履行职责、恪尽职守的重要品质。一名没有责任感、不能很好地履行自己职责的教育者，首先已经不是一名合格的教育者，也就谈不上对学生的爱了。可见，

爱与责任作为"明德至翠"对于教育者的基本要求，它们之间存在着内在联系，它们共同构成"明德至翠"的翠·微教育对包括学校的教师和管理团队在内的教育者最为重要的价值品质要求。

最后，师生共同努力实现德、智、体、美等各方面教育的均衡、适度、可持续发展，贯彻绿色教育精神。

在当前大的教育背景下，学校提出"明德至翠"的核心价值追求，并不是对学校道德教育的片面强调，而是在遵循科学的教育价值观的前提下，对当下教育实践窄化的情况进行纠偏，进而丰富学校教育的内容与形式。因此，"明德至翠"的核心理念在注重学生德行与价值观培养的同时，也努力实现德、智、体、美等各方面教育间的均衡与适度，促进学生全面可持续发展。

（二）笃行于微

"笃行于微"源自《中庸》"博学之，审问之，慎思之，明辨之，笃行之"以及"学以致用"、"积少成多"和"防微杜渐"的中国哲学思想，反映了注重实践和体验、倡导创新的精神。"笃行于微"一方面与"明德"相关，强调"明德"过程中的道德品质不能只停留在认识、情感层面，还要落实在学校师生的实际行动之中，达到知行合一；另一方面，"笃行于微"本身也包含着一种精细、创新、实事求是的价值追求。

首先，"笃行于微"就是关注基础和细节，践行所学，勇于实践和探究，注重体验，勤于动手，长于创造，知行合一。

"笃行于微"强调知行合一的实践精神。在"明德至翠"的理念中，我们涉及了翠·微教育对于实践品质的关注，但"明德至翠"本身更多是强调翠·微教育对于学生与教师道德品质的重视与要求，更多考虑的是道德品质"知"的层面。但我们深知，道德品质不能仅仅停留在"知"的层面。"笃行于微"强调"行"，它表达了翠·微教育对于知行合一的状态、勇于实践的精神的向往和追求。在此意义上，"笃行于微"是与"明德至翠"密切联系的，"笃行"是对"明德"的切实践行，"明德"、"笃行"共同构成了翠·微教育对于良好德行的完整理解。没有"行"的"知"并不是真正的知，没有"知"的"行"是无意义的盲目之行，知行合一是翠·微教育追求完善人格的重要组成部分。

"笃行于微"本身也体现了翠·微教育独特的价值追求。"笃行于微"除了是对"明德至翠"所要求的价值品质的践行，其本身也表达着一些翠·微教育独特的价值追求。"笃行于微"意味着关注基础和细节，反映了翠·微教育对于一种踏实、精细的校风、教风和学风的追求。除此之外，"笃行于微"还体现了一种探索的勇气、积极探索与创造的精神，它们都是人们在良好的实践过程中需要的品质和能力，它们与注重基础和细节的品质一起，构成了翠·微教育对实践精神和实践品质的理解。

其次，对学生而言，"笃行于微"就是切实履行、专心实行、力行其事。

"笃行于微"要求学生具有勇于实践的精神。无论是对于科学知识的学习还是对于道德品质的养成，切实履行、专心实行、力行其事的笃行精神都是非常重要的。就知识学习而言，"笃行于微"要求学生把课堂所学付诸实践，这样才能学以致用，使知识学习与自己的日常生活建立起更密切的联系，既增长自己对于知识学习的兴趣，也促使自己更加深刻地理解所学的知识。对于道德的养成来说，"笃行于微"要求学生在日常生活中切实履行"明德"，做到言行一致、知行合一；另一方面，道德品质的养成是一个整体，通过在日常生活中实践道德品质，可以帮助学生获得相关的道德体验，促使他们更好地理解道德品质本身。

"笃行于微"要求学生具有善于实践的能力。要做到切实履行、专心实行、力行其事，只有勇于实践的精神是不够的，还需要学生积极发展自己的实践能力，不仅要勇于实践，还要善于实践。实践能力不同于课堂知识，难以在课堂中学到，但它对学生的发展非常重要，是学生全面均衡发展的一部分。实践能力的发展需要教师对学生进行积极的引导，更重要的还是要靠学生在实践过程中不断学习。只有把勇于实践的精神和善于实践

的能力相结合，才能够真正在自己的学习和生活中做到"笃行于微"。

最后，对教育者而言，"笃行于微"就是要从细微处入手，从习惯入手，从基础抓起，导之以行。

第一，从细微处入手。"笃行于微"要求教育者在教育学生的过程中注重基础和细节。"千里之堤，溃于蚁穴"；"九层之台，起于累土"；"勿以恶小而为之，勿以善小而不为"……前人的告诫，反复提醒着我们基础与细节的重要性。学校的各项工作，尤其是对学生的教育，要从细微处入手，扎扎实实抓好基础与细节。一方面，正确的教育学生的态度和方法有助于我们做好各方面的工作；另一方面，教育者在工作中这种着眼基础与细节的态度，也能发挥榜样作用，把这种踏实、务实的精神传递给学生，让这种注重基础与细节的品质成为师生共同的行为准则。

第二，从习惯入手。"笃行于微"要求教育者注重学生良好习惯的培养。良好习惯的养成对于一个人的发展非常重要。无论是知识的学习还是道德品质的养成，习惯都起着重要作用。英国著名思想家约翰·洛克把通过不断练习培养学生的习惯作为他对学生道德教育的最核心的方法，他指出："倘若你感到他们有什么必做之事，你便应该利用一切机会，为他们提供一种不可缺少的练习，使之在他们身上固定。"[①] "笃行于微"要求教育者充分重视习惯的养成，帮助学生养成良好的习惯、克服不良习惯，通过它使学生终身受益。

导之以行，做到"言传"而"身教"。"笃行于微"还要求教育者在学生的教育中做良好的榜样，以自己的行动来教育学生，做到"言传"与"身教"的结合。"身教"对学生道德品质的培养尤为重要。在对学生的道德教育中，只通过"言传"是不够的，教师在实际行动中表现出来的道德品质会对学生起到更加重要的教育作用，教师通过"言传"教给学生的道德品质需要他们自己以身作则才能具有真正的教育力量。

---

① 洛克.教育漫话[M].杨汉麟，译.北京：人民教育出版社，2007：49.

三、翠·微教育的理念体系

"明德至翠，笃行于微"作为翠·微教育的核心理念，既是翠微小学的校训，也是全校师生共有的核心价值观，在根本上引领着翠微小学各方面工作的开展。但要把学校文化建设落到实处，让"明德至翠，笃行于微"的核心理念落实到学校的各项工作中，建立起全校师生对这一理念的内在认同，只有理念本身是不够的，我们还需要将它具体化，使之更明晰并具有可操作性。在"明德至翠，笃行于微"理念的指导下，我们从翠·微教育的"明德"体系、翠·微教育的办学目标、翠·微教育的培养目标三个方面对翠·微教育理念进行了具体化，建立起了翠·微教育的理念体系。

（一）翠·微教育的"明德"体系

翠微小学以"明德至翠，笃行于微"的核心理念引领学校发展，旨在建立一个富有个性、系统严密、稳定持续的翠·微教育文化体系，创建翠·微教育品牌学校。而创建翠·微教育文化的关键在于学校各类人员对"明德"的修炼。因此，要推进翠微品牌创建，要建设一个教风正、业务精、有思想、有智慧的高素质教育团队，就必须以"明德"修炼为抓手，以"明德"建设引领教育团队的专业发展。所以，要通过深度调研与梳理提炼，初步形成翠·微教育品德的体系架构。

完整的"明德"体系内容包括了学校领导团队、教师、学生、工勤人员这四个群体所需要具备的基本道德品质，以及这些道德品质在"明德"和"行徽"[①] 两个层面上包含的具体要求。这里先讲"明德"层面，关于"行徽"层面，将在后面的章节中以学校具体的实践形式呈现。

---

① "行徽"指行为主体如教师、学生等在"笃行"过程中所遵照的行为规范。

1. 领导团队之"明德"：人本、责任、精细

（1）人本

人本的本义是以人为出发点和中心，通过激发和调动人的主动性、积极性、创造性，以实现人与他人共同发展。人本作为领导者的核心品德主要体现在两个方面：一是领导者自身的人本素养，二是领导者人本地对待他人。可以说，人本是现代领导者的基本特征，也是现代领导效率的基本保障。

领导者的人本品德从根本上体现为对下属正当需要的尊重。在这个意义上，正直和关爱构成了人本领导的必然要求。领导的正直是对下属的尊重，尊重人的平等地位与正当权利。领导的关爱以爱护人的生命健康、促进人的发展与关心人的幸福为本。绿色教育关怀人的生命，注重人的可持续发展，恰巧与领导者提升自身的关爱品质相契合。

（2）责任

在本义上，责任是岗位或角色的规范性任务和要求。领导者的责任简单地说，就是使其领导的学校，使学校中的每一个人能得以成长。责任心是领导者的职责道德，主要由忠诚与进取两种品质组成。

忠诚有两个含义：一是忠于职守；二是真诚待人。忠于职守是指学校的领导者应当忠于教育事业，忠于学校，忠于自己的工作，在工作上专注、坚持、尽心尽力。"忠诚"这一品德要求领导者在实际工作中认同学校教育的核心价值观；投入时间，关注、反思、探索并推进翠·微教育的进展；真诚地对待自己的工作伙伴，以真心待人，说真话，做实事。

进取在《辞源》中的解释为"努力向前，有所作为"。进取就是追求卓越，力图把学校的教育工作做得精益求精，不断提升学校的办学质量与教育境界。

（3）精细

精细在《辞源》中是"精致细密"的意思。对"细"有两种解释：

一是微、小；二是精致、精密。翠微小学领导者"精细"的德行，是指领导者要在工作中的微小处与精致上下功夫。领导工作的微小处，主要是指领导者不仅要有宏才大略，还应该留意工作中的一些细节。领导者的宏才大略决定着学校教育的成败，而细节决定着学校教育的品质与品位。

2. 教师之"明德"：博爱、责任、公平、精进

（1）博爱

博爱意为广博之爱，既指爱的对象之广博，也指爱的类型之多元，包括对学生的关爱、对同事的友爱、对领导的敬爱、对家长的礼爱、对事业的热爱、对生活的珍爱。博爱的核心是关爱学生，关键是关爱每一位学生，从身、心、学习等方方面面去关爱。

（2）责任

责任是教师对自己的教育使命、对自身工作职责的理解和履行，以及对工作结果的承担。教师的责任包括对学生发展的责任和对学校发展的责任。

（3）公平

公平是教育的基石，小学阶段的教师更是教育公平的践行者。教师要做到公平对待每一位学生，根据每一位学生的潜力为其发展提供平等的机会，并向弱势学生倾斜。

（4）精进

精进意为教师持续地进行专业学习并获得成长，既是不断向外寻找发展资源、学习专业知识、提升专业能力，也是持续向内反思实践、反思学习、反思自我。

3. 学生之"明德"：爱心、尊重、责任、诚信、勇气、勤奋

（1）爱心

爱心的内涵无比丰富，有朴素的爱、高尚的爱，小爱、大爱，自爱、爱人之分。爱的培养遵循从小入手、以小见大、逐步推进的原则。从爱自己、爱亲人入手，到爱同学、爱老师、爱身边的人，最后直到爱同胞、

爱人类、爱自然、爱天下。儿童需要得到爱与关怀，也需要爱别人与关怀别人。在爱的氛围下，孩子才能获得真、善、美的滋养，长大才能建设充满爱的社会。

（2）尊重

尊重就是敬重、重视他人的思想观点，认同他人正确的意见，尊重他人的权利和利益，在与他人交往中注意保持庄重的态度、融洽的气氛等。尊重的对象不仅是尊者和长者，还包括那些弱者和贫者；不仅是与自己观点相同的人，还包括那些与自己意见相左的人。对于小学生来说，尊重要从身边人做起，尤其是尊重自己的亲人、师长、同学，在交往中学会欣赏，在欣赏中学会尊重。尊重他人是获得他人尊重、建立自尊的开始。

（3）责任

责任有两个含义：一是指做好分内的事，如履行职责、完成任务等；二是指如果没有做好自己的工作，应承担不利的后果或强制性义务，如担负责任等。责任感是衡量一个人精神品质的重要指标，有责任感的人不仅知晓自己应为之事，还会对自己所做的事、所说的话负责，也就是将主动担负责任和敢于承担责任高度统一起来。

（4）诚信

诚信是人类的基本美德，体现在学习、工作、交往中。对于小学生来说，诚信就是要求其在学习中要踏踏实实，一是一，二是二，知之为知之，不知为不知，不要徒慕虚荣；在交往中要信守诺言、言行一致、表里如一，不自欺欺人；对待过错不要文过饰非、敷衍了事；做事要有目的、有计划，并力争保质保量地完成；要善于合理地保护自己和别人的正当利益，对别有用心的人要区别对待，保护自己和他人的隐私。

（5）勇气

勇气与懦弱相对，是指人确立目标后，面对困难与不利境地，表现出毫不畏惧的气魄。智、仁、勇被古人称为"三达德"，即三项普遍适用而通达的德行。智是智力基础，是知识与经验运用于解决问题的表现；仁是德行基础，能保证实践活动按照合乎人类共同利益的方向前进；勇是动力基础，是确保正当性目标得以实现的支持性条件。人的一生要遇到无数困难，都需要勇敢面对，失去勇气便会失去解决困难、获得成功的可能。

（6）勤奋

勤奋是针对懒惰而言的，它是成功的基础、智慧的源泉。勤奋好学是中华民族的传统美德。勤奋意指学习与做事认认真真，愿意付出时间和汗水，尽心尽力地干好要干的事情，不怕吃苦，踏踏实实，任劳任怨。勤奋需要时间检验，需要坚持不懈地努力。勤奋需要远大的理想做后盾，最终依靠坚韧不拔的意志。聪明需要不断耕耘，要有克服困难的勇气、信心和智慧。

4. 工勤人员之"明德"：责任、精细

（1）责任

工勤人员的责任就是服务于学校以及其中每一个人的成长和发展。现代学校要求工勤人员每时每刻意识到自己的责任，对自己的工作负责。责任心是工勤人员的职业道德，主要由忠诚与进取两种品质所组成。

忠诚有两个含义：一是忠于职守；二是真诚待人。忠于职守是指学校的工勤人员应当忠于学校，忠于自己的工作，在工作上专注、坚持、尽心尽力。"忠诚"这一品德要求工勤人员在实际工作中认同学校教育的核心价值观，投入自己的本职工作，为学校发展铺路。

进取就是追求卓越，力图把学校的后勤工作做得精益求精，为学校办学质量的提升提供保障。

（2）精细

结合精细"精致细密"的原意，翠微小学工勤人员"精细"的品德表现在服务热情周到，注重工作的细微处，时刻关注自身职责范围内的每一个关键和易错环节。

（二）翠·微教育的办学目标

翠微小学的办学目标为"创建受社会广泛认可的翠·微教育品牌学校"。何谓翠·微教育品牌？总体来说，它是以"翠"的"人本"与"微"的"精细"为核心价值追求的教育，它浸润在"绿的生态、玉的品质、微的细腻、润的内涵"中，透射出翠·微教育高品质的追求。

"翠"彰显的价值追求为"绿的生态、玉的品质"。"绿的生态"之中，每一位师生员工、每一个团队都能够彰显自己的价值，都能够自由交往、自由呼吸。"绿的生态"之中，每一个生态元素（人、物、环境）都自由、奔放，并与其他元素自然融合、和谐共生，充满生机和活力，达到质量、境界和品位上的"玉的品质"。高质量是办学的基本诉求，大气的境界是办学风格、教育风格的视野气魄，而高雅的品位则是办学气质与教育气质追求的终极目标。

"微"彰显的价值追求为"微的细腻、润的内涵"。"微的细腻"是翠·微教育实践的动态价值追求，是真挚的"情"与科学的"理"的融合，点滴之中透露着精致、深刻与周到。"润的内涵"则体现了翠·微教育一种"随风潜入夜，润物细无声"的特质，细微中蕴藏着一种关爱，温和中蕴藏着一种力量，润泽中透露着生长和希望。

翠微小学核心价值理念蕴含的"人本"、"精细"高度凝练在"明德至翠，笃行于微"的校训中，透射出翠·微教育高品质的追求。它具体包含两个方面。

1. 高尚的办学德行

高尚的办学德行要求翠·微教育能够体现出教育的"服务和奠基"功能，主要包括"三个服务，三个奠基"：为学生服务，为学生的幸福人生奠基；为教师服务，为教师的专业发展奠基；为社会服务，为培养富有实践能力、创新精神与社会责任感的人才奠基。

为学生服务，为学生的幸福人生奠基，就要为学生提供生命安全保障，提供优良的教育环境，提供丰富的教育资源，提供优质的教育质量。

服务还要体现在情感层面，尊重学生，理解学生，帮助学生，促进学生健康、和谐、全面发展。

为教师服务，为教师的专业发展奠基，主要是为教师的身心健康服务，为教师的专业化发展服务，为教师的事业成就服务。为教师服务也是间接地为学生服务、为社会服务。

为社会服务，为培养富有实践能力、创新精神与社会责任感的人才奠基，学校就要开阔教育的视野，打通校园和社会的通道，丰富学生的体验，多为学生的成长创造机会、搭建平台。从另一个层面来看，"服务和奠基"的办学德行的辐射，也是一种社会服务。

奠基的意义就在于为未来进入社会的学生提供人之为人所需要的最基本的知识、能力、价值规范与准则，并竭尽全力为学生提供丰富的成长体验，培养出将来对社会有贡献的、幸福的人。

总之，"服务与奠基"立足于教育的历史使命感和社会责任感，立足于满足教师、学生、家长、社会的教育需求，提供全方位、个性化、细节化的教育保障，做到真心、细心、耐心、创新，让生活在学校的师生和走进学校的各方人士如沐春风，为师生个人价值和社会价值的实现打下坚实的基础，培养现代社会的创造者。

2. 一流的教育质量

一流的教育质量，即通过先进的教育理念、高效的管理体制、优秀的发展团队、优质的教育资源、科学的教育策略，培养综合素质高的学生。我们将从以下几方面努力。

(1) 先进的教育理念深入人心

先进的教育理念是一流教育质量的灵魂。在制度建设上，在队伍建设上，在环境建设上，我们要时时、处处、事事展现出学校先进的教育理念。从校长到教职员工，从教职员工到学生家长，都要认同并践行学校的核心理念，举手投足都体现学校先进的教育理念，让它像阳光一样照耀每个人的心头，像空气一样充盈学校的每个角落。

（2）科学的管理体制高效运转

高效的管理体制就是要实现规范而科学的管理。教育、教学、教科研、后勤、行政部门都要有一套规范、科学的运行机制，每一名教职员工都要认同并自觉执行管理制度。各项工作能彼此协调、高效运转，促进学校每个人的发展。

（3）优秀的发展团队配合默契

一流教育质量的根基与核心是团队建设。我们要建设一个善思考、会管理的干部团队，一个教风正、业务精的教师团队，一个专业化、职业化的工勤团队。三个团队有着共同的目标，彼此合作，默契配合，形成学习、研究、服务三者融合的优秀团队，促进学校整体发展。

（4）优质的教育资源搭配合理

优质的教育资源是人成长的重要条件。它体现学校的特色发展，体现人的个性化发展。在课程建设上，学校要在英语、体育、艺术课程的开发和完善上创建特色，独树一帜；在信息化建设上，软件开发要能满足教育教学的需要，促进教育教学手段的改革和质量的提高。

（5）科学的教育策略行之有效

不断认识和遵从教育规律和人的发展规律，不断研究教育策略，改进教育方法，有行之有效的系统教育策略和方法，让学生乐于学习、勤于思考、勇于实践、敢于创新，获得主动发展、个性发展、和谐发展。

这五个方面的要求最终指向统一的结果——促进学生良好的综合素质的形成。学生不仅要有良好的身体素质，还要有健康的心理素质；不仅要有扎实的知识基础和学习能力，还要有善于沟通、合作做事的交往能力；不仅要有发现问题、提出问题的敏锐与勇气，还要有独辟蹊径、解决困难的实践与创新精神；不仅要获得全面和谐的发展，还要独具个性特长。一句话，要培养富有生存能力、学习能力、合作能力、创新能力等的综合素质高的人。

只有实现了高尚办学德行和一流教育质量这两个方面，透射出"绿的生态、玉的品质、微的细腻、润的内涵",才能说翠·微教育真正得到了落实,得到了社会的广泛认可,这样才能创建翠·微教育品牌学校。

(三)翠·微教育的培养目标

学校工作虽然千头万绪,但是定位其明确的方向是至关重要的事情。这个方向的核心就是学生发展目标。我们期望通过六年的教育培养出什么样的孩子?对于任何一位有着高度教育自觉的小学教育工作者来说,这是一个贯穿始终的问题。可以说,对教育目的的思考与践行是一所学校一切工作的核心与宗旨。

翠·微教育的培养目标确定为"培养明德笃行、自觉自为的阳光少年"。关于学生的"明德笃行",前面已做了具体阐释,阳光象征希望、朝气、给予,明德笃行的阳光少年是身心健康、进取向上的少年,是自信乐观、朝气蓬勃的少年,是具有责任心、乐于助人、富有志愿精神的少年。阳光少年具有朝气、锐气、正气的外在形象,具有善良、乐观、合作的内在品质,具有坚定、果敢、守纪的行为表现,并最终在"德"与"行"上实现相对完美的统一。"明德笃行"的阳光少年需要有扎实的学科基础知识和基本能力,需要有积极的道德观与价值观。

"自觉自为"这一提法是在2013年提出的,因为"明德笃行"只有成为自我的需要并成为自我自然天成的行为方式,才算是走进了人的内心世界,才是真实、真诚、有意义的。"明德笃行"需要强调自我教育,着眼于学生:①自在并自我丰富,即在学业发展、人际交往、生活、健康等方面具有丰富而健康的体验,能够爱学习、善交往、会生活、懂健康,身心发展是自在的、丰富的;②自知并自我调节,即能够较为客观地知觉和评价自己的状态和需求,并能够及时、合理并顺利地进行自我调节;③自主并自我负责,即自发、主动、自动、探索、投入、坚持、选择、协商和自我调节等,并最终获得整合与统一,获得幸福体验;④自爱并自我尊重,即拥有一种自我关注、自我肯定与认同、自我激励的心态,外在表现为自

我接纳、自信等。

这样的培养目标需要教育者尊重教育规律，认识学生发展规律，发扬教育民主，推动教育创新。通过呈现复杂有趣的问题情境让学生去思考，开展丰富多彩的活动让学生参加，创设有魅力的、迷人的艺术环境让学生去欣赏，引导学生走向广阔的自然与社会去体验，让学生产生对自己、对家庭、对社会、对国家和民族的认同感和热爱之情，担当责任，创造价值，追求高尚。

第二章

翠・微管理的形成

翠微小学的管理特色体现在翠·微教育的内在精神上，追求文化管理的最高境界。因此，翠微小学在构建学校运转的组织模式上更加尊重学校的客观实际，基于校本环境，创设了七大中心和多个校区相互独立、相互合作、和谐共生的管理模式。在运行机制上，学校以人本、精细的管理彰显翠·微教育的独特内涵，从而推动翠·微教育的卓越发展。在翠·微教育的管理之"道"、管理之"法"、管理之"术"中，处处体现出翠·微教育的文化理念——"明德至翠，笃行于微"。

　　本章我们将从管理文化的理念内涵、结构特征、形成机制三个方面解读翠微小学的管理实践，展示现代化教育背景下独特的翠微小学管理文化。

一、翠·微管理理念：人本与精细

　　在学校管理上，翠·微教育实施"全面人本的精细化管理"。人本是指尊重和成就每一个人，坚持以人为本是翠微小学管理工作的出发点和归宿；精细化管理则指向具体的实践过程和细节。

（一）人本——人在中心

　　人本是"明德至翠"的本质追求，就是在管理中要以人为本。这对于拥有近 300 名教职工、4000 多名学生的翠微小学来说至关重要。没有这一点，我们很难说自己在从事人的教育工作。以人为本就是要避免教育者和受教育者因人数众多而被忽略，强调对人性的尊重，注重人内心的感受与体验，注重个人的发展，培养具有人文关怀的，有道德、有个性的人；同时在管理中要敞开心灵、解放思想，解除不必要的限制，善于接受新的事物；还要在管理中使人人具有强烈的探究欲望，具备基本的探究方法，以一种探究的思维方式，研究、解决学校正面临的和可能面临的形形色色的问题，运用适合自己的方式达到自我发展的最高境界。

1. 翠・微教育之人本管理

人本就是以人为出发点和中心，通过激发和调动人的主动性、积极性、创造性，以实现所有人的共同发展。现在越来越多的情况需要调动大家的积极性、创造性，如果人的积极性和创造性始终没被激发出来，工作就不会有大的成效和创新。人本、艺术的领导方式，能更好地把人的积极性、主动性调动起来，而完全的刚性管理、硬性管理则严重损害人的主动性、积极性和创造性。建立人本的意识并把这种意识用到工作当中去，工作会有很大的改进，否则就会因人的问题而产生各种各样的冲突、矛盾以及不和谐的言论，教职员工大量的精力就会陷入到人事关系的纷争调解中。

人本是翠微小学管理者的核心品格，表现在两方面：一是管理者自身的人本素养，二是人本地领导他人。翠微小学的管理者必须有人本的意识。成功的管理者知道大家需要什么，会尊重教职员工的正当需求，使人心情舒畅地去做事。管理者的人本素养从根本上体现为对人正常需求的尊重。正直和关爱构成人本领导的必然要求，领导的正直是对下属的尊重，体现在尊重人的平等地位与正当权利。管理者的关爱以爱护人的生命健康、促进人的发展与关心人的幸福为追求。

2. 人本管理的行徽

第一，决策要尽可能尊重各类人员的正当需要，在某些人员的正当需要与决策冲突时，能做到及时关注和补偿正当需要被侵害的人员。不论管理者处于哪一层面，在工作当中必定面临决策。所有的决策都不可能符合所有人的需要，要让工作更和谐，需要知道这个决策下哪些人的正当需要没有得到满足。如果忽略了这些人的需要，就会产生问题、矛盾。所以，一定要关注被忽略的人，使其意识到自己在其他方面的需求能够得到满足。这样，这个群体才能够达到一定的和谐。缺少这个意识，就会造成矛盾、形成误解、产生距离，导致集体内部的不和谐。

第二，决策过程要坚持科学化和人文化，充分调查研究，尊重各类人员的意见表达。随着社会的发展，人们需要得到尊重，需要表达不同的意

见，在充分了解大家的想法的基础上，决策的过程才能科学化和人文化。任何一项工作或活动，能不能做，如何做，期望的目标、成效等，需要集体的意见和智慧，需要跟大家商量。程序公开和公平是最基本的民主，这是我们的管理所追求的，即决策的过程要科学化和人文化。

第三，公正对待每一位下属，不能在领导决策过程中有明显的个人偏好。尽量做到公平、公正，这是人本管理的基本体现。决策的依据是事件本身，要避免其他因素对决策的干扰，即所谓对事不对人。不能跟谁好就认为谁做得一定好，其他人也一定有做得很出色的地方，需要得到认可。忽略了"尺有所短，寸有所长"，就不能客观公正地评判团队里每个人的贡献。教育孩子也一样，如果教师总是围着某几个学生转，就会出问题。人本既是一种管理方式，也是一种管理态度。

第四，换位思考，平易近人，不端架子，对事要严谨，对人要宽容。要经常与教师沟通并形成相应的沟通制度，诚恳倾听多方意见，让沟通成为干部的工作习惯。人本的管理要让教师敢说话、说真话，要能够听到教师的心里话。管理一个人，如果管理不到他的思想，管理不到他的内心，不能够让他说出心里面最真诚的话，他就不会信赖你，你了解到的事就缺少可靠性，据此所做出的决策就会缺乏科学性。所以，改善工作态度，改进工作方法，换位思考，平易近人，不端架子，对事要严谨，对人要宽容，这就是人本管理。

第五，在各项工作与活动中要切实关注教师与学生的身心健康。翠微小学的人本管理重要的一条就是要学会关心人。作为学校管理者，必须关注他人的健康，包括身体健康和心理健康，所谓"好言一句三冬暖，恶语伤人六月寒"。多给别人一份关爱，让每一个人心情舒畅、积极阳光地工作，这既是学校这样的文化单位应该有的人文关怀，同时也最影响教职工的工作品质。人文关怀也是生产力。

第六，要努力为下属搭建发展平台，引领下属走向创造价值、积淀幸福的职业人生。这是翠微小学一贯的做法，给别人搭平台，帮助别人发展，使人意识到在翠微小学就能够向前发展、获得成功，使人意识到其自身价值一定会得到体现，这才是人的真正幸福。管理者要努力为其团队中每个个体提供甚至创造适合的平台，让其闪光。优秀的管理者都是能够带领下属一点点发展的，使团队中每个人的价值最大化。

以上是翠微小学人本管理的六条标准，得到了全体管理层的认同，而真正把这六条标准内化到工作当中，使之成为翠微小学的人本素养，是每一位管理人员的职责所在。

（二）精细——品质至上

"精细"是"笃行于微"的本质追求，就是在管理中要从宏观到微观，有科学的体系。职能分解上，学校建立了七大中心，围绕翠·微教育理念体系进行"公转"，开展相互的沟通与合作；每一个中心又自成体系，在职责范围内实现"自转"，自我负责，创新发展。一校四址的布局，形成"田"字结构，多个校区在共有的价值理念体系的基础上，贯彻七大中心的工作，同时形成自身发展的优势、特色和个性化品牌。同时，"大年级组＋大教研组"的管理脉络使得从上至下的管理层得以贯通，校区各年级、各学科间相互观照，让一所拥有复杂系统的大学校的各个管理环节和谐运行、高效运转。

1. 翠·微教育之精细管理

何谓精细管理？精细管理是一种理念，更是一种文化。它是社会分工的精细化以及服务质量的精细化对现代管理的必然要求，是建立在常规管理基础上，并将常规管理引向深入的基本思想和管理模式，是一种以最大限度地减少管理所占用的资源和降低管理成本为主要目标的管理方式。现代管理学认为，科学化管理有三个层次：第一个层次是规范化，第二个层次是精细化，第三个层次是个性化。

精细化管理是现代管理理念，我们讲的精细不完全对应精细化管理理论，这里的精细管理是结合翠微小学的管理需求和发展现状，取其核心

理念的基础部分，以便更加有效地改进和提升翠微小学的管理品质。精细体现在管理工作中是指管理者抓住全局工作中的关键问题，在微小与精致上下功夫。管理者不仅要有宏才大略，还应该留意工作中的一些细节。管理者的宏才大略决定着学校教育的成败，而细节决定着学校教育的品质与品位。对翠微小学来说，"精"就是求精、做精，追求最佳、最优，翠微小学做出来的事应该是最好的；"细"就是把工作做细，把管理分工做细，把管理环节做细。精细应该是一种意识、一种观念，也应该是一种习惯。精细要成为翠微小学管理者的一种习惯、一种素养，管理者应将其内化到行为当中去，把事情做得精益求精。

2. 精细管理的行徵

第一，在决策时，尽可能全面掌握每项工作的关键信息，为每一个关键步骤或易错环节提供保障性安排。重视计划和汇报，重视各部门的信息交换，尤其对跨部门的任务要进行讨论，形成合理的建议，方案和预案必须尽量细致和全面。大到每一个项目，小到每一个活动，都必须要有策划书，有明确的计划、审核、执行和回顾的过程。控制好这个过程，就可以大大减少人为的失误，杜绝管理漏洞，提高参与者的配合程度，增强参与人员的责任感。

第二，增强对工作统筹规划的水平，避免无效重复的出现。统筹规划包含两个方面：一是制定中远期目标，二是制订实现计划。精细化的统筹规划是指目标和计划都是有依据的、可操作的、合理的和可检查的。抓不住学校关键点的发展规划既折腾管理者，又折腾教师，更耽误学生的发展、教师的发展和学校的发展。做出有品质的规划和做好实施过程中的统筹，我们的办学效益才能提升。

第三，重视管理艺术，注意下属团队的理解与认识水平对工作质量的影响。这一点不同于标准的精细化管理理念，我们对其增加了人本因素，是对人的一种精细。凡事要讲清道理、统一思想，才能取得全体员工的理解和支持。教师对领导布置的事情有时并不理解，认为那样做对自己并没有什么用，有的教师甚至按照自己的"章程"行事。要让他们知道工作的主要内容、基本方法及重要意义，大家达成共识，知道什么是对、什么是错，应该如何去做、为什么要这样做，这样就可以减少自作主张或持怀疑态度的抵触行为，从而达到统一思想、统一行动的目的。要取得教师们真心实意的支持，使其做到"胸怀大局，立足本职"，以满腔的热情投入到自己的本职工作之中，以强烈的民主意识，发挥积极性、主动性、创造性。

第四，在具体工作时，任务和要求表达要清晰，强化每一个重要工作环节的时间意识和质量意识。化繁为简是管理追求的永恒主题，但是管理不能简单化。任何时候，都不能忘记管理的本质就是提高人的积极性，提高办事效率和效益。在目标明确、方向正确的前提下，细节把握得越准、控制得越严，工作就越有成效。因此，在安排工作时，任务和要求一定要表达清楚，甚至还要给别人示范，明确重要环节是什么，要求是什么，这是一种习惯，更是一种品质。

第五，关注执行中的重要细节，及时提醒和指导。工作流程的设计一定要细致、清晰、明白。要预设在执行过程中会出现什么问题，做好预案。但这样并不能确保工作一定会达到既定的目标，在执行过程中，阶段性检查、回顾、审视都是必要的，设计者要及时地对工作进程进行指导和干预，不要做找后账的人。

第六，工作任务完成后要及时反馈评价，实事求是，既要鼓舞斗志、提升经验，又要诚恳地指出问题，进一步改进完善。重视总结和评价，做得精、做得细、做得好，会对这件事起好的作用，对部门工作人员有巨大的鼓励。要奖优罚劣、奖勤罚懒，建立长效机制。建立一套系统的、比较完备的奖惩机制，无非要发挥两种作用：一是激励作用，一是制约作用。这种奖惩机制只要符合实际、比较公平，就应该具有相对的稳定性，形成长效机制。让勤勤恳恳为学校做出贡献、创造效益的员工不断得到更多的实惠；让企图混天度日的、因粗心大意带来不良影响的人得到应有的惩罚。古人云："信赏必罚，其足以战。"精细的行为离不开敏锐的洞察力，

离不开细腻的情感，更离不开细致的思考与计划。每项工作追求定位准确、思路清晰、措施得力、保障到位、反馈及时、评价合适、提升积淀，我们的工作才能做得精细。

综上所述，翠微小学的管理遵循着人本和精细两大基本原则。正是对这两大原则的重视和践行，翠微小学在发展中始终保持着较快的速度和领先的地位。干部的工作品质有了一个大的提高，翠微小学的整体工作局面也变得和谐阳光，积极向上。

二、翠·微管理结构："公转"与"自转"

在当前的教育发展背景下，翠微小学具有鲜明而独特的个性特点：它是一所独立的学校，拥有独立法人；有统一的办学理念、培养目标，统一的教育教学实施计划，步调一致的教研，实施统一管理，人、财、物高度整合；它有四个物理位置不同、大小规模不同、年级分布格局不同、特点也各不相同的校区。因此，进行有效的管理需要对翠微小学的实体组织具有清晰的认识。

第一，翠微小学是"一所"学校。既然是"一所"学校，那么思想的一致性和统一部署是必然的，组织的灵魂建设是至关重要的。翠·微教育理念是集翠微小学教育发展管理思想之大成，体现了翠微人对翠·微教育的认可。翠·微教育凝聚着翠微小学60年办学的历史成就和诸多荣誉。

第二，翠微小学是"多址"办学。翠微小学的"多址"是具有自己个性特色的。翠微小学具有多个校区，分别是本校区、西校区、东校区、北校区。由于复杂的历史原因，北校区是一至六年级的完小，因为距离城区校太远，没有像城区三校那样进行整合。而其他三所城区校因为距离很近，在生源的配置上，西校区容纳40个班额，承担低、中年级段的教学任务；东校区容纳20个班额，也承担低、中年级段的教学任务；本校区容纳30个班额，由西校区和东校区中年级段升入高年级段的学生组成。

针对一校多址的复杂现状，该采用什么样的顶层设计，构建什么样的管理模式呢？

（一）从"追求一致"到"和而不同"

翠微小学一校四址的办学格局自 1997 年开始形成，距今已有 19 年。在此期间，一校四址在不同的历史背景下，其战略设计的目的指向也是不同的。

1997 年，规模办学的初始阶段，最大的目的是以强带弱。通过校区之间人员的调整以及物资的集中使用和管理，使合并之初的四个校区迅速在教学质量和师资培养上达到了高位平衡。以强带弱，资源共享，统一配置教学资源，很好地实现了资源的均衡，最大化地实现了规模效益，对学校发展的贡献是巨大的。2000 年之后，翠微小学在海淀区南部形成了地区优势，教学质量在南部地区特别突出。城区校按学段分校区管理，对教育教学活动相对更加适切，利于同一学校不同校区的教师产生隐性的、良性的竞争，成为学校激励自我发展的新动力。如今，四个校区在学校翠·微教育整体一盘棋的引领下，发展的思路逐渐开始由原来的"一致"走向"和而不同"。各校区在学校核心价值理念体系的基础上形成自身发展的优势、特色和个性化品牌。

（二）七大中心并行负责的管理思路

七大中心在学校发展过程中自然生成，学校也根据需要将各项职能合理地分解到七大中心。每个中心自成体系，在职能范围内实现"自转"，同时围绕翠·微教育理念体系进行"公转"，开展相互的沟通与合作。

七个管理中心分别为教学指导中心、学生成长中心、学校发展中心、后勤服务中心、信息技术中心、食品安全中心和行政协调中心，采取层级管理和扁平化管理结合的方式，面向一线基层。各个中心职责明确，彼此间通过行政协调中心进行协调，又相互合作支持，为师生服务更到位，有

效提升了管理效能。

每一个中心采用项目管理方式，每学期都拿出一个大概计划和流程，包括核心工作、预期效果等。每一个中心按照学校整体目标自行自主完成本中心工作目标，也就是"自转"，每一个中心在各自"自转"的同时，也围绕中心点"公转"。每个中心随时会成为学校工作的"中心"，也同时辅助别的中心完成工作。哪个中心不转或转慢都会影响学校整体的运转。

1. 学校发展中心

学校的发展水平直接决定着教育的发展水平，因此，必须重视学校本身的发展。学校发展中心协助校长负责学校文化建设、特色发展、科研等工作，并根据社会和教育发展潮流，分析学校现状，制订学校的发展规划，并及时进行成果整理与提炼。

2. 教学指导中心

教学是学校的基本职责和任务，教学质量的高低直接关系到学生的成长和学校的发展。教学指导中心就是为保障教学工作的顺利和高效开展而设立的，主要负责具体的教学活动、教师的专业化培训和课程安排及执行。

3. 学生成长中心

教育的根本目标就是让每个学生都能健康成长、积极成才，只有关心学生成长的教育才是优质教育，这也是翠微小学管理工作的核心领域。学生成长中心主要负责师生德育工作，包括心理健康。

4. 后勤服务中心

后勤服务中心承担着学校后勤保障、服务、财产管理、维修、安全保卫、卫生、车辆管理等重要任务，后勤管理遵循全校统筹、各校区分置、层级管理的原则，服务于学校大局和各项教育教学工作。

5. 信息技术中心

信息技术中心负责学校信息设备的更新、维护和运转，以及为学校各项活动提供信息技术支持。同时，建立和维护校园网，四个校区用光纤互联，通过 NBC 协同办公，进行网络视频电话会议、下发通知、交换文件，突破了物理地域限制，形成了一体化信息管理网络。

6. 食品安全中心

食品安全无小事，这直接关系到学生饮食健康和生命安全，独立设置一个食品安全中心，就是为了更好地保障全体师生的饮食安全。

7. 行政协调中心

行政协调中心不负责具体工作，主要协调各种关系和资源。在横向职责方面，它负责七大中心的具体工作安排；在纵向职责方面，它直接管理下属的多个校区，通过对具体部门以及各校区进行有效沟通与管理，保障学校的每一项具体工作事有专责、责有专人、权责明确、沟通顺利。

各中心相当于决策管理层，各校区是执行落实层，中心管理的"条状"与校区管理的"块状"结合，即各中心规定的诸项工作都要由各个校区执行落实，同时充分尊重各校区的特点和意见，校区之间又相互协调和支持，从而保证学校工作一盘棋，顺畅灵活。

（三）"大年级组 + 大教研组"的管理路径

针对学校一校多址的实际情况，实行"大年级组 + 大教研组"的管理办法。大年级组即横跨四个校区的六个年级，每个年级包括各个相应学科的教师团队；大教研组是横跨四个校区的语文、数学、英语、体育、美术、音乐等学科的研究团队。"大年级组 + 大教研组"的管理路径有效地解决了翠微小学人员物资的调配和管理，有效地提升了师资水平。经过若干年的发展，翠微小学把握住发展契机，其管理模式在变革中不断得到优化重组，初步具备了"系统按照相互默契的某种规则，各尽其责而又协调地、自动地形成有序结构"的特征，也就是成了自组织。学校一校四址，纵向上，有战略决策主体——以校长为核心的校长办公会，把握学校发展的大方向以及进行学校共性的管理活动；有中观的决策团队——以四个校区为支撑的中层干部团队（含副校级），细化学校层面的决策，并衔接起

微观的执行实践；有微观的执行团队——年级组和教研组。横向上，七大中心的建制将学校管理功能进行分解，有效地实现了组织运转的模块化和扁平化。这种模块与条块的对接，组建了一个立体的、相对清晰的组织网络，大大提高了组织的运转效率。可以说，每一次学校在接受外部挑战和考验（行政命令、课题任务等）的时候，组织内部都能够自觉、有序、高质、高效地运转，完成既定任务，甚至获得创新性的成果。

但是，作为一个组织，如何实现由内而外、渐进而有力的壮大，实现由自觉向自主、自强的跨越，翠微小学仍需要对本组织的运转规律进行更深一步的分析、总结、提炼、探索。在这样的情况下，人本与精细成为管理的基本理念，这就好比一个完整的生命有了高品位的价值追求，生命价值必将得到最大化的提升。

三、翠·微管理机制：多元保障

如果说人本和精细是管理的灵魂，那么运行机制就像是生命的循环系统。翠微小学的结构模式突出体现了"七大中心"、"多个校区"、"大年级组＋大教研组"之间并行、交叉、融合的特点。总体上，我们通过四个机制来确保组织模式的有效运转。

（一）运行保障机制

正是建立在翠微小学组织特点、基本校情的基础上，翠·微教育的管理突出地体现为纵横兼顾的网状管理模式。在核心管理架构下，通过具体部门的对接，实现各校区的有效沟通。保证网状扁平化管理的有效性和科学性的基础是细化部门职责，保证基本工作分工和流程的清晰，这也是基本的组织保障。翠微小学组织的良好运行主要通过以下四个系统来完成。

一是参谋咨询系统。翠微小学在战略发展层面需要源源不断的智力资源支持，通过选择具有专长的专家、干部、教师分别组成专项参谋咨询系统，有助于为学校的发展提供更有价值的参谋。

二是科学决策系统。科学的决策是推动翠微小学科学可持续发展的重要前提，由党、政、工充分参与重大问题的调查和研究，校长集集体智慧最终决策。有了科学的决策，就有了发展的蓝图和可执行的方案。

三是执行落实系统。教育的梦想，合理的目标，必须在科学的决策形成之后落实到具体的执行层面，让理想变成现实。为了更好地执行落实，由多个校区、七个中心的主管全面负责各部门常务工作，贯彻落实学校的工作计划，实行自主负责、督导跟进。

四是保障制约系统。为了保证管理模式的有效运行，由教育、教学、科研、信息、行政、后勤等部门横跨四址，建立交叉联系机制，保证一体运转、同步发展。同时，各校区主管负责部分事务的协调，保证各项具体工作的实施，并对执行效果通过部门协商和行政会议进行反馈。

参谋、决策、执行、保障四个系统和部门职责的细化，从组织结构上保证了管理的人本和精细。

（二）沟通协作机制

管理讲求实效，人本、精细化的管理能够让人在沟通中获得最及时、最前沿、最实际、最能够反映当前工作情况的信息。它能避免不了解情况、不触及问题本质、单纯地从事物的表面现象来解决问题，从而避免牵一发而动全身的灾难性损失。因此，人本与精细化的管理必须重视沟通协作，这是取得学校与教职工、学校与各部门、部门与教职工之间工作上协调一致和相互支持的基础。所以，无论是对管理者、对一个部门，还是对普通的教职工，做好沟通工作，无疑是各项工作顺利进行的前提。翠微小学相对复杂的网状管理结构特别需要沟通协作，它不仅能使工作顺利进行，同时能激活人员的创造力。

1.建立沟通规范

对于学校来说，最有效的沟通其实是做好前期规划和确立实施机制，

也就是说要建立相应的运行标准，任何需要合作的项目都要在规范的机制下运行，使每个部门的工作按章操作，使各部门因对彼此分工的了解而能够达成默契。所以，有质量的项目规划和在制度约束下运行是有效管理的保障。对此，翠微小学有一套行之有效的系统：牵头部门制订项目实施方案，明确工作的指导思想、目的意义、项目内容、分工细节、时间表等技术指标；牵头部门组织协调会进行分工和技术讨论；各部门分头实施并按照进度进行阶段性沟通，必要时召开部门联合会、行政会或全体会进行深度沟通；项目完成后进行总结和反思，比如每月定期的全体会通报，每月大事记和工作小结，学校核心期刊《思路》对活动情况的报道和对工作的总结、反思等。

2. 强化沟通意识

通常人们将沟通理解为与人交流，认为沟通意识就是主动与人交往的意识，但我们所说的学校管理上的沟通意识范围要更大一些，包括信息传递意识、合作交流意识和情感控制意识。合作与协作能力是人本管理的一个评价指标，是评价干部工作能力的标尺，更是干部培训的重要内容，在学校组织的年度培训会中都明确涉及这一主题。在学校文化的影响下，学校教职工建立起良好和谐的人际关系，它使翠微小学的管理层在沟通交流方面更加简单直接。摆正沟通的态度，树立沟通的意识，沟通就会成为工作的润滑剂。翠微小学的管理层能做到三点：讲出来——坦白地讲出内心的感受、想法和期望，绝不抱怨和攻击；能批评——能够对所有伙伴说出自己认为有问题的决定、决策，绝不隐瞒和指责；会补台——能够帮助伙伴完善工作中的漏洞，弥补因失误留下的空隙，绝不漠视和拆台。

3. 建立沟通渠道

渠道很重要，如何沟通，以什么样的方式沟通，决定了沟通的效果和沟通的质量。在正式沟通方面，学校通过行政例会和根据工作需要安排的协调会、分析会、座谈会等途径进行；在半正式沟通方面，学校不定期召开教职工座谈会，这也体现了学校开放式、民主式管理的特点；在非正式沟通方面，电子邮件、信函、短信等是常见常用的沟通方式。

（三）自主创新机制

人本、精细化管理的目的是最大限度地发挥组织的效能和个人的创造力，将学校发展与教师个人发展有机结合，促进所有人主动、愉快地发展，强调让每个人感受到高度责任心带来的高品质工作的价值感。翠微小学创造性地提出了"公转"与"自转"的思考，强调在学校整体工作目标下，各校区、各部门、各年级、各班级在具体工作中有自己的想法和思考，工作讲效果、有创新、有展示。在大框架下，既有发展理念上的高度一致，又能尊重校区、部门、年级组以及师生个人的自主意识，留有相对独立的运行空间，这是翠微小学管理上的特色。为此学校提出：一校一特质，一园一特色，一师一特点，一生一特长。这"四个一"体现的是共性和个性、"公转"与"自转"的相互转化。

1. 各个校区管理各有特色

针对规模办学、一校多址的实际，我们以人才管理为核心，以健康发展为宗旨，管理决策民主，资源分配均衡，项目任务推进，实施流程创新。多个校区在学校整体的管理格局下，根据现有状况，有机协调，创造条件，获得资源，创造性地开展工作。如西校区"悦读"环境文化建设、东校区自主排课课程实践、本校区学生自主负责能力培养、北校区健康自我安全守护教育等，各有特色。在整体管理中寻求一点突破，以点带面，落实人本、精细。

以东校区自主排课课程实践中"种植与美德"综合实践活动的开展为例。活动以"种植与美德"为主题，将环境设计、德育活动、学科教学、家校联合等融为一体，后勤保障、教学指导、德育贯穿、科研提升等在管理上协调一致。小小的种植课程融入很多教育教学元素：一是让学生在校园生活中有些情趣，有些情感的牵挂；二是和德育联系起来，将"爱心、勤奋、责任、勇气、尊重、诚信"六德融于活动中；三是进

行种植知识的学习；四是给学生一种生命体验；五是家校合作，教育空间更开放……师生、家长都开始积极参与，开始有所期盼，开始真实体验，开始深刻领悟，体现了"个性与适度相融，情趣与价值共生"，深层植入"明德至翠，自觉自为"的内涵——学生自在并自我丰富、自知并自我调节、自主并自我负责、自爱并自我尊重，为学生创建了快乐的、有品质的校园生活。这一活动设计，我们关注了方案的参与性和周密性、内容的持续性和系列性、管理的一致性和协调性、目标的实效性和综合性。这种创新的做法带来了我校管理文化的革新，也为学生活动开辟了新思路，成为学校"明德至翠，笃行于微"核心文化理念贯彻在具体工作中的典型案例。

2. 部门管理拥有高品质项目

七个中心在规范程序化管理的基础上都有其值得推崇、效果最佳的项目，如学校发展中心的"调研定位、规划引航、成果提炼"，教学指导中心的"教学优质资源库建设"，学生成长中心的"大家走进翠微会客厅"、"个人才艺展示厅"，行政协调中心的"每月、每周工作协调表"，后勤保障中心的"即时反馈服务系统"，信息服务中心的"栏目资源系统建设"，食品安全中心的"每周每天营养配餐"，等等。尤其值得称道的是，这些项目不是过眼云烟的活动，而是常态工作，与学校的持续发展、教职员工的个人提升以及学生健康自我的发展紧密相连。

例如，"教学优质资源库建设"项目在翠微小学已经持续三年了，它包含每一学科的备课资源、培训资源、成果资源。仅备课资源就包含教材的整体把握、单元分析以及每一课的教案和演示文稿，更可贵的是，详细的分工、明确的个人和教研组资源库建设任务以及评选展示制度保证了备课资源库在原有基础上的改进和提升。它在一定程度上避免了教师因能力和经验的过大差异造成的备课问题，保住了教学质量的底线，克服了短板，缩小了各班教学质量之间的差距，也大大方便了教师查询和借鉴，减轻了教师不必要的负担，避免了我们课堂教学研究中的低效重复。教师们在这些优质备课资源的学习和运用中常有新的突破，促进了他们在更高的平台上获得专业的进一步发展。总之，它让一线教师比较充分地享用优质资源，使他们有更高的站位、更开阔的视野、更科学的方法，用更少的投入获得更好的收益，实现了课堂教学质量的持续提升。

3. 大组管理富有相应特点

翠微小学有多个校区，在各校区随着部门机构调整厘清职责规范后，翠微小学的管理越来越下移，工作越来越扎实。随着学校人本、精细化管理进程的不断深入，基层年级组和教研组建设越来越受到关注。如何带好一个小团队，开展丰富、有效的活动，促进学生健康成长，促进教师愉快地、高质量地工作，各年级、各教研组都进行了卓有成效的探索。这几年，人本、精细化管理的重点放在了大组管理建设上。我们强调教育需要智慧，组内工作才会有声有色，要找准问题，想办法解决问题，光靠卖力气、有干劲，谈不上是高品质的管理。年级组、教研组依据年段特点，有恰当的管理内容和程序，有自己创设的活动和运行策略、方法。

年级行政组有不同的特点，遇到不同的问题，组长要运用智慧去解决，运用巧妙的方法去破解，形成教师快乐、高品质地工作，学生快乐、高品质地学习的局面。如针对某年级教师凝聚力不够的问题，组长以"创建和谐奋进的团队，享受合作共赢的快乐"为研究课题，开展了教师风采展示、班级礼仪风采展示、隆重的年级颁奖大会等活动。经过一年的努力，年级组工作得到了学生的喜爱、家长的满意、学校的肯定，教师们感受到了合作的快乐、工作的快乐。又如，针对五年级学生来到新校区时兴奋、到处乱跑、纪律比较松散的问题，组长组织五年级学生参观校园，了解和爱护这个学校，参与军训，感受军营生活，让他们增强纪律感，还通过其他活动让他们能够奉献爱心。抓住了重点，突破了难点，这个年级的学生就有了很好的学习和生活状态。

教研组要根据年段要求和学科特点，解决学科教学中遭遇的真实问题，激发教师的研究兴趣，培养教师的研究能力，创设高效课堂。如针对

五、六年级语文教师穷追猛打式的追问所造成的学生磨磨唧唧、挤牙膏似的发言，以及课堂学习兴致不高等问题，教研组展开了学生学习活动设计的研究，从词语、句子赏析到段落篇章梳理，组长带头，每人贡献一个案例，并进行课堂教学展示。研究促进实践，实践推动研究，教研组找到了语文课探究性教学的整体思路。一是问题设计：主要问题的设计要留有空间，不是只有唯一的答案，可以从不同角度去看，要注意指向段和篇，不直接指向细节，要有解决问题的路径，和文本的特点相融，要和学生的疑问、兴趣点相关联，确保学生思维发展有空间、有兴趣。二是目标聚焦：以学生语文核心能力培养为核心，确定重点研读的内容，删繁就简，避免溜冰式的低效教学，保证课堂活动中学生人人参与、思维深入。三是保障机制：抽签、排火车、人人动笔、个体与群体互动、小组分工汇报等，确保每位学生的参与兴趣、听说读写能力和思维互动水平的提高。在具体执行中，还有很多小技巧、小办法，教师的课堂教学策略大有改进，学生的课堂学习状态也大有改观。

我们还有组长例会制度，或培训，或交流，或展示，每次会议都有明确的主题，有典型的发言，有精当的点评，从而打造了有热情、聚人心、敢负责、能创新的组长队伍。学校形成了翠微特色的"主动承担不推脱，不揽功也不诿过，懂得感恩能互助，自强自立出业绩"的年级行政组文化和"发现问题定主题，文献实践多钻研，个个参与出案例，系统梳理促提升"的教研组文化。

4.教职员工潜力得到发掘

人本、精细化管理应该努力体现学校发展、教师发展、学生发展的一脉相承，而这些发展中的关键是教师发展，教师发展了才能真正促进学生的发展，从而体现学校的发展。因此，我们的管理要为每一个愿意发展、主动发展的教师提供平台，给予支持。比如，学校发展中心在"调研定位、规划引航、成果提炼"的工作责任下，梳理了学校发展的历史，发掘了历年积淀的优势，确定了艺术教育的发展特色，从构建课程系统入手，调研了每一位艺术教育教师的专长、兴趣，制订了融合学校发展、教师发展、学生发展的艺术教育规划，并着力于相关教师的培养。在短短三年里，学校发展中心帮助教师系统思考，整理提炼，由北京师范大学出版社出版了民乐、面塑、国画、纸艺、篆刻、硬笔书法等校本课程的教材，加速了教师的专业化发展，艺术教师的潜能得到充分发掘，能力得到充分发挥，创造力得以激发，在培养学生兴趣、爱好方面发挥了巨大的作用，相关课程成为我校的品牌，受到学生和家长的极大欢迎。

（四）展示分享机制

翠微小学的每个校区、每个部门、每个年级、每个班级、每位教师都有自己的特色和优势。学校尽可能让所有教师在不同层面体现价值，在展示中分享，在分享中相互启发、相互激发，可谓展示和分享并行不悖。

1. 团队展示分享

学校建立了团队展示分享制度，每学期一次，保证有明确主题和全体参与，这样增加了团队的凝聚力和研究力。它包括三个层级：有部门创新性项目管理的交流和研讨，有校区管理经验的交流和实地参观，有年级组管理经验的交流和成果展览以及教研组课题研究的分享和课堂观摩。

在部门创新性项目管理的交流和研讨中，我们发现了持续精进的研究态度的重要性。如学校发展中心持续三年默默无闻成就学校艺术课程品牌，促进艺术教师专业成长，还有《思路》杂志的创办，历时近五年，这是体现学校管理创新性的典范，在学校人本管理和使管理走向精细化的研究中发挥着不可忽视的作用。它的诞生使学校内部有了交流的学术平台，教职员工有了自我表达的良好途径，学校的发展战略和发展方向、日常管理的新举措、教职员工风貌等有了展示的渠道；它充当了学校内部沟通交流的通道，加强了学校各个层面的沟通；它使学校对外有了统一规范的宣传口径，使学生、家长以及周边社区、教育行业内部有了认识学校的渠道，且信息准确，可信度高；它使学校有了高质量的

史料，是最有实效、最易保存的文本记录；它成为学校文化的主要传播途径之一，发挥着沟通、分享、宣传、积淀等多重作用，体现了学校管理的创造性。

在校区管理经验的交流和实地参观中，我们发现了校区主任的管理智慧。

校园里的田园

周金萍

"翠"的人本和"微"的精细是我们管理文化的要求。在这样的管理理念下，各部门、各校区如何实现管理的创新？我想就应该根据部门和校区的特点，将教育润化到人的心坎里，就像肖川博士说的那样："良好的教育一定能够给无助的心灵带来希望，给稚嫩的双手带来力量，给蒙昧的双眼带来清明，给孱弱的身躯带来强健，给弯曲的脊梁带来挺拔，给卑琐的人们带来自信。"

东校区的"花开在我心"绿园种植这项系列化的、长久的"小"教育就是一种创意，是教育智慧的体现，更是一种仁爱、价值、使命的融合。它不是昙花一现的热闹活动，而是点点入微、丝丝入扣的滋润；它不是高难素质的集中展现，而是清风徐来之中的点滴熏陶；它不是摇旗呐喊的口号呼应，而是情感投入、持续跟进的行动。

低处出手，高处站位，做有境界的教育，这是"花开在我心"绿园种植的魅力所在。做真教育的"草根"，在平凡中去发掘、去研究、去创造。让每个孩子在每一年里都能看到生命的过程，从种子到果实，从碧青到枯黄，让师生在其中去感受、去体验、去思考——有多少生命之爱可以重来?！

种植不是一个简单的事情，校园里的田园不是说说就可以做到的，那是要花心思的。一到四年级的孩子那么小，那些硬硬的土壤怎么处理？果树从哪里来？学校后勤不遗余力，请专业公司对绿化地进行了翻筛换土，移植了杏树、山楂、海棠、柿子等20棵好管易活的果树，这样，每个班都能分到一棵树，将来孩子们可以过自己的采摘节。取水比较困难，但是为了能够给孩子们提供一个相对系统的体验环境，学校专门建设了一套灌溉系统，为每一个小种植园预置了一个出水口，可以直接漫灌，加上喷头又可以喷淋，既简洁又方便。

一周过去了，种子还没有出芽，老师和同学们心中充满了焦虑和期待；半月过去了，看着小芽探出头来，老师和同学们心中充满了珍惜和怜爱；一个月过去了，转眼绿油油的一片，老师和同学们看着属于自己的那棵小苗生长壮大，心里那个美，相信你也能够体验。

家长也被吸引过来，每天放学都能看到家长过来护理种植园的场景，他们和孩子们一起补种、扎架、施肥、锄草，家校间的融合竟在不知不觉间开始了。田园旁一块块介绍植物种植知识的牌子树起来了，以花和植物来命名的班级文化也由此引发开来。

校园里的田园就这样从地头到心头！教育因朴素而易行，因柔软而润心，因持续而坚定！

这是校区管理中的一个例子，结合东校区自身所具备的条件和基础，从一个侧面体现了校区的"自转"，同时也体现了"公转"的意义，充分体现学校人本、精细化的管理理念。

还有年级组管理经验的交流和成果展览、教研组课题研究的分享和课堂观摩等。经验的交流是一种学习的方式，也是一种成果的展示，其中既可以找到管理中可以借鉴的理念与方式，也可以看到管理中需要改进的地方。

创建和谐奋进的团队 享受合作共赢的快乐

赵建萍

年级组、教研组是学校中的最小单位，是组织管理中的细胞群组。细胞群组的健康就是肌体的健康。细胞群组恶化了，如果治理不好，就可能

带来肌体的死亡。所以学校人本、精细化管理的重头戏一定是在年级组、教研组管理这一层。四年级组是学校的一个代表，他们的工作状态是学校整体状态的一个侧影。

主动承担不推诿

四年级组是一个和谐奋进的团队，每位老师都努力为这个集体贡献自己的力量。他们在每一次组内工作分工时，从不生硬命令或者工作摊派，而是真诚地请老师们一同参与到年级组的议事中来，共同商议，充分地发挥集体的智慧和力量。然后，每个人都会尽可能地要求自己多承担一些，不增加别人的负担。比如，组长在安排执勤时，每位老师安排一次，而自己安排两次；有老师外出学习，往往会有其他老师主动把他的课承担下来。对于学校的各项工作，他们总是能以支持的态度对待，作为西校区最高年级的老师，他们往往主动承担教师节、元旦等节日庆祝活动的服务工作，有的设计活动方案，有的指导学生朗诵，有的负责排练舞蹈，有的组织学生……大家分工合作、群策群力，为每一次活动贡献力量。

不揽功也不诿过

四年级组的老师特别注重在组内营造和谐温馨的工作氛围，有了这种情感的积淀，才能激发大家的工作热情，让大家在工作中感到幸福和快乐，才能使年级组形成凝聚力，使大家心往一处想，劲儿往一处使。为了在组里营造和谐的氛围，每个人都首先从自己做起，凡事想在前、做在前。组里有了成绩，受到表扬，都要归功于所有人，大家热烈地庆祝并互相感谢对方的支持与帮助。如果出现了问题，老师们绝不指责埋怨，而是从自身找原因，赶快想办法解决问题。比如，在上学期的废品回收献爱心活动中，由于宣传和要求不够，在第一次废品回收中，四年级还不如低年级做得好。面对问题，大家积极想办法，一方面利用校讯通给全体家长发短信宣传这一活动的意义，以获得家长的理解、支持，另一方面通过制作爱心卡调动学生的积极性。同时，他们又召开了班主任会，一方面希望老师带头参与制作爱心卡，另一方面商量怎样使用好这张爱心护照。通过这些努力，在第二次废品回收活动中，每个班的参与率均达到了90%。通过这一活动，既对学生进行了爱心教育，也使组内更加和谐，更具凝聚力。

懂得感恩能互助

每当有老师在工作或生活中遇到困难，大家都会尽自己的能力去帮助他。老师们受到了尊重，得到了帮助，感到了温暖，年级组的氛围就更加和谐，有了工作大家也就会责无旁贷，倾力相助。有一学期，四年级举行年级颁奖大会，表彰开学以来在行为习惯方面、学习方面取得佳绩的同学。这次颁奖大会令与会的领导、师生深受感动。颁奖大会后，学生们带着一份感动和鼓舞静静地、有序地离开会场。回到班里，学生们以敬仰的眼神望着老师，变得更加懂事、乖巧了。会后有老师激动地说："没想到一个颁奖大会能开得这样好，这是我工作以来参加的最让人感动的年级活动。"这次颁奖大会能开得如此感人，首先来自于组里老师的敬业精神。有的老师劳累了一天，回到家中还要备课，一岁多的儿子哭闹着要找妈妈，她一边备课，一边抱着孩子，当她全身心地投入到备课中时，竟忘了怀中的儿子，不小心将儿子摔在了地上（当然这不应该提倡，但这是事实）；有老师到银川学习，她的心中还时刻牵挂着学生，一天一个短信，一天一个问候，随时了解、指导班级的学生……在每一位老师的身上，都有着学生所不知道的感人故事。颁奖大会后，很多学生纷纷写下感言："十年树木，百年树人。在这一张张笑脸、奖状的背后，凝聚了老师多少心血。我们要用良好的表现和优异的成绩来报答老师。""古人说，母亲是最无私的，她把爱都献给了你，生下了你，养育了你，保护着你……要是有人问我谁给了你爱，我会说老师、妈妈。因为我心里有一个公式：老师＝妈妈。"……这一句句感人肺腑的话语表达了学生对老师无尽的感激之情！

这是一个真实的四年级组，所表达的不过冰山一角，但是足以展现在人本管理下教师的工作状态和生活状态。这样的氛围就像多米诺骨牌，

摆起来小心翼翼，需要时间和精力，而推倒它不过是分分秒秒的事！所以，有一个良好的氛围一定要好好地呵护它，文化管理则是实现这一目标的途径。

2. 个人展示分享

以展示促发展是翠微小学教师文化的特色之一。学校分析了各个发展阶段、各个层面教师的特点，建立了个人展示分享制度，每周、每月、每学期，随时随地，各人根据自己的能力和特点，在不同的平台进行展示分享，保证每年全体教师人人参与，让每位教师在集体中都有归属感、价值感、成就感。它包括三个方面：课堂教学展示和经验交流、班队管理展示和案例交流、个人基本功展示和文化交流。

（1）课堂教学展示和经验交流

学校把"专业高标、学养深厚"作为提高教师综合素质的重心，提出了"研究精进，业务精湛"的目标，课堂教学的展示是体现其要求的重要的呈现方式。我们以一线教师为主角，在八个层面进行展示：研究小组—教研大组—学段教研组—学校—学区—区—市—全国。展示的方式是各级别的研究课、评优课、展示课、接待课、邀请课以及各级别的经验交流、学术讲座、专题培训。各类课的展示每人每学期至少一次，各级别的经验交流每人每年一次，学术讲座、专题培训每年每个教研组和年级组各两次。展示就是历练，历练就是成长。

（2）班队管理展示和案例交流

学校将"良好师德，美好人性"作为教师培训工作的灵魂，提出了"真爱学生，会爱学生"的智慧教育。尤其对班主任而言，他们是学生健康成长历程中的重要他人，班集体的建设成为教师专业素质的重要体现。学校建立了班主任例会制度，展开班主任主题实践案例研讨，很多班主任的管理特色、管理办法得以呈现，逐步解决了诸多班级管理问题，如班级文化个性挖掘、班级阅读活动开展、学生自主管理策略、小干部管理误区探究、学生自信勇气的展示路径等。

(3) 个人基本功展示和文化交流

个人基本功是带给学生良好影响的基本素质的体现，有钻研教材、学生学习活动设计、主题活动设计、学生问题解决等教育教学基本功，也有演讲、书法、朗诵、编织、绘画、手工、摄影等个人特长。每学年学校要按年龄层次组织一次遍及每个校区的教育教学基本功和个人风采展示。这些展示能将学校教育教学的要求和个人的特点专长结合起来，既体现学校的发展方向，又展示个人的能力水平。同时，每两月一次的教师文化沙龙活动深入人心，有教育电影点评、经典书籍之我见、棘手问题研讨、特别人物关注、生活艺术分享等。

这些展示和创新性的实践让老师们深切体会到这一职业的使命感、责任感和自豪感，"迈向文化型教师，做学生生命的贵人"成为老师们的职业追求。总之，愿意干、主动干、创新干、有业绩、有特长的团队和个人越来越多，"明德笃行，自觉自为"蔚然成风，这才称得上是学校真正的管理文化。

学校的管理文化是一个不断完善的过程，从粗陋走向精细，从制度走向人本，文化的意味越来越重，"自觉自为"越来越浓。文化出品位，精细出品质。良好的管理文化自然地浸染我们的心灵，无声无息地改善我们的环境，默默无闻地影响我们的言行，构建了我们翠微小学至真、至善、至美的精神家园。它使教师专业化水平更高，深切体会到有品质的教育带给我们的成就感、幸福感；它使我们的学生在成长的关键时期得到良好教育，根基厚实，持续发展；它使我们的教育思考与实践更深入，视野更开阔，方法更灵活，效果更深远。

第三章

翠·微德育的定位

翠微小学作为全国众多小学中的一所，在学生道德教育方面应该说一直秉承国家对学校德育的要求，严格落实国家提出的"德育为本"、"德育为先"的要求，然而在几十年的发展过程中，在德育方面也不可避免地出现矛盾与难题。在这些矛盾与难题中，翠微小学不断反思、提炼，结合以往德育中的问题，对学校德育做出了理性的思考与实践。

一、明德：培育阳光少年

　　《旧唐书·魏徵传》中说："以铜为镜，可以正衣冠；以古为镜，可以知兴替；以人为镜，可以明得失。"可见，历史可以从正面积极地告诫人吸取过去的经验教训，以便更好地把握自己，大到治理国家，小到自我修养，都是如此。所以，在学校教育的过程中，我们以史为鉴，不断调整，不断完善，最终使学校、学生向着我们期待的方向发展进步。

（一）以史为鉴明德——对学校道德教育的再定位

　　在思考学校道德教育之前，我们首先对道德教育进行了词源分析。如甲骨文中的"德"，左边的"彳"表示行动；右边是一只眼睛，眼睛上面有一条垂直竖线，连起来形成一个目光直视的形象，表示有道德。

甲骨文

　　金文在眼睛下加"心"，表示目光正、心意正。

金文

小篆将眼睛和竖线变成了"直"。"直心为德",目正、心正才算德。

德

小篆

由此可见,在很早以前,"德"就受到了人们的关注,那时,"眼正、心正"成为人们对"德"最直接的表述。

随着社会的不断发展,人类文明的不断进步,社会生活的不断丰富,人们所面临的诱惑与考验也越来越多,"德"所包含的意义也越来越丰富、充实。《现代汉语字典》中关于"德"的释义为"德就是人们共同生活及行为的准则和规范"。可以说它包罗了人行为的方方面面,大到人生观、价值观、世界观,小到一个行为习惯、一举手一投足。

道德教育在人类社会发展进步过程中具有十分重要的意义。孔子在《论语》中指出:"弟子入则孝,出则悌,谨而信,泛爱众,而亲仁,行有余力,则以学文。"这一点足以说明实行"孝"、"悌"等道德修养应先于"学文"。

翠微小学从学校发展的历史脉络以及对学校教育问题的追溯中,提出"明德至翠,笃行于微"的核心发展理念,深刻体现出学校重视"德",将德育重新提到核心地位,也在积极践行将德育融入学校生活之中。

(二)以校为本定点——培养明德笃行、自觉自为的阳光少年

伴随着校训的确立,下一步的思考随之而来:学校的学生培养目标是什么?确定学生培养目标的合理依据又是什么?翠微小学干部教师在发展历程中逐步形成以下共识。

学生培养目标是我们办学实践最核心的目的,学校的其他工作目标和手段都要紧紧围绕这个目的展开。也就是说,如果我们将学校发展作为一种总体的教育行动,将学校中各个方面的工作称为单位行动的话,只有以学生发展这个终极目的统率所有的单位行动,总体教育行动才可能是有机

的，并最终是有效的。在学校工作这个系统中，学生培养目标既是确定教师发展目标和学校发展目标的依据，也是进行校本课程设计和学校管理机构设计的基本根据，还是教师每天进行学生研究、诊断和指导的依据。

因此，学生培养目标不仅要有，而且要具体到全校教师都能够认同、理解和实施的程度。

基于学校的翠·微教育理念，我们提出了"培养明德笃行、自觉自为的阳光少年"这一学生培养目标。经过多次研究与专家论证，我们对它做出如下解读。

1. 以"心"字表达对"明德笃行、自觉自为的阳光少年"的总体理解

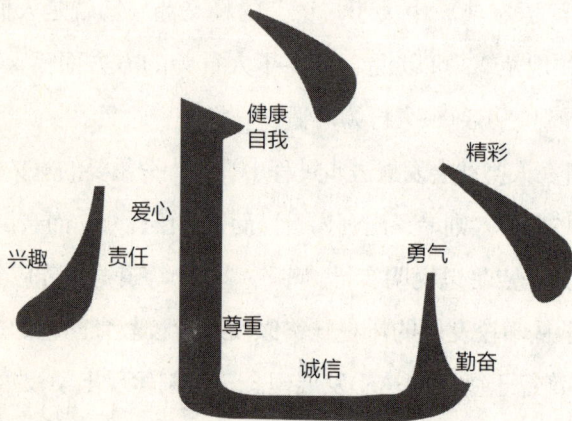

六德"心"字结构图

通过这样一个形象设计，表达学校对学生内心世界的关注，说明阳光少年是由内而外的，是心灵的绽放，是一种"自觉自为"。正如苏霍姆林斯基所言，一个少年，只有当他学会了不仅仔细地观察周围世界，而且仔细地研究自己本身的时候，只有当他不仅努力认识周围的事物和现象，而且努力认识自己的内心世界的时候，他才能成为一个真正的人。从"心"出发，我们开始对教育的本源进行探究。

2. 以"心"字表达对"明德笃行、自觉自为的阳光少年"的具体理解

它以"心"字最上的一点"健康自我"为最高境界。它以中间的

"乚"所包含的爱心、责任、尊重、诚信、勇气和勤奋为主体躯干。爱心是"健康自我"的核心,爱自己、爱自然、爱他人,居于最上端;勤奋是学生学习之本;诚信和尊重是学生做人之本;责任和勇气是学生做事之本。它以"心"字左右两边的点"兴趣"和"精彩"为乘风的翅膀,从两头焕发心灵的活力。没有这对翅膀,学习、做人、做事难以到达最高境界。"兴趣"和"精彩"就是自在并自我丰富,并在兴趣和自主探索中体会勤奋和爱心,在自我尊重和自我信赖中理解尊重和诚信,在自我价值享受和生命精彩中懂得责任,建立勇气。

(1)健康自我

"健康自我"是教育的本质内核,也是教育的最高追求。一个人拥有了健康自我,就会变得自在并自我丰富、自知并自我调节、自主并自我负责、自爱并自发爱人,就拥有了持续的、愉悦的、自由的发展,就拥有了自我的幸福,并和谐自处于他人和环境之间。

(2)兴趣和精彩

教育的本质是发现学生的兴趣和潜能,帮助他绽放人生的花朵。教育者首先应该持续地、敏锐地帮助学生发现他最感兴趣的事情。发现自己的兴趣,专注于自己的兴趣,他才可能活出自我个性,活出独特精彩,并丰富这个世界的精彩。兴趣成就精彩,个人潜质才能不断迸发;精彩出自兴趣,个人价值才能不断超越。

(3)六德

张开"兴趣"和"精彩"的翅膀需要依托于"六德"(勤奋、爱心、尊重、责任、诚信、勇气)这一坚实的主干。简单来讲,明事理、会做人、会做事的阳光少年是学校最终的培养目标。

二、行徽:奠基幸福人生

翠微小学从"培养明德笃行、自觉自为的阳光少年"这一培养目标

出发，致力于"为学生的幸福人生奠基"。结合这一培养目标和宗旨，翠微小学的德育目标以国家规定的德育目标为基本内容，同时又从众多德行中选择确定出体现翠·微教育特质的核心德行目标，并在学生成长的六年中分阶段逐步落实，以基本目标做根基，以核心目标为主体，采取多管齐下、多目标并举的教育实施方法。

（一）常规德育目标

翠·微教育的德育工作以落实国家规定的常规德育目标为基本内容。对小学来说，国家规定的常规德育目标主要体现在《小学德育纲要》和《中小学德育工作规程》中。《小学德育纲要》规定小学要"培养学生初步具有爱祖国、爱人民、爱劳动、爱科学、爱社会主义的思想感情和良好品德；遵守社会公德的意识和文明行为习惯；良好的意志、品格和活泼开朗的性格；自己管理自己、帮助别人、为集体服务和辨别是非的能力，为使他们成为德、智、体全面发展的社会主义事业的建设者和接班人，打下初步的思想品德基础"。《中小学德育工作规程》规定中小学要"培养学生成为热爱社会主义祖国、具有社会公德、文明行为习惯、遵纪守法的公民"。国家规定的小学常规德育目标是对我国小学的普遍要求，是包括政治、思想、道德和心理品质教育的"大德育"目标。因此，翠·微教育的德育需要把这些德育目标融入各个年级的德育工作中。

根据《小学德育纲要》，翠微小学需要追求的常规德育目标具体包括以下几点。

第一，热爱祖国的教育。教育学生知道自己是中国人，尊敬国旗、国徽，认识祖国版图，会唱国歌；初步了解家乡的特产、名胜古迹、著名人物，了解祖国的壮丽山河、悠久历史、灿烂文化和社会主义建设的伟大成就以及改革开放带来的巨大变化，培养热爱家乡、热爱祖国、热爱社会主义的感情和民族自尊心、自豪感；知道历史上中华民族曾遭受帝国主义的欺辱和进行的英勇反抗，知道我国与世界发达国家的经济水平还有很大差距，社会主义现代化建设还会遇到很多困难，逐步树立长大为建设家乡、振兴中华做贡献的理想；知道我国是一个多民族的国家，各族人民要互相尊重、平等相待，完成祖国统一大业是各族人民的共同心愿；逐步懂得"祖国利益高于一切"，爱护国家财产，立志保卫祖国，热爱和平，反对侵略战争。

第二，热爱中国共产党的教育。教育学生知道中国共产党领导人民进行革命斗争，建立了新中国，现在领导人民进行社会主义现代化建设，使学生懂得幸福生活是中国共产党领导人民取得的；学习老一辈无产阶级革命家和优秀共产党员英勇奋斗、艰苦创业、大公无私、坚持真理、全心全意为人民等高尚品质，培养热爱中国共产党的感情；知道中国共产党是中国少年先锋队的创建者和领导者，少先队员要接受党的教育，做党的好孩子。

第三，热爱人民的教育。教育学生知道我国劳动人民在旧社会受剥削、受压迫，新社会中人民是国家的主人，各族人民共同建设我们的国家；知道我国人民创造了中华文明，了解我国人民勤劳勇敢、自强不息、不畏强暴、热爱和平等传统美德，培养热爱人民的感情；要尊重各行各业的劳动者，向先进人物学习，初步培养为人民服务的思想；要孝敬父母、尊敬师长、尊老爱幼、友爱同学，同情和帮助残疾人，助人为乐，与各族少年儿童、外国小朋友友好相处。

第四，热爱集体的教育。教育学生知道自己是集体中的一员，要热爱集体、关心集体，培养集体意识和为集体服务的能力；服从集体的决定，遵守纪律，努力完成集体交付的任务，珍惜集体荣誉，为集体争光；在集体中团结、谦让、互助、合作，关心他人，积极参加集体活动，学习做集体的小主人。

第五，热爱劳动、艰苦奋斗的教育。教育学生懂得劳动光荣、懒惰可耻，祖国建设离不开各行各业的劳动，幸福生活靠劳动创造；要热爱劳动，参加力所能及的自我服务劳动、家务劳动、公益劳动和简单的生产劳

动，掌握一些简单的劳动技能，培养劳动习惯，爱护公物，勤俭节约，珍惜劳动成果；学习老一辈艰苦创业的优良传统，初步培养吃苦耐劳、艰苦奋斗的精神。

第六，努力学习、热爱科学的教育。教育学生知道学习是学生的主要任务，是公民的义务；初步懂得建设祖国、保卫祖国离不开文化科学知识，从小把自己的学习与实现社会主义现代化的理想联系起来，启发学生的学习兴趣和求知欲望；培养勤学好问、刻苦努力、专心踏实、认真仔细的学习态度和良好的学习习惯；热爱科学，相信科学，反对迷信，不参加封建迷信活动。

第七，文明礼貌、遵守纪律的教育。教育学生关心、爱护、尊重他人，对人热情有礼貌，说话文明，会用礼貌用语，不打架，不骂人；初步掌握在家庭、学校、社会上待人接物的日常生活礼节；遵守学校纪律和公共秩序；讲究个人卫生，保持环境整洁；爱护公用设施、文物古迹，爱护花草树木，保护有益动物。

第八，民主与法制观念的启蒙教育。教育学生懂得在集体中要平等待人，有事和大家商量，少数服从多数，个人服从集体；在少先队组织里学习开展批评与自我批评，行使少先队员的权利，学习过民主生活；知道国家有法律，法律是保护人民利益的，公民要知法、守法，学习和遵守《中华人民共和国道路交通管理条例》《中华人民共和国治安管理处罚条例》《中华人民共和国义务教育法》和《中华人民共和国未成年人保护法》等法规中与小学生生活有关的规定。

第九，良好的意志、品格教育。教育学生要诚实、正直、谦虚、宽厚、有同情心、活泼、开朗、勇敢、坚强、有毅力、不怕困难、不任性、惜时守信、认真负责、自尊自爱、积极进取。

第十，辩证唯物主义观点的启蒙教育。引导学生学习怎样正确看待周围的事物；初步学习全面地、发展地看待问题的方法。

（二）核心德行目标

翠·微教育的德育追求体现翠·微教育特质的核心德行目标。翠·微教育品牌建设是翠微小学在当前做出的重大战略选择，是翠微小学深刻分析校内外形势而做出的慎重决定。翠·微教育理念体系的"明德"核心价值要求翠微小学在德育工作中不仅要追求常规德育目标，还要特别强调那些具有基础性、时代性和个性化的核心德行目标。

根据翠微小学广大教师的共识以及当今德育发展的总体要求，特将爱心、尊重、责任、诚信、勇气、勤奋六个品质作为学生核心德行目标。这六大品质虽有一定交叉，但各有侧重，不影响其独立性。爱心是"健康自我"的核心，勤奋是学生学习之本，诚信和尊重是学生做人之本，责任和勇气是学生做事之本。在做好学生基本德行培养的同时，突出以上六项内容，作为翠微小学德育的主要纲目。下面为六大德行的基本内涵、选择依据和主要目标。

1. 爱心

（1）明德

爱心的内涵无比丰富，有朴素的爱、高尚的爱，小爱、大爱，自爱、爱人之分，爱的培养遵循从小入手、以小见大、逐步推进的原则。从爱自己、爱亲人入手，到爱同学、爱老师、爱身边的人，最后直到爱同胞、爱人类、爱自然、爱天下。儿童需要爱与关怀，也需要爱别人与关怀别人。在爱的氛围下，孩子才能获得真、善、美的滋养，长大才能建设充满爱的社会。

（2）行徽

◆ 能够善待自己，能够正确地对待自己的错误，认同自己。

◆ 能够善待家人，能够体察到父母的良苦用心，能够说出父母对自己的爱。

◆ 能够善待同学，善于原谅他人，能够说出关系不好的同学的几个优点，能够善意地帮助同学。

◆ 能够辨别生活中的弱者，力争通过力所能及的方式帮助一个需要

帮助的人。

◆ 能够善待动物、植物。

◆ 能够善待环境，节约资源。

(3) 依据

要爱自然、爱社会，使人类文明得以代代相传。爱心既是德行之目，又是德行之基，无论是在东方还是西方的伦理中，无疑都将爱作为德行的起点。爱来自于人性中善的本能，人人皆有，与生俱来，但也容易被遮蔽，甚至会出现扭曲。目前我国城市儿童大多为独生子女，在不良的社会氛围和教育观念下，更容易出现爱的缺失和失真。因此，重视爱心教育，对于小学生来说，既有现实意义，也有长远意义，同时也符合学校办学的基本理念。对学生的爱心有多种理解，从对象看，有爱自己、爱家人、爱同学、爱集体、爱自然等；从内涵看，人们将爱心注释为同情心、善心、宽容、友善、珍惜等。

2. 尊重

(1) 明德

尊重就是敬重、重视他人的思想观点，认同、遵从他人正确的意见，尊重他人的权利和利益，在与他人交往中注意保持庄重的态度、融洽的气氛等。尊重的对象不仅是尊者和长者，还要包括那些弱者和贫者；不仅是与自己的观点相同的人，还要包括那些与自己意见相左的人。尊重对于小学生来说，要从身边人做起，尤其是尊重自己的亲人、师长、同学。在交往中学会欣赏，在欣赏中学会尊重。尊重他人是获得他人尊重、建立自尊的开始。

(2) 行徽

◆ 在家庭，能够尊重自己的家人，能耐心地听取家人的意见，能够正确对待家人的不同意见，及时采纳他们的正确意见。

◆ 能够发自内心地礼貌对待父母及其他家庭成员，知道并熟练地使用温馨、规范的家庭礼仪。

◆ 在学校，能够尊重老师和其他工作人员，见面主动问好，得到帮助要感谢，遇到不能理解的事情要及时沟通，多听取老师的意见。

◆ 能够尊重同学的人格，倾听同学的意见，不讥讽、嘲笑、谩骂同学，不给同学取外号。

◆ 善待弱小的同学，在交友和集体活动中，在他们遇到困难的时候，能主动关心和帮助他们。

◆ 学会欣赏每个同学，善于发现每个人身上的闪光点，不因成绩、外貌、性格歧视同学，要鼓励同学。

（3）依据

在大力提倡人的个性、主体性，大讲人的权利、平等的时代，尊重是容易受到误解的道德品质，尤其是独生子女的不良教育很容易造成尊重的缺失。其实，尊重是爱心的自然延展，尊重就是爱的表达。今天，许多孩子以自我为中心，忽视他人的存在，唯我独尊，自以为是，不重视他人的意见，更难以包容不同意见，苛求他人。从重要性来看，小学生尊师与敬长尤为重要，要让学生学会赞美别人、欣赏他人；要加强文明礼仪教育，让学生在学礼、知礼、行礼中形成尊重的意识，形成宽厚、包容、体谅、接纳别人的情怀。翠微小学的教师中，有 7.3% 的人选择了将尊敬师长作为培养学生德行的重点。

3.责任

（1）明德

责任有两个含义：一是指做好分内的事，如履行职责、完成任务等；二是指如果没有做好自己的工作，应承担不利的后果或强制性义务，如担负责任等。责任感是衡量一个人精神素质的重要指标，有责任感的人不仅知晓自己应为之事，还会对自己所做的事、所说的话负责，也就是将主动担负责任和敢于承担责任高度统一起来。

（2）行徽

◆ 知道自己是家庭中的一员，能够主动分担家庭中力所能及的事。

◆ 知道自己是班级的一员，能够主动分担班级和学校中应做的事。

◆ 知道自己是社会的一员，能够在他人的帮助下做些力所能及的事。

◆ 热爱劳动，学习必要的劳动技能。

◆ 对自己所承担的事认真负责，不逃避责任，不推诿。

◆ 能够将学习与自己的责任联系起来，能够知道学习的多种意义，明确学习的责任。

（3）依据

责任是人的主体性、主动性的体现。当今人们的责任感在降低，许多人在家庭中、在社会生活中不能主动担负起责任，甚至逃避责任，结果造成了信任危机。在教育中，许多家长过度关心孩子的学业成绩，忽视责任心的培养，孩子不能明确自己在家庭和班级中的身份，因此责任心很低，即使整天学习，但处于一种被动状态，不主动对学习负责，更谈不上对其他事情负责了。因此，提高人的主体性的关键在于树立责任意识。

4. 诚信

（1）明德

诚信是人类的基本美德，体现在学习、工作、交往中。对于小学生来说，诚信就是要求其在学习中要老老实实，一是一，二是二，知之为知之，不知为不知，不要徒慕虚荣；在交往中要信守诺言、言行一致、表里如一，不自欺欺人；对待过错不要文过饰非、敷衍了事。做事有目的、有计划，并力争保质保量地完成。要善于合理地保护自己和别人的正当利益，对别有用心的人要区别对待，保护自己和他人的隐私。

（2）行徽

◆ 能够真诚地对待学习，认真负责，全心投入，实事求是。

◆ 能够坦然地接受学习结果，对待不良学习效果要能够认真分析，寻找原因，不瞒报成绩，不徒慕虚荣，不盲目攀比。

◆ 在与人交往中要诚实守信、表里如一，不欺骗别人。

◆ 承诺的事情要力争完成，不能完成的事情不轻易承诺，对尽力但没有完成的事情要做出解释，如果影响到别人要表示道歉，力争补救。

◆ 制订适合自己的学习计划，尽力保质保量地完成。

◆ 对别有用心的人要善于区别对待，不能轻易说出重要事实，不能轻易承诺。善于保守秘密，保护自己和他人的隐私。

（3）依据

诚信是人际交往的第二张"名片"，是立身之基，是交往合作的保证，也是中国传统文化追求的核心。"诚者，真实无妄之谓"，就是说在为人处世中要老老实实，尊重客观规律，说真话、办实事，反对自欺欺人、弄虚作假。《说文解字》说"人言之为信"，"信"要求人们说话诚实可靠，切忌大话、空话、假话，而且做事也要诚实可靠。因此，诚与信的基本内涵是一致的，就是信守诺言、言行一致、诚实不欺、表里如一。即所谓"诚，信也"。儿童本来天真无邪，但是由于受到不良社会风气和功利主义教育的影响，有些孩子未能做到正确对待学习，过分重视分数、名次、荣誉，在交往中不能坚守信用，表里不一，爱说假话空话，不珍惜自己的声誉等，这些都需要我们在日常教育中加以引导。

5. 勇气

（1）明德

勇气与懦弱相对，是确立目标后面对困难与不利境地而表现出毫不畏惧的气魄。智、仁、勇被古人称为"三达德"，即三项普遍适用而通达的德行。智是智力基础，是知识与经验运用于问题的表现；仁是德行的基础，是保证实践活动按照合乎人类共同利益的目标前进；勇是动力基础，是确保正当目标得以实现的支持性条件。人的一生要遇到无数困难，都需要勇敢面对，失去勇气会失去一切。

（2）行徽

◆ 敢于一个人在有限时间内独立在家，或者独立承担一项有挑战的任务，每学期为自己设计一件有挑战性的事情。

◆ 能够在家长或老师面前承认自己的错误，说出自己在学习上的困难、不足。

◆ 能够独立面对困难，并积极寻找解决办法，富有创新精神。

◆ 在同学遇到困难时能够一同分担。

◆ 能够讲述十个关于有勇有谋的故事。

◆ 学会排解不良情绪的几种简单方法。

（3）依据

智、仁、勇被中国人称为"三达德"，"智者无惑，仁者无忧，勇者无惧"。我们所谓的勇者不是单方面的，而是三者的结合，仁是根本，智与勇缺一不可。在如今的独生子女时代，许多孩子受到过度保护，依赖过度，缺乏独立承担任务、独立面对困难的勇气，因此也缺乏独立解决问题的能力。尤其要指出的是，勇气的培育在今天的安全教育中有所误解，在今天的文化中也极易被侵蚀，因此，需要特别重视。

6. 勤奋

（1）明德

勤奋是针对懒惰而言的，它是成功的基础、智慧的源泉。勤奋好学是中华民族的传统美德。勤奋意指学习与做事认认真真，愿意付出时间和汗水，尽心尽力地干好要做的事情，不怕吃苦，踏踏实实，任劳任怨。勤奋需要时间检验，需要坚持不懈地努力。勤奋需要远大的理想做后盾，最终依靠坚韧不拔之志。天才来自于非凡的傻劲，聪明需要不断耕耘，要有克服困难的勇气、信心和智慧。

（2）行徽

◆ 当自己决意要完成一件事情时，要全身心投入，善始善终，培养做事有耐心、有恒心。

◆ 要善于将学习困难与自己的远大目标联系起来，提高学习动力。

◆ 要将学习与兴趣联系起来，在老师和家长的帮助下，积极发现和培养学习中的兴趣点。

◆ 面对学习和生活中的困难时，要善于寻求他人帮助，不断改进自己的学习方法。

◆ 善于在学习中鼓励自己，学会在挫折中总结经验。

◆ 做事情能够不惜力，追求完美，使自己不断进步。

（3）依据

学习是学生在校的主要任务，学习与修德息息相关，同时学生也需要一定的"学德"才能将学习搞好。天才来自于勤奋，这个真理近年来竟然遭到了不少怀疑，尤其是有人以快乐学习、愉快教育为借口，反对勤学苦练，讥笑勤学的精神。这是对快乐与勤奋的双重误读，其实快乐与勤奋不是对立的。在翠微小学广大教师的心目中，学习最重要的德行品质依然是勤奋，其次是上进心（作为学习的动力），再次是学习方法或者叫会学。其实，勤奋就是目标、坚持、方法的统一。

（三）阶段德育目标

小学阶段，学生总体处于儿童期，但也具有阶段性特征。从总体上看，这一时期儿童品德发展的主要特点有：在品德认识上具有表面性、具体性、肤浅性特点，对品德还缺乏比较抽象的认识，真假、美丑、是非、荣辱等品德辨别能力较差，带有从众性，常常服从权威；在品德情感方面，带有情境性，受情绪影响比较大，理性认知能力较差；在品德意志和行为方面具有意志薄弱、做事随意性强、有一定的起伏波动性等特征。

从阶段性特征来说，按照皮亚杰的观点，儿童大致要经历权威阶段、可逆阶段、公正阶段三大认知发展阶段。鉴于此，根据小学生道德心理发展规律，翠微小学本着"爱心奠基，习惯塑型；做人做事，齐头并进；多管齐下，形成序列；基于翠小，形成特色"的德育实践指导方针，遵循"行为训练习惯，活动深化体验，评价明确导向，文化润泽心灵"的德育培养思路，着力开展系列德育课程，务求做到科学性、务实性、系列化、规范化，做到学习与培养统一、活动与评价结合、常规德育与核心德行并举。

1. 小学低年级阶段

该阶段大致属于权威阶段（6—8 岁）。该阶段的儿童敬畏权威，认

为顺从外在的要求就是正确的行为，否则就是错误的行为。该阶段德育方法主要以行为训练为主，让学生树立正确的道德观念，养成良好的行为习惯。

（1）德育内容

◆ 常规德育内容

一年级上学期：

1. 知道自己是中国人，知道国名全称，知道国歌、首都、国庆节，认识国旗、国徽和祖国版图。

2. 尊敬国旗，学唱国歌，升降国旗、奏国歌时要肃立。

3. 会说学校的校训，认识学校的校徽，知道学校的全称。

4. 要佩戴校徽，遵守学校的纪律，集会排队静、齐、快。关心集体，维护集体荣誉，积极参加集体活动，认真做好值日生工作。

5. 知道吃、穿、住、行、用的都是劳动人民创造的，都要爱惜。

6. 知道玩水、玩电、玩火是非常危险的，并注意交通安全。

7. 尊敬父母和长辈，做到：①到了长辈生日要祝贺；②用尊称，有礼貌；③听从父母和长辈的教导；④不发脾气，不撒娇；⑤帮家长做一些力所能及的事，大人有病要照顾；⑥不打扰他们的工作、学习和休息；⑦外出、回家要打招呼。

8. 尊敬老师，做到：①进校第一次见到老师行队礼问好；②平时遇到老师主动问好；③上下课起立向老师致礼；④听从老师教导，提问、答题起立有礼；⑤进老师办公室喊报告或轻声敲门，经允许再进入。

9. 知道会用"十字"礼貌用语：您好、请、再见、谢谢、对不起。

10. 爱学习，认真听课和做作业，做到：①按时上学，不迟到早退，不逃学，有事有病要请假；②课前准备好学习用品；③上课时坐端正，专心听讲，不做小动作，踊跃举手，大胆发言；④按时完成作业，不拖拉，书写工整不潦草，发现错误就改正。

11. 喜欢上学，喜欢各学科的学习内容，乐于动脑。

一年级下学期：

1.知道国际儿童节、劳动节、妇女节、少先队建队日、教师节以及传统的清明节、重阳节、春节和元旦等。

2.知道校徽的含义，知道我校建校的时间。

3.积极争取加入少先队，队员要天天佩戴红领巾，主动参加少先队活动，为红领巾争光，做个好队员。

4.培养爱父母、敬长辈、爱家庭的情感。

5.知道社会上有坏人，不要受骗上当。

6.能熟练地运用"十字"礼貌用语，待人处事讲礼仪。

7.自己的事自己做：学会穿衣服、鞋袜；漱口刷牙，洗脸洗脚；整理书包玩具；会洗红领巾、手绢、袜子。学习干家务活，会扫地、擦桌子、倒垃圾，会盛饭、端菜和收放碗筷。

8.遵守交通规则：在马路上要走人行道或靠右边走，穿过马路走人行横道，注意避让来往车辆，见红灯停，见绿灯行；不在马路上追逐打闹、玩耍和逗留。

9.大方活泼，不胆怯，不怕困难，敢于接受挑战，能够健康愉快地生活。

二年级上学期：

1.知道红领巾是红旗的一角，戴上红领巾是光荣的少先队员。知道自己是小学生，是学校、班级、少先队组织的一员，主要任务是学习，要好好学习，天天向上，爱班级、队组织和学校，争做好学生（优秀队员）。

2.知道校训的出处，懂得校训和校徽的简单含义。

3.知道"从小要爱劳动，劳动最光荣"的道理。

4.知道家乡是祖国的一部分，会说本市、区、街道的名称。

5.同学之间要友好，课间活动守秩序，不争抢，不挑拣，不争吵。

6.上下楼梯靠右走，不在楼道和公共场所高声喧哗和追逐。

7.读书写字姿势要正确：读书时眼睛与书本距离1尺，视线与书本成直角；写字做到"一尺、一拳、一寸"。注意用眼卫生，保护视力，预防近视。

8. 从小爱惜劳动果实，不浪费粮食、不挑吃穿、不偏食，节约用水用电和生活学习用品。

9. 注意坏人，不受骗上当，不随便轻信陌生人的话，不随便吃陌生人的东西，不随便跟陌生人走。

10. 不随便在校外买零食吃。

11. 遇到问题能够和家长、老师、同学进行较好的交流，有选择正确方式处理问题的意识。

二年级下学期：

1. 知道中国共产党的生日；认识党旗；知道现任党和国家主要领导人（党中央总书记、国家主席、国务院总理）。

2. 了解校徽的构图，知道各部分的含义。

3. 感受同学情、老师爱、学校的温暖，培养爱集体、爱伙伴、爱老师和爱学校生活的情感。

4. 懂得亲切称呼的礼仪。

5. 知道家乡的主要名胜古迹、著名人物及特产。

6. 认真做好广播操和眼保健操，积极参加文体活动和各种兴趣小组活动。

7. 爱护花草树木，不随地吐痰，不乱丢果壳、纸屑，保持教室整洁，课桌内书本、作业本等用品要摆放整齐。

8. 不说谎话，不私自拿别人的东西，捡到东西要交公或归还失主，做个诚实的孩子。

9. 学会有礼貌地做客和接待客人、打电话。

10. 不玩电、火、水和危险的游戏。

◆ 核心德行内容侧重点

本阶段特别强调爱心。爱心的内涵无比丰富，有朴素的爱、高尚的爱，小爱、大爱，自爱、爱人之分。爱的培养遵循从小入手、以小见大、逐步推进的原则。从爱自己、爱亲人入手，到爱同学、爱老师、爱身边的人，最后直到爱同胞、爱人类、爱自然、爱天下。儿童需要得到爱与关怀，也需要爱别人与关怀别人。在爱的氛围下，孩子才能获得真、善、美的滋养，长大才能建设充满爱的社会。

（2）行为训练

为此，学校开设了"礼仪训练课"第一部分——个人礼仪，如个人生活礼节，坐、行、走的姿势，与人说话时的语音、语调、眼神、面部表情，接人待物时的举止言行，接纳物品的姿势等。还要学习家庭生活礼节，如长辈、同辈、亲戚之间交往的礼节等。

（3）德育活动

①经典诵读：《笠翁对韵》《弟子规》《千字文》《百家姓》《三字经》，另外增加西方经典诗文选读。

②翠微入学礼、翠微少先队入队礼。

③"爱心小银行"活动：旨在通过银行储蓄的方式，将儿童所做的好人好事积累起来加以奖励，积蓄爱的种子。

④"爱心故事会"：让每个学生都收集自己身边或者故事书中的一个故事，开展"爱心故事会"讲读活动。

（4）学校文化

翠小品德日：周一为勇敢日，周二为尊重日，周三为责任日，周四为诚信日，周五为勤奋日，周六为爱心日，周日为反省日。旨在将学校德行之目日常化、主题化。

（5）评价导行

学校设立"孝敬星"、"尊师星"、"责任星"、"诚信星"、"友爱星"、"勤学星"道德奖励项目，针对这一年段的特征，评选"翠微之星"。

2．小学中年级阶段

该阶段大致属于可逆阶段（8—10岁）。处于该阶段的儿童既不简单地服从权威，也不机械地遵守规则。他们不再把准则或成人的命令看作绝对应该服从或不可改变的，儿童已经开始认识到规则是由人们根据相互之间的协商而制定的，也可以按照人们的愿望加以改变。在这个阶段

引导学生制定公共规则，尝试采取团体公证法来评判儿童的道德行为是可行的。

(1) 德育内容

◆ 常规德育内容

三年级上学期：

1.知道祖国是山河壮丽、历史悠久、文化灿烂的文明古国，自古以来，有许多爱国志士和革命先烈为祖国和人民奉献了自己的一切，我们应该向他们学习。

2.知道学校的办学目标及培养目标。

3.了解父母的工作情况和对社会的贡献。懂得长辈们为社会、为家庭、为自己付出辛劳，应受到尊敬。

4.知道人民是国家的主人，国家有法律，人人要学法、守法，自觉遵守交通规则和公共秩序。

5.会唱国歌和《没有共产党就没有新中国》等革命歌曲。

6.学会帮助同学，关心班集体，珍惜集体荣誉，遵守集体纪律，多为集体做好事，不做损害集体利益的事。

7.在家里能关心体贴父母，孝敬长辈，不给大人添麻烦。

8.要爱护好家里的财物，不比吃穿、不乱花钱，养成俭朴的生活作风。

9.自觉遵守交通规则和公共秩序。上下车有秩序，见到老人、抱小孩的妇女、残疾人要主动让座。在车上、商场、影剧院、公园等公共场所要做文明的小乘客、小顾客、小观众、小游客。

10.主动帮助有困难的人。

三年级下学期：

1.知道学校、班级、少先队都是集体，自己在集体的关怀下成长，要关心集体，做集体的主人。

2.了解我校办学目标及培养目标的基本含义。

3.知道学习是学生的主要任务。初步懂得建设祖国、保卫祖国需要文化科学知识，必须从小努力学习，打好基础。

4. 知道家庭经济来源，懂得幸福家庭来之不易，懂得节约光荣、浪费可耻。

5. 知道自古以来家乡的主要名人和革命先辈的名字与简历。

6. 爱护公共财物，不在课桌椅上乱涂刻，并爱护校内一切公共设施、运动器械及卫生工具。

7. 积极参加力所能及的家务劳动，自己的衣服用品要摆放整齐，学会收拾房间、洗衣服、洗刷餐具、做简单的饭菜等。

8. 邻里要和睦相处，小伙伴间要相亲相爱，不欺侮弱小。

四年级上学期：

1. 了解我国是个多民族国家，懂得各族人民要团结、互相尊重、平等相处、共同建设我们国家的道理。

2. 能够流利地说出我校的核心理念，并知道它所表示的意思。

3. 知道要学科学、信科学、用科学。懂得虚心使人进步、骄傲使人落后。做事要有始有终，遇事要经过思考不盲从，从小做个讲信用的人。

4. 了解长辈的优点、长处和好传统，并学习、继承和发扬。

5. 知道社会上有孤寡老人、残疾人和贫困少年儿童需要大家去帮助。

6. 自觉遵守课堂纪律，做到科任老师和班主任上课一个样，老师在和不在一个样。

7. 要珍惜时间，做到今日事今日毕。在学习上要刻苦钻研，养成良好的学习习惯。

8. 为人正直，诚实守信，会与人交往，做事有责任心。

四年级下学期：

1. 初步了解"一国两制"的含义，知道台湾是祖国的领土，统一祖国是中国人民的伟大事业。

2. 能够按照学校校训的要求做人做事。

3. 发现长辈的缺点时，应通过正常途径给予说服帮助，以树立文明家风。

4. 在校做个文明的学生，熟练地运用礼貌用语，学会日常生活中的基本礼节。

5. 养成课外读好书、看好影视、收看新闻的习惯。

6. 有辨别好坏、美丑、是非的能力，不看黄色书刊和录像，不玩电子游戏机和台球等，不随便进网吧。

7. 与有困难的同学"手拉手"，力所能及地帮助他们。答应别人的说到做到，对自己承担的事，认真负责地完成。

◆ 核心德行内容侧重点

除了前一阶段强调的爱心，本阶段还特别强调尊重、勤奋和诚信。

尊重就是敬重、重视他人的思想观点，认同他人正确的意见，尊重他人的权利和利益，在与他人交往中注意保持庄重的态度、融洽的气氛等。尊重的对象不仅是尊者和长者，还包括那些弱者和贫者；不仅是与自己观点相同的人，还包括那些与自己意见相左的人。对于小学生来说，尊重要从身边人做起，尤其是尊重自己的亲人、师长、同学，在交往中学会欣赏，在欣赏中学会尊重。尊重他人是获得他人尊重、建立自尊的开始。

勤奋是针对懒惰而言的，它是成功的基础、智慧的源泉。勤奋好学是中华民族的传统美德。勤奋意指学习与做事认认真真，愿意付出时间和汗水，尽心尽力地干好要干的事情，不怕吃苦，踏踏实实，任劳任怨。勤奋需要时间检验，需要坚持不懈地努力。勤奋需要远大的理想做后盾，最终依靠坚韧不拔的意志。聪明需要不断耕耘，要有克服困难的勇气、信心和智慧。

诚信是人类的基本美德，体现在学习、工作、交往中。对于小学生来说，诚信就是要求其在学习中要老老实实，一是一，二是二，知之为知之，不知为不知，不要徒慕虚荣；在交往中要信守诺言、言行一致、表里如一，不自欺欺人；对待过错不要文过饰非、敷衍了事；做事有目的、有计划，并力争保质保量地完成；要善于合理地保护自己和别人的正当利益，对别有用心的人要区别对待，保护自己和他人的隐私。

（2）行为训练

于是，学校开设"礼仪训练课"第二部分——学校生活礼节，如对师长、同学的礼节，上学、放学的见面礼、告别礼，学校升旗仪式、开学典礼、毕业典礼及学校各种集会的礼仪，如社会生活中的鞠躬礼、举手礼、注目礼、对拜礼等，少先队活动、各种社团活动的礼仪、礼节。

（3）德育活动

①经典诵读：《论语》《孟子》选读，西方经典选读。

②翠微少先队"一日营"。

③"实话实说"或"恳谈"系列班会：针对班级或学校出现的问题，举行讨论会，在讨论中展示尊重、诚实等品质。

④多样才艺展赛：展示多样才艺，交流学习心得。

（4）学校文化

翠小品德日：周一为勇敢日，周二为尊重日，周三为责任日，周四为诚信日，周五为勤奋日，周六为爱心日，周日为反省日。

经典诵读大赛：读得好，做得好。

（5）评价导行

学校设立"孝敬星"、"尊师星"、"责任星"、"诚信星"、"友爱星"、"勤学星"道德奖励项目，并评选"感动翠微人物"。

3.小学高年级阶段

该阶段大致属于公正阶段（10—12岁）。这一阶段儿童进行道德判断不再基于单纯的准则关系，而基于关心人、同情人的真正的道德关系。儿童与成人的关系开始从权威过渡到平等，儿童的公正观念开始形成。在这个阶段进行必要的价值澄清、价值辨析，可以深化儿童的道德认知，使其形成道德信念。

（1）德育内容

◆ 常规德育内容

五年级上学期：

1. 初步了解祖国的特产资源、名胜古迹。知道国内外重大新闻、时事。

2. 能认识到集体力量与智慧，个人应在集体中发挥聪明才智。初步懂得集体生活的原则（个人服从集体、少数服从多数的民主集中制原则），在集体中要平等待人，遇事要与大家商量。

3. 知道父母和长辈的优良品质对社会、家庭和他人的良好影响。

4. 初步认识社会上的不良倾向并知道应该抵制。

5. 能讲出党旗、国旗的意义，进一步懂得国歌歌词的含义。更加热爱党旗、国旗，自觉遵守义务教育法的有关规定，积极争当升旗手。加深爱党、爱国的情感。

6. 尊敬父母，听从父母和长辈的教导，不任性。能关心父母的健康，多为父母添欢乐。

7. 尊重社会上一切平凡的劳动者，自觉熟练地使用礼貌用语，遵循基本礼节。

8. 在与人交往中学会微笑、学会交谈、学会倾听、学会拒绝。

五年级下学期：

1. 知道劳动只有分工不同，没有贵贱之分，知道劳动光荣，并知道损人利己是可耻的。

2. 知道建设祖国、保卫祖国需要知识和科学，需要勤奋学习、刻苦钻研，初步懂得今天好好学习与实现共同理想的关系。

3. 初步了解家乡昨天、今天和明天的发展，激发对家乡的依恋之情，树立建设家乡的远大志向。

4. 正确认识社会上的坏人坏事对社会的严重危害。

5. 自觉做好课前预习和课后复习；按时、独立完成作业，不抄袭；落下的功课要及时补上；考前认真复习，考试沉着冷静，不作弊，争取优良成绩。

6. 诚实、正直，不弄虚作假，待人处事诚恳守信，损坏公物自觉赔偿。

7. 在课外看有益于身心健康的图书、报刊、录像、电视。

8. 尊重他人，同情生理有缺陷的人，不讥笑别人和起绰号，尊重和维护公民的人身权利。

9. 积极进取，乐于奉献，有责任心，认真完成承担的任务。在困难面前不退缩，在挫折面前不灰心。

六年级上学期：

1. 知道礼貌待人是优良品质的表现，语言肮脏、行为粗野是不文明的表现。

2. 能正确认识和对待家庭成员中的宗教信仰和习俗，自觉抵制迷信活动。

3. 能一分为二地对待自己和别人，善于发现和学习别人的长处；受表扬时要发现自己的不足，能总结自己的成绩和存在的问题，做到胜不骄、败不馁。

4. 培养自己开朗、乐观、积极向上的性格。在困难和挫折面前不灰心、不泄气，不爱虚荣，不妒忌。

5. 不吸烟，不喝酒，不赌博，不参与迷信活动。

6. 遵守交通规则，不违章骑车，注意人身安全。

7. 保护自然环境，保护有益动物，爱护文物；遵守社会公德，做个文明小公民。

六年级下学期：

1. 知道宪法与法律中与小学生有关的内容，懂得小学生要学法、懂法、守法。

2. 懂得学习、做事要讲效率，学会合理安排学习、活动和休息时间。

3. 培养自己具有自学、自理、自护、自强、自律的能力。

4. 穿戴整洁，经常洗澡，勤换衣，勤剪指甲，勤洗头，早晚刷牙漱口，及时梳理头发，自觉、自主搞好个人卫生。

5. 知道荣辱，爱惜自己的荣誉，不做损害自己荣誉和人格的事。

6. 遇到坏人坏事要主动报告，敢于斗争，做到机智勇敢。

7. 学习、遵守同自己生活有关的法律、法规，能运用法律手段保护自己。

◆ 核心德行内容侧重点

除了前两个阶段强调的爱心、尊重、勤奋和诚信，本阶段还特别强调勇气和责任。

对于一个追求成功的人来说，最重要的勇气一共有四种，它们是：不畏失败，敢于尝试；承认错误，从失败中学习；直面恐惧，挑战困难；勇于放弃已经获得的东西。成功的前提就是要勇于去尝试，如果没有勇气，不敢去尝试，就永远都不会拥有成功的机会。错误不可怕，俗语说，失败乃成功之母。对于学生来说，犯错误是常有的事情，犯错不可怕，可怕的是不敢直面错误。正确的做法是坦然地面对错误，并且主动用它来帮助自己和他人。一个成功者需要足够的勇气面对恐惧和挑战，只有那些有勇气正视现实、有勇气迎接挑战的人才能真正实现超越自我的目标。

责任有两个含义：一是指做好分内的事，如履行职责、完成任务等；二是指如果没有做好自己的工作，应承担不利的后果或强制性义务，如担负责任等。责任感是衡量一个人精神素质的重要指标，有责任感的人不仅知晓自己应为之事，还会对自己所做的事、所说的话负责，也就是将主动担负责任和敢于承担责任高度统一起来。

（2）行为训练

此阶段，学校开始"礼仪训练课"第三部分——社会生活礼仪，如电影院、公园、车站、机场等公共场合需要保持的基本礼仪、礼节，社会实践活动中的基本礼仪、礼节，社区礼节等。

（3）德育活动

①经典诵读：《大学》《中庸》选读，西方经典选读。

②翠微少先队"一日营"。

③道德主题会演：根据身边或者媒体上报道的道德故事，编排各种适合小学高年级学生演出的节目，可以班级为单位，也可以学校为单位。

④"毕业礼"：毕业是学生离别的日子，也是进行感恩和责任教育的最好时机，可以设置感恩教师和宣誓等环节。

⑤校内"手拉手"活动：在校内开展丰富多样的"手拉手"活动，让学生在互助中相互提携、共同提高。

（4）学校文化

翠小品德日：周一为勇敢日，周二为尊重日，周三为责任日，周四为诚信日，周五为勤奋日，周六为爱心日，周日为反省日。

（5）评价导行

经典诵读挑战赛（高年级）：读得好，行得好，悟得好。

学校设立"孝敬星"、"尊师星"、"责任星"、"诚信星"、"友爱星"、"勤学星"道德奖励项目，并评选"感动翠微人物"。

针对毕业生，评选毕业生中的"翠微星"活动。

三、笃行：重在行动体验

（一）常规德育系列

1. 结合学校文化建设定位国旗下讲话，发挥其育人功能

国旗下讲话是对学生进行常规道德教育的重要途径之一，它是每周一或重大节日、重大活动中升国旗仪式后进行的讲话，是学校德育的重要载体。与其他德育载体相比，国旗下讲话有其不可替代的价值。

近十年来，国旗下讲话已经成为学校生活必不可少的一部分，但每周一次的国旗下讲话出现了严重的模式化倾向。以教师国旗下讲话为例，这种讲话常缺乏针对性、教育性和实效性，仅仅是介绍节假日的由来、介绍各种纪念日等，缺少教育的价值。对此，结合学校的文化建设以及学生德育工作的需求，翠微小学对国旗下讲话做了一些思考与尝试。

学校借助国旗下讲话，宣传学校的核心理念，帮助学生做到"明德"。学校结合学生核心德行目标，每次一个主题，通过国旗下讲话宣讲学生"明德"的具体内容。如下面这篇国旗下的讲话就是以"责任"为主题的。

我们的责任

周金萍

尊敬的各位老师、亲爱的同学们：

大家好！

上一周同学们已投入到紧张而有秩序的学习生活中，对书写、读后感、作文、小报进行了交流和评比，六年级还制作了十多块展板，展示了同学们丰富多彩而有创意的寒假作业。今天，我们又迎来了新的一周，此刻同学们挺胸抬头、精神抖擞，可谓"坐如钟，站如松"。这也是我们学校"明德至翠，笃行于微"的细节体现，我们每天在说做一个明德笃行、自觉自为的阳光少年，那么到底从哪些方面做起呢？

今天我代表学校送给大家6个词，请大家记住这6个词：爱心、责任、尊重、诚信、勇气、勤奋。这已经正式写进我们翠微小学的德育纲要中。六年级同学跟我大声地说一遍……五年级同学再跟我一起说一遍……"爱心、责任、尊重、诚信、勇气、勤奋"，看起来是简单的六个词，里面却包含着丰富的内容。

同学们对爱心、勇气、尊重、诚信、勤奋等内容都能理解，唯独对责任不是很清楚。今天我和各位同学重点讲一讲责任。翠微小学的校长、主任和每位老师有他们各自的责任，翠微小学的每一位学生有什么责任呢？

我先给大家讲一个故事。可能有些同学听说过，那你就耐下心来再听一次。

在1965年的一天，美国西雅图一所小学的图书馆一大早就来了一个瘦瘦的小男孩。图书馆的管理员给他讲了图书的分类方法，然后让他把借书人还回来但放错地方的书放回原位。随后，小男孩就开始跑前跑后，在书架中穿梭。到中午休息时他已经找出三本放错地方的书，并把它们放回了原位。

第二天，他来得更早，而且更加卖力。干完一天后，他正式要求允许他担任图书管理员。两个星期后，他告诉管理员他要搬家了，他必须转学。"我走后谁来整理那些'站'错地方的书呢？"小男孩有些担心。

没过多久，他又回到了图书馆，高兴地告诉管理员，那边的图书馆不让他干，妈妈又把他转回了这所学校，每天由他爸爸接送。"如果爸爸不送我，我就自己走。"小男孩说。图书管理员当时就觉得，一个小孩干一件事情能这么用心、这么负责，如果一直保持下去，前途不可限量，完全可以成为一位大主管。

确实，他现在主管着一家全球著名的大公司，就是美国的微软公司，这个小男孩就是比尔·盖茨。将一件事干彻底、干漂亮是责任，遵守纪律，信守承诺，做好自己应该做的事情，这同样是责任。

比如升旗仪式，你自觉站直，聆听国旗下的讲话，这是你此时的责任。在学校，你上课认真听讲、勤于思考、积极参与，课后认真完成作业；你积极承担了班级交代的任务，做板报，打扫教室，参加班队活动；你遵守学校的规章制度，上学不迟到，抓紧时间早读，上下楼道轻声慢步靠右行，上完厕所及时冲厕讲卫生……诸如此类的要求，这是你在学校的责任。在家里，你帮助父母承担一些力所能及的家务劳动，收拾好自己的屋子和书包、文具，这是你在家的责任。在社会上，你能遵守交通规则，爱护保护环境，这又是你的社会责任。

尽管责任有时使人厌烦，但不履行责任就是一个懦夫。只有感受负责任的付出，才能体验尽责任的快乐。责任不允许寻找借口，一个有高度责任心的人从来不寻找借口。不做作业、经常迟到，我们同学有很多借口，希望今天国旗下的讲话对你是一个启示和警醒。

说到责任，责任是什么？它有两个含义：一是指做好分内的事，二

是指如果没有做好自己的事情，应承担不利后果，如接受惩罚、弥补损失等。

天下兴亡，匹夫有责；学校兴亡，师生有责。在翠微小学精进发展、提升品质的重要阶段，让我们全体师生同心同德，勇担责任，让我们树立这样的信心：人所能负的责任，我必能负；人所不能负的责任，我亦能负。磨炼自己，成就自己，成就他人，成就学校，让翠微小学进入更高的办学境界。

谢谢大家！

每一次国旗下讲话，讲话内容都和学校、学生密切相关，是学生看得到、摸得着的人和事，因此，教师学生对讲话的内容关注度高，激发了师生关注学校和关心周围人和事的热情，弘扬正气，以自身的行为规范、文明举止建设美丽校园，形成人人发现美、塑造美的阳光心态。国旗下讲话也因此发挥了很好的育人功能，促进了学生良好道德品质的形成。

2. 抓住节日、庆典等文化活动的特点赋予德育新的内涵，培养学生健全的社会人格

节日文化蕴含着丰富的道德教育资源。欢度岁时节令，我们的学生每年都积极参与节日的活动。节日期间，丰富多彩的习俗风尚、人们的衣食住行、民族的传统艺术以及人们之间的社会关系、人与人之间的各种情感，都会在学生面前得到充分展现，这种强烈的文化氛围以及其中蕴含着的道德资源，在今天仍具有重要的教育意义。开发并利用好这些资源，将有助于提高小学道德教育的实效。正确组织、引导学生开展节日活动，既可以与传统的优秀文化紧密联系，弘扬民族精神，又有助于道德规范教育实现生活化、大众化、行动化，体现时代精神。

我国传统节日文化洋溢着中华民族的传统美德。"重德"是中华民族的传统，传统节日文化无不渗透着中华传统美德的因素。"仁义礼智信"、

"忠孝勇恭廉"等中华传统美德在节日文化中时有体现。如春节期间,亲友之间要相互拜年,从而营造了仁义、重礼的浓厚氛围;清明节是我国重要的祭祀节日,通过祭祖和扫墓充分展现了中华民族尊老敬祖的美德;重阳节的登高习俗具有敬老、祝福老人长寿的意蕴。节日文化所凝聚的精华正是翠·微教育核心价值观"明德笃行"的体现,通过对节日、纪念日、庆典活动的开发,更是将我校学生的核心德行目标"爱心、尊重、责任、诚信、勤奋、勇气"加以深化,使学生学习人类先进道德,学习做人的道理,从而在不断提高自己道德水平的过程中,不断践行"爱心、尊重、责任、诚信、勤奋、勇气"。

对此,学校梳理了一年中重点节日、纪念日的庆典活动,并把每个节日、纪念日与学校学生核心德行目标相结合,围绕学校节日、传统节日、国际节日,以任务书的形式发动学生、家长、教师设计恰当的活动。活动要注意新颖性,真正地让学生开阔眼界、长知识;注意真实性,真情实感才能打动人;注意适切性,让学生能够接受和理解;注意参与性,让每一名学生都能以自己的方式积极主动地参与,在参与中体验,在体验中成长。目前,学校节日庆典活动已经开始建立系统资源库,并不断改进。

翠微小学节日与仪式教育

名称	时间	活动类型
开学典礼	9月1日	全校集会
教师节	9月10日	大队部牵头,各校区自行组织活动
国庆节	10月1日	全校统一活动
重阳节	农历九月初九	爱心基金会牵头,各校区自行组织活动
建队日	10月13日	大队部牵头,各校区自行组织活动
元旦	1月1日	德育部门牵头,各校区自行组织活动
学雷锋纪念日	3月5日	大队部牵头,各校区自行组织活动
妇女节	3月8日	大队部牵头,各校区自行组织活动
清明节	4月4(5)日	大队部牵头,各校区自行组织活动

续表

名称	时间	活动类型
劳动节	5月1日	大队部牵头，各校区自行组织活动
防灾减灾日	5月12日	爱心基金会牵头，各校区自行组织活动
六一儿童节	6月1日	全校统一活动
毕业典礼	7月上旬	全校统一活动

清明节活动设计

节日（活动）名称	清明节	时间		4月5日
目的	祭奠先烈、先人、先贤，引导学生在慎终追远、缅怀先辈的情怀中认识传统、尊重传统、继承传统、弘扬传统，增进爱党、爱国、爱社会主义的情感。			
活动设计及教育意义	活动1：寻根——我的家谱。 明德：尊重、责任。 活动2：祭扫烈士陵园/踏青。 明德：尊重、责任。			
学校宣传	大屏幕	1. 介绍清明节的来历； 2. 介绍清明节的习俗文化。		
	电视台	播放各地清明节祭扫活动。		
	网站	1. 清明节来历及民俗介绍； 2. 学校清明节活动宣传； 3. 举办"忆先烈伟绩，寄后人哀思"网上祭扫活动。		
	校报	介绍清明节的习俗及文化内涵。		
	广播	介绍清明节的来历及习俗。		
方案设计	学校	1. 开展一次"诵清明诗歌，扬民族文化"活动； 2. 清明踏青； 3. 举办"忆先烈伟绩，寄后人哀思"网上祭扫活动。		
	校区	开展"感悟清明"征文活动。		
	班级	1. 讲爱国故事、英雄事迹，朗诵爱国诗歌，传唱爱国歌曲； 2. 吟诵清明诗词。		

我的节日我做主

——翠微小学"快乐十项"儿童节

汪海龙

每年的六一，是孩子们最欢乐的时候。以往学校都会放假一天，让孩子们撒着欢儿地玩耍，玩爽乐透。当然也有开展"无批评日"、"异装日"等活动的，让孩子们穿得花红柳绿来上学，公主、王子、精灵兔满校园都是，老师们也装扮起来，营造一个童话般的世界。总之，让孩子上学也上得快乐。

今年怎么过呢？翠微小学有了个新思考：玩当然要玩得痛快，这是孩子盼了一年的节日；学当然要有所体现，不然我们的知识还能干什么用呢？所以，我们设计了一个"快乐十项"的情境，带着孩子学策划。

老师们和孩子们一起发挥聪明才智，确定了活动方案：读酷六一——走进国图；健康六一——登山览胜；成长六一——职业体验；悠闲六一——大片有约；倍爽六一——快乐游艺；温馨六一——我爱我家；文艺六一——艺术创作；美味六一——烘焙工坊；勇敢六一——蹦极攀岩；开放的××六一——自创一项精彩活动。大家拟定了活动的简单要求和要达到的基本目标，剩下的让孩子们自己来定。

学校在六一的前一周，下发了"快乐十项"建议书以及策划向导单，给孩子们一周的时间来策划。什么时间？什么地方？你的团队有谁？如何分工？准备工作有哪些？怎么去？如何开始？注意事项是什么？安全问题怎么解决？如何达成目标？如何展示成果？一系列的问题都需要在六一的前一周完成思考和策划，做好之前的准备工作。然后，在六一儿童节当天，去享受活动吧！

这是一个全新的体验。首先是快乐，孩子们与自己最喜欢的伙伴一起动手勾勒了自己最感兴趣的活动图谱，玩得一定开心。其次是收获，组织策划是生活和工作的重要能力，这样的策划活动会使孩子们的知识和能力得到综合应用，能培养他们思维的缜密性，锻炼他们思考问题的全面性以及逻辑性，这是学以致用的体现。再次是自信，在他们自主策划实施后，活动任务得到圆满解决，他们获得家长、老师和小伙伴的称赞，从而产生成就感和自豪感，这使孩子们在学习和生活中更加自信。

一个节日能够给孩子们带来丰富多彩的生活体验，又能带来富有意义的成长收获，这是学校培养健康自我、自觉自为的阳光少年的一个富于个性的剪影。

毕业典礼活动设计

节日（活动）名称	毕业典礼	时间	7月
目的	引导学生珍惜友情，感谢母校和老师的培育之恩；激发每一位学生成为一名毕业生的光荣感；让"明德笃行"不断传承，留住人生美好的回忆，让毕业典礼成为每一位毕业生的重要一课。		
活动设计及教育意义	活动：毕业典礼／毕业教育。 明德：毕业典礼的基调是爱的回忆、感动的记忆、成长的追忆。爱的基调要体现在整个设计理念和所有的环节之中。爱就是留下感动、捕捉感动。其核心目标分别如下。 1. 感恩：学生对母校的感恩、对老师的感恩、对家人的感恩、对同伴的感恩，对学校一草一木的留念；感恩还表现在老师对孩子们真切的感谢，感谢鲜活生命的陪同，感谢孩子六年的理解，没有学生就没有老师的价值；感恩的表现是记忆，通过想象、声音表达一种永恒的记忆，记忆是瞬间、是点滴、是细节。 2. 尊重：尊重主要表现在礼仪上，要在毕业典礼上表现得庄重、得体、大方；尊重体现在细节上，体现对弱小者的关怀，对微不足道的事和人的重视。 3. 责任：责任是对过去的认可，更是对未来的寄托，让毕业生带着寄托出发，明确自己的责任，畅想自己的未来。诚信与勤奋虽然不是毕业典礼的主题，但是它体现在其他环节之中，没有诚，就没有爱、感恩与尊重；没有信与勤，责任就无从谈起。诚信是实现其他一切价值的做人的基础，勤奋是实现其他一切价值的做事的基础，在感谢、表扬、记忆中无不留下这些要素。要让翠小毕业生带着真诚出发，带着坚定的意志出发，带着明确的责任出发。 4. 勇气：毕业之时，学生应该有勇气与过去说再见，有勇气向老师和家长表达自己内心深处难以说出的言语，向同学表达曾经的误解、伤害，向大家表达对理想的向往与渴望，表达自己勇敢战胜懦弱、困难的勇气。		

续表

节日（活动）名称		毕业典礼	时间	7月
学校宣传	大屏幕	播放六年级学生的毕业照片及专题宣传片。		
	电视台	播放六年级毕业典礼精选及专题新闻。		
	网站	报道六年级毕业典礼的专题新闻。		
	校报	刊登六年级毕业典礼的报道。		
	广播	播放与毕业有关的音乐。		
方案设计	学校	1.成立六年级毕业典礼策划小组，设计毕业典礼具体实施方案。 2.组织全校六年级师生进行毕业典礼前的相关工作，如照毕业照、建纪念册等。 3.毕业典礼前的节目彩排，毕业典礼现场布置，邀请相关领导、媒体及家长。 4.六年级毕业典礼具体实施（详见实施方案）。典礼中设置固定的环节：六年母校生活回顾；感恩母校，感恩老师；校长寄语，校长颁发毕业证；高呼校训，高唱校歌。		
	校区	本校区负责六年级毕业典礼的整体策划与实施，其他校区做好相关的宣传及活动配合。		
	班级	1.积极营造毕业氛围，增强班中每个学生将成为一名毕业生的自豪感。 2.进行班级纪念册的设计。 3.参与六年级毕业典礼整体方案的设计与实施，包括小主持人的选拔、节目的彩排与演出、互动环节的配合等。		

通过对节日文化的梳理，结合每个节日特有的文化内涵，结合学校的德育工作，学校努力培养学生成为有健全人格的社会公民。

3. 开发系列主题班队会活动，实现自我教育，促进学生心智走向成熟

班级以"爱心、尊重、责任、诚信、勇气、勤奋"为核心内容，确定班队会主题及教育要素，包括问题呈现、教育目标、重点难点、教育资源、教育过程、教育反思。问题呈现中呈现出的一定是在某一德行上学生存在的典型问题。教育目标要适度，针对学生特点，不能拔高。重点难点的确定要准

确，注意学生情况的调研。教育资源的准备要精要，注意新颖性，真正让学生开阔眼界，长知识；注意真实性，真情实感才能打动人；注意适切性，学生能够接受和理解。教育过程分四大板块：首先是理想人格的照耀，主要是典型人物和事件的体会；其次是身边的故事与人，主要是能接近的榜样的影响；再次是生活中的困惑和两难的解决，提升学生的道德认知；最后是反馈评价和生活实践，改进自己的行为。教育反思是对班队会的即时性效果和长远效果进行分析，进而对班队会进行改进。目前我们已经研究出多个经典活动案例，以期让教师们高站位、高起点地研究、分享、推广。

尊重，让细节证明
王润兰

一、背景分析

社会背景：独生子女特殊的生长环境很容易造成尊重的缺失。当他们过多地关注自我时，往往有意无意地忽视他人，忽视他人的感受甚至忽视他人的存在，然而社会现实却是，小至个人的幸福、集体的和谐，大到国家的发展、世界的稳定，都离不开彼此的相互尊重。

学校背景："明德至翠，笃行于微"是翠微小学的校训。"明德至翠"语出《大学》"大学之道，在明明德，在亲民，在止于至善"。"明德至翠"就是要不断加强道德修养，努力进行人格提升，使之达到完美的境界。"笃行于微"源自《中庸》"博学之，审问之，慎思之，明辨之，笃行之"。"笃行于微"就是要注重细节，认认真真地从细微处入手。爱心、勇气、尊重、责任、诚信、勤奋是明德笃行、自觉自为的阳光少年必须具备的素质。

学生背景：平日观察及调查问卷显示，学生不尊重他人的现象普遍存在——不尊重他人的劳动，随地乱扔垃圾；不尊重同学，乱起绰号；与老师、长辈讲话没礼貌，顶撞父母；上课随便讲话，对于老师批改后的作业置之不理等。

二、设计理念

首先，道德教育正如水中盐、蜜中花，体匿性存，虽无痕但有味。不用过多的说教，不用过多的解释，一个小故事就会在孩子们心灵深处激起一朵朵思考的浪花。课堂上教师以故事分享者的身份站在学生中间，采用情境体验、角色转换、诚恳交谈等手段，营造一个宽松民主的谈话氛围。只有放下架子的教育，才能触及学生的情绪和体验，才能转化为学生的自我教育，学生才会由思想引领着行为，由行为塑造着品格。

其次，真正的尊重是将细节做到极致。生活中有许多细节，我们并不注意，但就是这些不起眼的细节，可以折射出自己的人品，也可以温暖别人。教育是细节的艺术，教育学生学会尊重不是在口头或笔端发出几声呼吁，而是要不厌其烦地引导孩子从细节做起，使"尊重他人"这种价值观的引领更自然、更具体、更深入骨髓。

三、教育目标

1.通过听故事引发思考的方式，展现尊重的内涵，加深学生对尊重的认识，让学生形成尊重的意识。

2.引导学生从细节做起，尊重身边的每一个人，形成关爱、包容、体谅、接纳别人的情怀。

四、前期准备

1.设计调查问卷，了解学生"尊重他人"方面的现状。

2.课前发动每个学生收集一个有关尊重的故事，小组交流。

五、活动形式

讲故事、演短剧、谈感受、说观点、定细则。

六、活动过程

（一）由校训引入主题

教师：这学期新转入我班的李××同学，心中一直有个疑问。

李××：校训"明德至翠，笃行于微"是什么意思？

同学进行讲解。

李××：我也要和同学们一样做个明德笃行、自觉自为的阳光少年。

教师：我们今天班会的主题就是"尊重，让细节证明"。

（二）讲故事，明道理

以小组为单位给大家讲故事，引发思考，畅谈感悟。

故事一：《维多利亚女王和她的丈夫》。

思考：亲王的态度为什么会发生如此大的转变？

感悟：尊重是平等待人，彼此因尊重而友好。

故事二：《部长为何录用他》。

思考：这家单位为何只录用林晖一人？

感悟：尊重是礼貌待人，事业因尊重而成功。

故事三：《尊重的力量》。

思考：一句简简单单的话为什么产生了如此大的力量？

感悟：尊重是一声鼓励，生命因尊重而精彩。

故事四：《一碗阳春面》。

思考：这个故事给了我们怎样的启示？

感悟：尊重是换位思考，给予力量，送去温暖。

故事五：《难忘的一幕》。

思考：克雷文腿部残疾，刘淇爷爷并没有帮他推轮椅，这是为什么？

感悟：尊重是爱的奉献，恰当的方式是最好的诠释。

故事六：《周总理过泼水节》《永志不忘的拜见》。

讨论：从周总理、胡主席的言行中你学到了什么？

感悟：尊重关系到国家的稳定和发展，需要顾全大局；尊重是一门学问，需要我们不断学习。

（三）情景再现，学以致用

情景剧一：《试卷风波》。

情景剧二：《被老师误解之后》。

情景剧三：《少先队员和清洁工》。

小组讨论：（1）剧中的主人公是否尊重他人？你是从哪些细节看出来的？（2）假如你是主人公，你会怎样做？

（四）制定细则，实践尊重

分三组来制定"尊重细则"：在家里，尊重父母、亲人需要注意什么？在学校，尊重老师、同学需要注意什么？在公共场所，与陌生朋友相处需要注意什么？小组讨论后，形成条目，集体交流。

（五）师生共同朗诵老师创作的诗歌：《尊重，让细节证明》

尊重，让细节证明

尊重是一朵花，一朵开在心间的花；
尊重是一团火，一团温暖你我的火。
尊重是一种能力，它将影响我们的一生；
尊重是一种修养，它让我们的生活更加温馨。

当你徘徊在情绪的低谷，朋友真诚的帮助支持着你，那是尊重；
当你遭遇到人生的挫折，老师温暖的双手紧握着你，那是尊重；
当你捡起马路上的垃圾，路人赞许的微笑感染着你，那是尊重；
当你懊悔曾经的过失，父母的宽厚与理解包容着你，那是尊重。

受人尊重是一种幸福，
尊重别人是一种美德。
尊重是一个微笑，
尊重是一声招呼。
尊重是一声"对不起"，
尊重是一句"谢谢你"。

不乱扔垃圾是对清洁工的尊重；

不浪费一粒粮是对农民的尊重；

用商量的口吻和父母说话是对长辈的尊重；

及时改正作业中的错误是对老师的尊重；

把所有的字幕看完才退场是对演职人员的尊重。

为了尊重，我们不在公共场合大声谈笑；

为了尊重，我们不会给同学起侮辱性的绰号。

其实，生活中还有一种尊重：

当重大灾难来临时，

我们看到总书记站在废墟上心急如焚，

我们看到温总理眼含泪花看望灾区人民，

"只要有一线希望，就要用百倍的努力救人"，

这是对生命的尊重。

关心灾区群众的衣食住行是对生命的尊重，

让遇难者有尊严地安息，这同样是对生命的尊重！

尊重给人力量，

尊重温暖人心。

亲爱的同学们，

让我们擎起双手，共同托起尊重的蓝天；

让我们脚踏实地，共同实践尊重的诺言！

七、活动延伸

1. 搜集有关尊重的名言，以实际行动不断践行并续写"尊重细则"。

2. 在家中做个尊重父母的孩子，家长定期填写"同学尊重家人情况反馈表"。

3. 在学校做个尊重他人的好学生，期末评选出班级的"尊重之星"。

4. 在社会上做个尊重他人的好公民，开展"尊重让我如此美丽"征文活动。

（二）德育活动课程化尝试

"活动课程"的概念是由美国进步主义教育家杜威首先提出来的，但活动式教学、活动教育的思想由来已久。卢梭的自然主义教育思想，夸美纽斯的以儿童为本、适应自然的活动教育思想，以及中国陶行知教学做合一的生活教育思想等，都是对活动教育的探讨。

对于德育来说，活动课程的实施不是传统德育模式在实践方面的简单修补，而是新的德育模式建立的契机和起点。这不仅是因为传统的学科中心的德育不能体现德育的本质，还在于德育活动课程有深刻的哲学依据和心理学依据。

德育活动课程是活动课程的一种，是与德育学科课程相对应的，是德育的一个途径，具有实践性、学生主体性以及经验活动性。因此，德育活动课程不仅从知情意行各方面发展学生的品德素质，更把知情意行的发展作为一个整体，在教育活动中通过学生对现象及问题的判断，使其获得更多独立解决问题的机会，认知能力得到真正的培养，行的方面得到充分的锻炼。

近年来，学校将"爱心和勤奋、责任和尊重、诚信和勇气"这些具体德行目标与学生的德育活动结合起来，在结合的过程中，不断尝试架构德育活动课程，从活动目标的细化到活动内容的筛选，从活动形式的推敲到活动效果的评估，强调内容上的价值和新颖、形式上的独特和创新、群体中的个性和展示、互动中的分享和深化，使德育活动课程化变得更科学、更系统、更高效。

1. "花开在我心"系列活动

2011年，在北京市名校长工作室专家的引领和带动下，我校开始正

式设立"健康自我视角下翠·微教育实践研究"这一课题，各校区都围绕"健康自我"和"翠·微教育"开展研究与实践工作。其中，东校区作为翠微小学规模不大的校区，努力从低处着手、高处站位，尝试把学校中的一切精神因素和物质因素进行调整和整合，充分利用校园的每一处地方、每一棵树木、每一面墙壁，创造宽松的、愉悦的、有利于塑造学生健康人格和培养学生人文潜质的环境氛围，使环境与学生相融合，使校园成为陶冶身心的最佳场所。

2012年3月以来，东校区尝试建立"花开在我心"成长绿园主题活动模式，在活动中渗透自我教育的课题理念，同时又将学生教育、科普教学和学校管理有机融入。

从活动开始创意到不断调整完善，在专家团队的指导下，学校举行了"花开在我心"启动仪式，初步形成了"以德育花"的方案，即以体现爱心、尊重、勤奋、勇气、诚信、责任等品质的"小事"来购买花的种植养护权，并设计了记录事迹行为的"笃行卡"和记录成绩的"美德卡"。

同时，积极吸纳家长的力量，我们开设了以"种植与美德"为主题的兴趣课程，围绕"花开在我心"这个主题，进行了活动主题歌的征选活动，最终由音乐教师和学生共同演唱的《因为爱》和《希望的种子》作为主题歌，两首歌曲为整个活动留下了亮丽的一笔。

接下来，在校园内为每个班分配了一块自己的种植园和一棵属于各班自己的果树，让学生体验种植的乐趣，教师在工作学习之余也和学生一起体验耕耘的快乐。同时，结合学校文化建设，各班设计了以积极向上的花语为要点的班花，并在种植与教育的基础上，举行了首届"花开在我心"主题征文活动、"心花杯"选美大赛暨"因为爱"义卖种植启动会、"因为爱"红领巾爱心竞拍义卖活动、"小理财师计划"等活动。在一系列活动中，学生实现了自在并自我丰富、自知并自我调节、自主并自我负责、自爱并自我尊重。

一年的实践研究工作始终都围绕着"健康自我"和"翠·微教育"。

一系列活动及反思都在引导学校各个层面的教育力量精心选择符合各年龄段学生身心特点的成长道路。活动贴近学生，成系列，有层次，情趣与价值共生，参与和体验并进，学生喜欢，家长支持。此项教育活动从活动课程的维度将"花开在我心"的绿园建设课程化、常规化和可持续化，中国教育电视台、北京晨报、北京青年报等数家媒体都对此进行了报道。

2."四灵"印章

"四灵"印章是翠微小学西校区落实学校提出的"做文明有礼的翠微阳光少年"而设计并开发的学生德育活动。

2013年，西校区结合学校德育总体目标及学校提出的"做文明有礼的翠微阳光少年"，结合中低年级学生特点以及中国传统文化，开发并设计了"四灵"印章教育实践活动。

活动初期，学校召开针对学生文明礼仪培养的研讨会，结合校区教师特长，最终确定通过奖励学生文明印章的活动形式，激励学生养成文明有礼的好习惯。书法老师王朋承担了文明印章的设计任务，他将中国古代文化和现代文明礼仪相结合，设计出具有独特的古典美和翠微特色的"四灵"印章。

"四灵"印章是图案与文字相结合的"四神文化"印章形式。印章四周刻有中国古代的四种神兽，分别为青龙、白虎、朱雀、玄武，是吉祥、智慧、长寿、勇敢的象征，彰显出中国古老的礼仪文化；中间是"文明标兵"四个字；印章外围环绕着象征翠微小学的翠绿色曲线圆环，"四神"同时被红色的正方形线框圈在了圆环内，意喻"无以规矩，不成方圆"。中国自古是礼仪之邦，在传统文化的熏陶之下，学校通过争得奖章这种形式，激励学生学礼仪、倡礼仪，人人争做礼仪标兵。

全面开展活动后，在校园里，同学们更加自律，能做到专时专用；在教室里，班里的小干部们能做到认真负责，主动承担班级的管理工作，协助老师将班级管理得更好；遇到有困难的同学，其他同学也会主动伸出援手，做一些自己力所能及的事情；课间休息的时候，同学们能文明游戏，

在楼道轻声慢步，靠右行走，见到老师主动鞠躬问好，上下楼互相礼让等，更加文明守礼了。

在后续的活动中，印章卡片不断改版，最后制作成校级文明奖励卡的形式。奖励卡正面印有"四灵"印章，背面印有古今中外的文明格言，几张奖励卡可以组成文明格言系列套卡，激励学生在文明礼仪方面不断严格要求自己。此种奖励卡不但具有奖励意义，还具有收藏价值，受到了学生们的欢迎。

学生在对我国文明礼仪有更深入的了解与学习的同时，更规范了自身的行为习惯，文明礼仪意识逐步增强。与此同时，教师也更加重视对学生的细节教育，更善于发现学生身上每个细小的闪光点。伴随着文明印章活动的逐步展开，师生不断提高对自身的要求，携手共进，翠微小学德育活动课程也一步一个脚印，逐步走向完善与成熟。

无声的鼓励

边美雯

作为一名小学生，能够在翠微小学西校区生活、学习，我感到特别高兴。在这个校园里，我感受着浓郁的学习气氛，感受着老师们对我们莘莘学子的爱。更令我难忘的，是当我第一次得到"四灵"印章时的那份喜悦。

那天，我刚走出教室大门，就看到地上有一张废纸，我弯腰捡起来，放到了门后的垃圾桶里。没想到就这样一个小小的动作，被老师看到了，老师马上在班里表扬了我，并当着全班的面发给我一枚"四灵"印章。看着印章上面的神兽，看着印章上面的话语，我高兴极了！这可是我第一次获得"四灵"印章啊！我一定要继续努力，获得更多的印章。

以后，我每天都积极向老师和同学问好，主动捡起校园楼道内的废弃物，慢慢地，我获得的印章越来越多，好习惯也越来越多了。每次得到老师的鼓励和肯定，我的心里就像吃了蜜一样甜，可以说是喜上眉梢。在我们的校园里，每天都能看到老师递给同学们一张张小小的、精致的卡片，卡片上的名言警句激励着我们继续努力，卡片传达给我们的肯定和鼓舞如一股暖流流淌在我们心间。

我想，能够以自己优秀的表现、良好的习惯得到"四灵"印章的同学一定都和我一样，小小的心灵充满了力量。"四灵"印章鼓舞我们继续前进，争取早日成为一名明德笃行、自觉自为的阳光少年。

3. 社会大课堂

当今教育要求我们的学生既能够了解自然科学知识，又能够学习人文社会科学知识。随着科技的发展和社会的进步，人类的知识体系正在发生着日新月异的变革，在互联网时代和新媒体蓬勃发展的大背景下，人们获取知识的手段变得更加丰富，在人们越来越依赖手机、电脑等电子设备的今天，我们更应该重视培养学生走出校园、走入社会必须具备的动手能力、实践能力、理论联系实际的能力和自主学习能力。

结合自然科学和人文社会科学的各大门类，我们把学生在小学阶段能够通过校园以外的渠道掌握的知识和技能分成以下类别。

可在校外学习的知识和技能

自然科学类	人文社会科学类
a. 天文学 b. 地球科学（地理科学、气候科学等） c. 生物科学（动物科学、植物科学等） d. 信息科学与系统科学（汽车工程）	a. 文学（中国文学、外国文学等） b. 艺术（绘画、雕刻、书法、音乐等） c. 历史（中国历史、外国历史等） d. 军事（军事理论、军营生活等） e. 团队训练 f. 职业体验

与学校教育不同，学生在校园以外学习上述各种知识时，更多地会涉及观察力、想象力、创造力、理解能力、语言表达能力、操作能力、运算能力、听觉能力、视觉能力、直觉能力等，更加自主，也更加具有实践

性。这些能力的培养和提高，是通过阅读、听讲、观察、思考、实验、记录、讨论、实践等不同的方式来实现的。

基于以上分析，我们根据不同年级学生的年龄段特点，安排春、秋两次内容不同的实践活动。

翠微小学学生系列实践活动安排

年级	年龄特点	教育需要	学期	适应主题	实践地点
一	学生年龄较小，生活尚不能完全自理，对父母和老师的依赖性比较强，对世界充满好奇。	尝试勇敢独立地面对挫折、战胜困难，同时发展适应自然与社会的能力，在实践中锤炼和成长。	上	职业体验	蓝天城职业体验
			下	生物科学（动物）	北京海洋馆
二	能够努力遵守各项行为规范，但学生的好奇心和好动性明显增强。	满足学生热爱自然、活泼好动的天性，让学生亲自探索和发现大自然的魅力与神奇。	上	爱国教育（入队）	抗日战争纪念馆+紫谷伊甸园
			下	生物科学（植物）	世界花卉大观园
三	对自然和社会的探索激情和求知欲望增强，综合能力得到快速的提高，产生了认识世界的渴望。	关注学生智力开发与能力培养，培养其对一些学科产生兴趣，在自主吸收知识的过程中，学生自主学习的意识得以提高。	上	天文学	天文馆+动物园
			下	科学技术	汽车博物馆
四	过渡期，生理和心理变化明显，是培养情绪能力、意志能力的最佳时期。	通过体育锻炼和提高注意力、精细度的活动，让学生在学习和实践中锻炼体魄、磨炼耐性。	上	素质拓展	碧水拓展训练基地
			下	生命教育	安全自救教育体验基地

续表

年级	年龄特点	教育需要	学期	适应主题	实践地点
五	学生养成了一定的行为习惯，但意志力尚不坚强，遇到困难和挫折容易灰心。	引导学生树立学习苦乐观，激发学生的学习兴趣、求知欲望和勤奋学习的精神，培养其正确的竞争意识和耐心。	上	军事（军训）	南口军训基地
			下	地球科学	中国地质博物馆＋地质体验园
六	学生进入青春早期，自主意识逐渐增强，初步形成了个人的性格和人生观。	指导学生调节和控制情绪，帮助学生树立正确的世界观、人生观、价值观。	上	团队建设	顺义顺鑫度假村
			下	历史教育	西周博物馆（考古体验）

为保障活动的顺利进行，保证活动的质量，学校成立了社会大课堂活动研究小组，保证每一次社会大课堂活动有序地进行。活动开始前各个年级的相关负责人就踩选活动地点、制订详细的规划、上报审批、制作活动任务书、动员家长志愿者、联系车队……力求让不同年级的学生到符合其特点的地方去开展实践活动。

翠微小学二年级春季实践活动任务书

活动时间：2015 年 5 月＿＿日　　活动地点：世界花卉大观园

班级：＿＿＿＿＿＿　　　　　　　姓名：＿＿＿＿＿＿

　　同学们，今天我们要参观位于北京市丰台区的世界花卉大观园，它是北京市四环以内最大的植物园，里面有中外各国的奇花异草、珍稀树木和经典风景园林。植物是"地球之肺"，它们能够吸收空气中的二氧化碳，利用光能制造营养物质，并释放氧

气。希望你能在一天的参观学习中，尽量多地了解有关植物的知识，更深入地了解这个世界。在开始完成任务之前，请你翻到任务书的最后，提醒自己在活动中做个文明的翠微学子，在活动后别忘了给自己评价哦，加油吧！

找一找

1. 请在花卉科研实验室找出下图中的植物，它的名字是_____。

2. 在热带植物展厅里，下图中是_____树的树干。

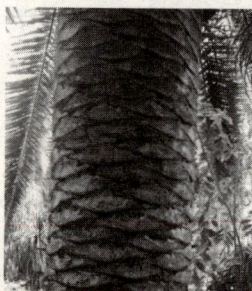

3. 下图的图片可是火龙果哦，请你在沙生植物馆展厅找出这种植物，如果找到就给自己画一张笑脸吧。

4.请在蔬菜瓜果园展厅里找出下图中的物品,猜一猜它是什么。_____。

画一画

在蔬菜瓜果园,一进门右手边是哪种蔬菜? _____。
请你画一画它的果实的样子。

想一想

1. 每一个温室展厅里都会有若干个温度计，请你找出其中的一个，并想一想：为什么要设置这些温度计呢？

_____

_____

2. 每一个温室展厅里都会有"请按顺序参观"的标识牌，请你找出其中的一个，并想一想：这些标识牌有什么用呢？你学会了什么？

_____

_____

评一评

★对自己参与实践活动的表现进行评价

（做到的就打✓）

1. 听从老师、家长及场馆人员安排。（　）

2. 不乱扔垃圾，不大声喧哗。（　）

3. 小组团结协作，合理安排时间。（　）

4. 在热带植物展厅安全地活动。（　）

★家长对孩子参与实践的表现进行评价

（做到的就打✓）家长签字：

1. 物品、衣服、红领巾、黄帽没有丢失。（　）

2. 听老师安排，有序安全地活动。（　）

3. 能和组内同学友好合作，彼此商量。（　）

4. 能认真地完成任务书，或者写观后感。（　）

目前，随着社会大课堂研究的深入，一套科学、成熟的保障体系日渐形成，也有助于社会大课堂的常规化。设置在大自然和社会中的大课堂，更为自然，更为生动，它不仅让孩子开阔了视野、增长了知识、丰富了体验，同样也使其增强了纪律意识、集体观念，孩子们学会了分享，历练了品格，感受了纯真和美好！

4. 翠微会客厅

翠微小学德育活动课程在自主研发校内教育和走向社会教育的过程中，不断利用自身优势，不仅利用学校金帆音乐厅、阶梯教室等"地利"资源，而且放眼社区、周边，充分利用周边单位多为部队、国家部委机关等的"人和"优势。2012年年初，学校提出与中国科学技术信息研究所合作开设"翠微会客厅"这一独具特色的活动，即把全国著名的专家、学者以及在社会各领域具有杰出贡献的科学家、社会名人请进翠微小学，与学生、教师及家长零距离接触，通过专家的讲解，让大家了解当今世界最前沿的知识，激发学生的科学兴趣、求知精神，培养学生的爱国品质，并以此来使学校德育活动课程建设不断走向深入，进而不断完善和丰富德育活动课程体系。

"翠微会客厅"首次活动时，学校请来了我国著名科学家戴汝为院士为同学们做讲座。戴汝为院士不仅为同学们做了精彩的报告，还为"翠微会客厅"题词"高山仰止，永为我师，向钱学森先生学习"。除此之外，中国科普作家协会常务理事、中国科普作家协会美术委员会主任、中国宇航学会会员、《太空探索》杂志社前社长田如森先生，中国徒步第一人雷殿生老师，中国科普作家协会常务理事、副秘书长、科普作协国防委员会副主任焦国力教授，书法家都本基先生，现役北京国安队队长徐云龙等，都走进了"翠微会客厅"。

"翠微会客厅"里，各行各业的大家、专家和学生谈人生经历，谈儿童和少年时代的努力对未来的影响，并和同学们互动，以此建立一种长久的联系。每一次会客大家，师生们都会得到心灵的感化、灵魂的震撼、人生的启迪。这些都促进师生思考：我在哪里？我要到哪里去？而与这些大家经常性的联系，更让学生有了身边的榜样和个人的导师，学生在他们身上感受到了力量！这些也促使学生理性地面对自己的现在和未来，积极寻找自己在这个社会上的位置。

一横老师走进"翠微会客厅"

翠微小学大队部

2013年6月7日下午，翠微小学六年级全体649名同学齐聚金帆音乐厅，热烈欢迎一横老师的到来。"真正成功的学生不一定是学习最好的，但一定是最有良心、最懂得感恩的。"刚一开口，一横老师那犀利的论点就引起了学生们的兴趣。

一横老师以"感恩"为主题，精彩地阐释了感恩祖国、感恩父母、感恩老师的人生哲理。他的演讲紧扣时代脉搏，贴近现实和学生、家长、教师的心理，情感真挚充沛，内涵丰富深刻，有震撼人心的艺术力量。整个演讲活动气氛热烈，井然有序。会场多次形成互动浪潮，现场的学生、家长、教师或专注聆听，或静静沉思，或悔悟宣誓，或流泪啜泣，场面十分感人。

伴随着《虫儿飞》的曲调，一横老师用时而激烈、时而温婉的语调，让学生们体会到了父母的生育、哺育、养育和教育之恩，感受到了父母付出的心血。"爸爸妈妈，我爱你们！""老师我爱您，老师您辛苦了！"充满感恩之情的心声从每一个六年级孩子的心中由衷地发出来。

"现在物质生活很丰富，但精神生活却有些匮乏，尤其是有些孩子不懂得感恩，这也是我巡回演讲的初衷。"谈起为什么举办感恩讲座，一横老师说，感恩教育不只是一场演讲，感恩不只是感动，而是一种值得坚守的人生理念和持久的行动。"人生因感恩而快乐，因坚持而成功，因战胜自我而坚强。让我们心存感恩，与爱同行。"

一横老师的"翠微会客厅"之行结束了，留给我们的除了刻骨铭心的记忆，更多的是深刻的启迪和感悟。如果在这场演讲活动中大家曾经哭泣过，请珍视这泪水；如果大家曾经悔悟过，请记住这份感动；如果我们都是一个守信的人，请履行我们的诺言；如果我们是一个感恩的人，请承担我们的责任。人生因感恩而快乐，因给予才富有，因战胜自我而坚强，因有所坚持才成功。让我们心存感恩，与爱同行，把握自我，迈向成功。

（三）德育活动资源拓展

1. 让爱传出去——红领巾爱心基金会引导学生用爱心、责任扶助他人

翠微小学红领巾爱心基金会成立于 2010 年，这一组织的成立旨在通过爱心基金这个载体，让学生了解社会、关注他人，养成勤俭节约、互助友爱的品德，成为心有他人、心有责任的优秀少先队员。教师和学生可以随时将义卖、废旧物品回收所得以及自愿捐助的善款捐给爱心基金会。募集的爱心基金主要用于资助生活贫困或突然遭遇天灾人祸而急需帮助的学生和受灾受困地区的孩子。

2010 年 5 月 12 日，在汶川地震两周年之际，翠微小学举行了"让爱传出去——翠微小学红领巾爱心基金"启动仪式。在翠微小学红领巾爱心基金会成立大会上，同学们通过观看纪录片，了解到地震、干旱等自然灾害给无数家庭带来了灾难，使无数的同龄人失去了上学的机会，有很多弱者需要救助。他们还了解到，在此之前，很多翠小人已经通过多种形式开展了环境保护活动和奉献爱心的公益活动。

翠微小学红领巾爱心基金会成立之后，同学们先后组织了多次义卖活动，活动中小小志愿者们忙得热火朝天，老师、家长、中队委员和大队长都成了义卖的工作人员。每次活动结束，当同学们把义卖款装入大红信封投进捐款箱的一瞬间，每个人的心中都充满了庄重与神圣。

几年来，同学们爱心义卖的款项通过各种渠道帮助了很多人，近的如学校内有困难的学生，远的惠及四川省凉山州木里县的一所小学，同学们为那里的孩子购买了大量的文具、图书，使远在大山深处的同龄人感受到了来自小伙伴的温暖与问候。2011 年初春，四川凉山的孩子们在志愿者的带领下来到北京，走进翠微小学，和这里的孩子们一起感受了一天的学校生活，也面对面地表达了他们心中的那份感谢，学校的学生也见到了自己曾经帮助过的小伙伴，体会到了助人的自豪与责任。

翠微小学红领巾爱心基金会将一颗充满爱心的种子播种到每一个翠小人的心上，让它在每一个翠小人的心中发芽、长叶、开花、结果，并由每

一个翠小人将爱的种子向他人播撒，向社会播撒。

2. 爱的传递——"让每个孩子平安回家"引导学生做遵纪守法的社会小公民

2012 年 4 月 26 日上午，中华少年儿童慈善救助基金会与翠微小学联合举办了"2012 儿童交通安全"大型主题宣传活动。据中新网报道，2011 年我国交通事故死亡人数为 6.2 万多人，其中有一半以上的交通事故是儿童交通事故，少年儿童占死亡人数的三成左右。为此，中华少年儿童慈善救助基金会专门设立了"春天阳光"儿童安全救助项目，主要在全国少年儿童中进行交通安全宣传和预防教育，加强儿童的交通安全意识，增强儿童、家长、学校和社会对儿童交通安全的重视和关注；维护少年儿童的权益，救助在交通事故中致孤、致残和致伤的少年儿童和家庭。翠微小学成为"中华儿慈会春天阳光儿童交通安全教育示范基地"。活动过程中，中华少年儿童慈善救助基金会向来自山西和北京的 10 名特殊困难儿童发放了救助金。翠微小学红领巾爱心基金会也向这 10 名同学赠送了学习用品，鼓励他们用自己的行动创造自己美好的未来。同时，在全校开展"我为'春天阳光'捐一元钱"主题教育活动，让学生以实际行动参与到平安出行活动中。

除此之外，翠微小学师生开展了交通安全系列教育活动："珍爱生命，平安出行"拼图活动；海淀公安交通支队张玉福警官为翠微小学的学生讲解交通安全知识；现场识别交通安全标识；模拟交警指挥交通；交通安全长卷上万人签名活动；在大型交通图上绘制回家路线，查找、标注交通盲区，从而唤起司机朋友的安全意识。"让每个孩子平安回家"安全主题宣传活动不仅帮助学生了解了安全知识，更激发起学生作为社会小公民的责任意识，同学们积极行动起来，用自己的方式教育、引导身边的每一个人，做交通安全的小卫士，做遵纪守法的社会公民。

3. 开办家长学校，融通教育资源

随着社会发展和时代进步，教育资源更加丰富，人们对教育意义的认识和理解更加深刻，同时，在孩子教育上所遇到的问题也更加复杂、多元化。很多家长在与班主任老师、学校主管领导的交流中都表现出对这一问题的担忧，也表露出很深的焦虑和渴望。

我们都行走在学习更好地进行教育的路上。学校要努力，家庭也要努力。

第一，统一教育思想，弥合教法分歧。

我们需要学校的教育思想与家庭的教育思想保持一致，或者近似一致。说完全统一不容易，但是，尽可能地接近是能做到的。心往一处想，劲儿向一处使，教育孩子也会变得简单些、轻快些。教育办法有千百种，每一种都有合理的地方，可以说都是对的，但两种不同的"好思想"作用在同一个孩子身上，效果可能会打折扣，甚至"1+1＜1"都是有可能的。

第二，用发展的眼光，看发展的教育。

10年前，可能绝大多数人都不知道 iPad 是什么，但现在的孩子拿起来就玩，而且玩得比大人还好。所以，我们的教育观点和策略都要跟着做出调整。孩子不是原来的我们，把我们成长的过程直接复制在孩子身上，说实话不太科学。

第三，解答一些疑惑，提供一些帮助。

近十多年来，我们从新闻中能看到很多大词，比如减负、推优派位、教育均衡、教育综合改革等。大家毕竟不是教育工作者，不是身在其中、时刻关注这些变化的人，就会迷糊。但无论改革走向何方，在小学教育中，我们明白一个问题就足够了：这个世界需要什么样的人，我们就培养什么样的人。那么这个世界需要什么样的人呢？怎么培养这样的人呢？通过家长学校的一次次讨论，能够帮助大家找到答案。

翠微小学尝试为家长解决这一问题，并借此打造三位一体的教育，即让学生、家长、学校都切实地参与进来，都在教育上发挥积极作用。这是学校教育的有效延伸，我们希望教育因为思想的统一而发挥出更大的力量，因为行动的一致而达到更加理想的效果。

因此，我们成立了家长学校，将学校和家长的力量有机结合起来，发

掘教育资源，集中教育力量，改善教育模式，形成教育合力。

首先，我们开展了需求调研，由学生成长中心进行调研和统计，了解大家正面对的困惑和问题，然后根据需求开设培训讲座或互动活动。我们尽力保证每一次培训确实能满足大家的需要，使我们的培训在组织上更加科学。

其次，为了保证培训的有效性，我们开展了不同角度的学习，不搞大杂烩，每一次只针对一点，尽可能小、近、实。例如，如何提高学生有效学习的能力，如何管理孩子的情绪，如何与孩子进行沟通交流，家庭系统对学生成长的影响等。我们根据主题有针对性地选择专家，请家长结合需要有选择地参加，这样大家就能在有限的时间里获得最有价值的学习，为家长提供实实在在的帮助。

<h3 style="text-align:center">2015 年家长学校培训安排</h3>

日期	专家	主题
2015.1	卢咏莉（北师大专家）	如何培养孩子的好习惯
2015.3	卢咏莉（北师大专家）	如何通过家校合作培养孩子良好的交往能力
2015.4	曲艳霞（名校校长）	在低年级培养孩子良好的学习习惯
2015.9	丁邦昕（有经验的家长）	与孩子共同成长
2015.10	金锦姬（中科院心理所博士后）	幸福家庭养育幸福的孩子
2015.11	洪明（中国青少年研究中心专家）	说服教育：培养明理的孩子

学校举办家长学校讲座，目的是促进和实现学校与家长教育思想的统一，带动家长用发展的眼光看发展的教育，建设家校和谐的教育，最终服务于广大学生的健康成长。

几年来，学校将"爱心与勤奋、责任与尊重、诚信与勇气"这些具体德行目标与学生道德教育有机地结合起来，夯实常规德育工作，建构德育活动课程，开发德育教育资源，充分利用校内外一切可以利用的资源，开展德育实践。每一门教育课程的实施、每一个活动的细节都蕴含学校"明德至翠,笃行于微"的价值引导,都孕育学生德行的自主建构,实践性、审美性、情感性、价值性融为一体,成为学生生命旅程的绝美风景,成为他们人生体验的重要时刻。他们潜在的"爱心与勤奋、责任与尊重、诚信与勇气"的幼芽在新的环境、新的沃土中茁壮成长。

第四章

翠·微课程的构建

一、翠·微课程的理念基础

课程是学校教育最为重要的载体。要创造适合学生的教育，首先要提供适合学生的课程，这已经成为我们教育人的共识。

（一）对课程的认识

广义的课程是指学校为实现培养目标而选择的教育内容及其进程的总和，它包括学校教师所教授的各门学科和有目的、有计划的教育活动。狭义的课程是指某一门学科。人们对于课程有不同的理解，有的认为课程即教材，这是一种以学科为中心的教育目的观的体现。教材取向以知识体系为基点，认为课程内容就是学生要学习的知识，而知识的载体就是教材，其代表人物是夸美纽斯。有的认为课程即活动，这种课程的主要代表人物是杜威。杜威认为当时课程最大的流弊是与儿童生活不相沟通，学科科目相互联系的中心点不应是科学，而应是儿童本身的社会活动。有的认为当时课程即经验，强调学生是主动参与者，是学习活动的主体，学习的质和量决定于学生而不是课程，强调学生与外部环境的相互作用。

站在教育实践者的立场，我们比较认同华中师范大学廖哲勋先生对课程的定义，即"课程是由一定育人目标、基本文化成果及学习活动方式组成的用以指导学校育人的规划和引导学生认识世界、了解自己、提高自己的媒体（媒介）"[①]。课程是一种促进学生发展的媒介，通过课程，学生不仅能够获得关于世界的知识，而且能够形成对待事物的价值与情感。学校通过课程达到一种育人目的。

---

① 廖哲勋 . 课程新论 [M]. 北京：教育科学出版社，2003.

（二）翠·微课程理念架构

1. 以绿色教育为基础

绿色教育一直是翠微小学秉持的教育理念，其所遵循的是个性教育与适度教育两大原则，从而促进学生全面、自由而和谐地发展。个性教育旨在发现和挖掘学生的潜能，因材施教，从而促进学生多样化个性的发展；适度教育强调尊重学生的发展规律和教育规律，强调既不过度也不匮乏的适时、适机的教育。因此，翠·微课程体系的建设，秉承绿色教育的传统理念，强调课程对学生多样化个性发展的促进功能，关注课程建设的适时性、适度性，在多元中关注适度，在个性中关注适时。

以绿色教育为基础的翠·微课程理念，首先强调课程目标设置的"绿色"，从学生的潜能出发，提出多元化的课程目标，照顾学生的个性差异，兼顾知识与技能、过程与方法、情感态度与价值观的多目标指向，同时在设置课程目标时关注层次性，尊重学生的发展规律和教育规律，照顾学生的最近发展区。其次，它强调课程内容选择与组织的"绿色"，既要根据多元、有层次的课程目标，合理选择课程内容，注意学生身心发展的特点和需求，也要根据学生发展规律和教育规律，循序渐进地组织课程，注意连续性、渐进性和螺旋上升性。再次，它强调课程实施形式与方法的"绿色"，兼顾文本课程和实践课程，知识性与活动性并举，根据课程内容和学生身心特点选择适切的课程实施形式和方法，鼓励多元教学方法的综合运用。最后，它强调课程评价设计的"绿色"，要以课程目标为指引，选择合适的课程评价方式，兼顾终结性评价和过程性评价，并突出课程评价的诊断性和发展性功能，以评价促学生发展、促课程发展。

2. 以德行发展为核心

"明德"是翠微小学一直以来对学生的首要要求，对学生"德行"的关注渗透到学校教育的各个方面。在翠·微教育中进一步提出"至翠"的目标，更加强调通过加强道德修养，努力进行人格完善，使之达到"翠"的境界，即"高尚德行，纯净心灵"。因此，翠·微课程的理念之一是以

德行发展为核心，强调翠·微课程体系的建设都以能促进学生德行的发展为准绳，从而达到课程的"明德至翠"。

以德行发展为核心的翠·微课程理念，首先要求课程体系整体关注"明德"，不仅是德育课程要以学生德行发展为主旨，核心课程、健康课程、艺术课程、科技课程等都要将促进学生德行发展纳入到课程建设中；其次要求课程目标全面关注"明德"，所有翠·微课程皆要在课程目标中明确德行发展目标，将其作为情感态度与价值观课程目标的核心；再者要求课程内容重点渗透"明德"，五大类翠·微课程应在课程内容中适时纳入德育内容，做到"预设有形"与"渗透无形"的结合，并与主体课程内容相互配合、相得益彰。

3. 以多元整合为特色

翠微小学长期以来坚持国家课程的主体性，着力发展包括艺术课程、科技课程、体育课程等多种形式的校本课程。多元化的课程发展一直是翠微小学的特色，在课程发展的基础上着力体现以多元整合为特色，一方面继续开发多类校本课程，满足学生个性发展的需求，另一方面开始关注多元课程之间的整合和体系化，打破不同门类、不同类型和不同层次课程的界限，在教育体制改革的范围内进行课程整合的有效尝试。

一是课程类型的多元整合，文化课、实践课、活动课等多种形式的课程并存，互有联系，相互配合，并在一门课程中整合多种形式。二是课程门类的多元整合，一方面是课程大门类多元整合，涵盖核心课程、德育课程、健康课程、艺术课程和科技课程五大类，且相互关联，共同支撑起翠·微课程体系；另一方面是课程大门类内部小门类多元整合，例如艺术课程包括传统的音乐、美术课程，并增加了民乐课程、陶艺课程以及其他各类艺术课程。三是课程层次的多元整合，在国家课程、地方课程和校本课程三层结构的基础上，尝试"国家—地方"、"地方—校本"、"国家—校本"等新层次课程形式，并实现多层整合，例如德育课程中就包含国家思品课程、"明德笃行"校本课程、校园文化建设等。

4. 以科学开发为机制

现代课程观尤为重视课程发展，课程发展的机制决定了课程建设的速度和质量。翠·微教育中所强调的"明德笃行"，迁移到课程发展之中，即是强调科学开发机制的确立。关注课程的科学开发，一方面体现课程发展的道德意义，它是在尊重学生身心发展规律和教育规律的基础上进行的合理适度的课程发展，不以伤害学生长远利益和全面发展为代价来设计和开发课程，即体现关注德行的"明德"色彩；另一方面凸显课程发展的实践依据，在充分考虑学生发展潜能和学校客观条件的基础上进行切实可行的课程发展，不盲目超前，不跟风建设课程，体现"笃行"意味。

5. 以文化塑造为追求

翠微小学一直关注课程在学校文化建设中的核心作用，以文化塑造为追求也因而成为翠·微课程理念之一。不仅校本课程要体现文化意味，各门类、各类型、各层次的课程都要关注文化意味。翠·微课程要以文化塑造为追求，既要关注课程的文化意味，将翠·微教育的文化理念渗透到课程目标、内容和形式之中，也要关注文化建设的课程功能，将校园文化建设作为一种隐性课程，纳入翠·微课程体系之中，并与其他课程相互支持、配合，从而建构起"寓有形于无形，于无形中显有形"的全面、综合的翠·微课程体系。

二、翠·微课程的体系构建

我们调整各类课程，使整个课程运行机制能实现减负增效，时间安排上更合理，内容安排上更科学，管理实施上更有实效，更适合学生的健康自我发展，更适合学校的具体情况和发展愿景，形成学校的办学特色——"个性与适度"的绿色教育。为此，我们考虑三个方面：调整和改进现有课程中的不合理因素；融入对学生终身发展有价值的课程；凸显学校的办学理念和鲜明特色。

（一）翠·微课程目标

高站位的目标才能引领科学、高效且符合学生认知发展规律的课程建设。在"明德至翠，笃行于微"的办学理念指导下，结合学校独具特色的发展和"培养明德笃行、自觉自为的阳光少年"的培养目标，学校在理论研究、调研论证、具体实验的基础上，构建了翠·微课程体系。

基于理论研究的成果，学校确立了翠·微课程建设的指导思想：有效整合国家课程、地方课程和学校的校本课程，合理设置让学生终身受益的整体课程，践行学校"明德至翠，笃行于微"的核心理念，构建"个性与适度"的绿色教育，促进学生持久、健康发展。

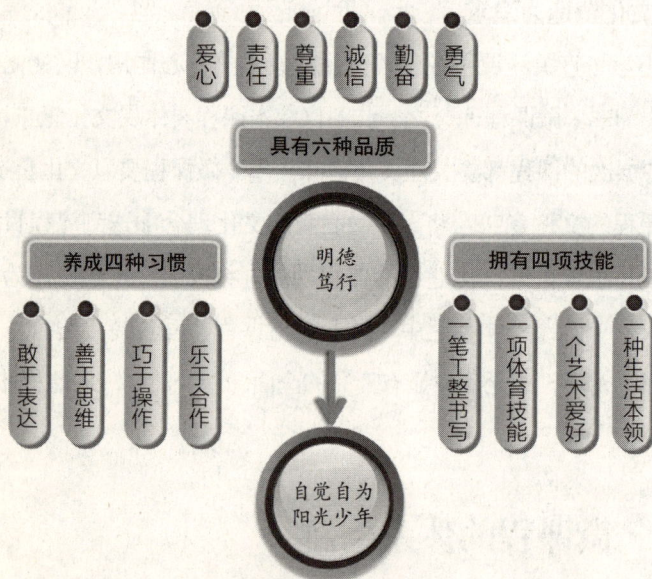

爱心 责任 尊重 诚信 勤奋 勇气

具有六种品质

养成四种习惯 明德笃行 拥有四项技能

敢于表达 善于思维 巧于操作 乐于合作

一笔工整书写 一项体育技能 一个艺术爱好 一种生活本领

自觉自为阳光少年

翠微课程建设总目标

基于学校的育人目标、价值定位，课程目标与之有机结合，形成"6—4—4—1"课程建设总目标：孕育六种品质——爱心、责任、尊重、勇气、诚信、勤奋；养成四种习惯——敢于表达、善于思维、巧于操作、乐于合作；拥有四项技能——一笔工整书写、一项体育技能、一个艺术爱好、一种生活本领；实现"培养明德笃行、自觉自为的阳光少年"的育人目标，成就一所品牌学校。

（二）翠·微课程结构体系

1. 确立翠·微课程结构

在翠·微课程总目标的统领下，我们确定了学校的课程结构体系。内容规划上，我们着眼于学生综合素养的发展，基于一种大课程观，建立了基础—拓展—实践三级课程。三个层级的课程一脉相承、层层递进，符合学生的认知发展规律。基础类课程为国家必修课程，强调学科内部整合，强调能力培养，适应翠微学生的发展，着力于国家课程的校本化、高效化实施；拓展类课程分为校本必修课程和校本选修课程，根据教师特点、学生需求和社会需求，为学生基础课程的学习提供拓展空间，强调课程的深度挖掘和课程实施的精致；实践类课程为校本必修课程，这类课程打破学科边界，强调让学生在真实的情境中进行学习和解决问题，发展学生的多元智能。

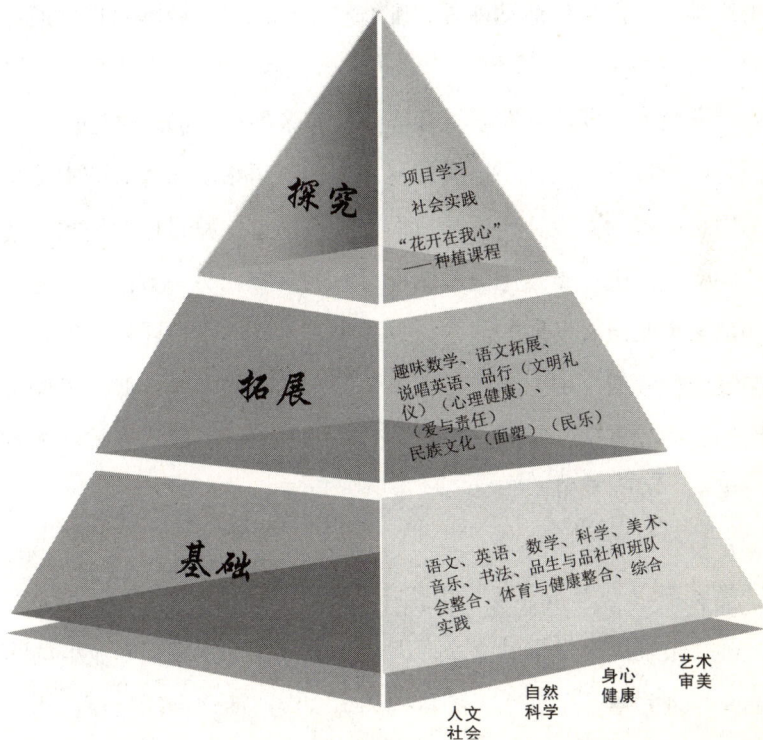

翠·微课程结构

2．设置翠·微课程领域

学校经过理论研究、调研论证、具体实验，构建了包含基础—拓展—实践三个层级，人文社会、自然科学、身心健康、艺术审美四大领域的一体化课程结构体系。三个层级既一脉相承又层层递进。四大领域根据学科和活动之间的逻辑关系划归为四类，每一领域又包含三个层级。最终形成的课程可实施、易操作。

（1）人文社会类课程

学校开发了具有翠微特色的人文社会类课程体系。首先，依托"明德笃行"的核心价值观，学校开发了体现翠·微教育特质中核心德行目标的校本课程，根据爱心、尊重、责任、诚信、勤奋、勇气六大核心德行目标，通过主题班队会、国旗下讲话等途径建构"明德笃行"校本课程。其次，组织学生开设文化活动课程，配合"明德笃行"校本课程，通过翠小品德日、"翠微小星星"评选、"感动翠微人物"评选、校园"手拉手"、毕业生"翠微星"评选、入学礼和毕业礼等多种形式加强德育。

同时，学校开发设计了语文拓展课程、英语拓展课程等校本课程，将其作为国家课程的有效补充。一方面，呼应国家课程目标的要求，通过拓展课程的形式，进一步强化国家课程目标的落实；另一方面，扩充学科内容，满足学生深层次发展的需求，形成丰富多样的学科课程。例如，语文学科拓展课程分低、中、高年级，各年级有不同的主题：低年级侧重"成语、朗诵和讲故事"，中年级侧重"名言、朗诵和演讲"，高年级侧重"中华特色语言、表演和辩论"。

（2）自然科学类课程

这类课程很受学生喜欢，但由于专业教师的缺乏，只依靠学校现有科任教师，很难满足学生的需求。因此，学校在加强教师专业结构的调整时，逐步引进和培养了高水平的科技和综合实践活动专职教师，建立了较为系统的、精要的科技课程，满足了学生的需求。目前学校开发了阳光测向、航模船模、综合实践、无线电机器人、快乐创意、科学实验等课程，这些课程的开发，丰富了学生的校园生活，同时也启迪了学生的智慧，激发了学生科学探究的兴趣和欲望。

（3）身心健康类课程

学校开发了具有翠微特色的身心健康类校本课程。一是构建校本健康课程，完善现有的体育社团，发挥基地平台的作用，建设体育类校本课程（篮球、乒乓球）；二是推进地方心理健康课程建设，依托海淀区心理健康课程特色，并与首都师范大学教育科学院心理学系合作，引进相关专业教师，全面了解小学生的心理健康状况，总结学生易出现的心理问题，寻找切实有效的教育策略，通过心理咨询、学生日常心理调适等形式，采取多种途径深入推进学校的心理健康教育，构建利于学生健全人格培养的小学心理健康教育体系；三是编写学生健康常识指导手册，作为学生的自修教材，以学生喜欢的竞赛和活动的方式提升学生的健康保健意识和能力。

（4）艺术审美类课程

艺术校本课程是翠·微课程体系的特色所在，也是实现学生全面发展、落实素质教育的重要途径。它包括音乐和美术国家课程的校本化和艺术校本课程。一是音乐、美术课程的校本化。我们对课程内容进行适当调整，将民乐、面塑纳入其中，实现校本化尝试。二是以现有艺术社团为基地，开发精品艺术类校本课程。在艺术教育校本课程的开发上，我们注重多样化、系统化、科学化。它包括书画类，如篆刻、书法、国画等；器乐类，如民乐、管乐、声乐等；表演类，如舞蹈、儿童剧等；民间艺术类，如剪纸、面塑、陶艺等。目前，面塑课程、民乐课程在全区独树一帜，获得海淀区校本课程开发创新奖，民乐课程还获得北京市优秀课程奖。

3. 确立各领域课程目标

基础—拓展—实践三个层级的课程不是割裂开的，而是层层递进的关系。人文社会、自然科学、艺术审美、身心健康四个领域的课程要有

翠·微课程设置

领域	课程目标	核心词	基础类课程（国家课程）	拓展类课程		实践类课程
				必修	选修	
人文社会类	在学生心灵深处培育价值观的种子，教学生学会以一种自主的、积极的、负责的姿态去管理、去省察、去协商、去调节。同时强调以阅读带动语言的习得，增强学生的人文底蕴和文化修养。在语言表达中，感受语言的无限魅力，提升学生的语言素养。达到每人能写一笔工整的字，掌握一种生活本领。	一笔工整书写 一种生活本领 语言表达能力 阅读习惯 人文素养	语文	语文综合实践（1—6）	朗诵与演讲（5）	社会大课堂（1—6）
				传统文化课程：诵读经典（1—6）	社会历史人物（4）	
			英语	英语阅读与英语活动整合（1—6）	JA课程（6）	基于项目的学习（1—6）
					英语阅读与英语说唱（3）	
			品德与生活 品德与社会	少先队课程与文明礼仪整合（1—6）		"花开在我心"（1—6）
				国防教育（5）		
				传统节日		活动课程（3—4）
				德育活动		
自然科学类	具有初步的科学素养，具备渴望探究，善于提问，勇于质疑，尝试验证的科学手实践能力。养成善于思维，巧于操作，乐于合作的习惯。	渴望探究 善于提问 勇于质疑 尝试验证 主动思维	数学	数学综合实践（1—6）	数学游戏（2）	
			科学		科学实验（3）	
			综合与实践		机器人（4）	
					模型制作（4—5）	
			信息与技术	阳光测向（4）	ARTY BRIGHT 课程（5）	
					阳光测向社团（4—6）	
					机器人社团（4—6）	
					DI社团（4—6）	
					单片机社团（4—6）	

续表

领域	课程目标	核心词	基础类课程（国家课程）	拓展类课程			实践类课程
				必修	选修		
身心健康类	增强体能，掌握健康知识和运动技能；每人掌握一项体育技能，培养运动习惯，形成坚持锻炼的习惯，获得克服困难的勇气；培养人际交往的能力与良好的心理品质，形成健康的生活方式；发扬体育精神，形成积极进取、乐观开朗的生活态度。	运动技能 良好的心理品质、克服困难的勇气 健康素养	心理健康	心理健康（1—6）	团康（1—2）		社会大课堂（1—6）
				篮球（4）	篮球社团（4—6）		
				足球（2）	足球社团（1—6）		
				乒乓球（3）	乒乓球社团（1—3）		
			体育	形体（室内体育课）（1—3）	象棋（1—2）		基于项目的学习（1—6）
				传统活动游戏（与体育学科整合）（1—6）	围棋（3—4）		
					健美操（1—4）		
					田径社团（3—6）		
艺术审美类	以陶冶学生情操、提高审美能力、发展学生智能为原则，培养学生具备基础的艺术技巧，敏锐的艺术感受能力、丰富的艺术想象能力、良好的艺术表现能力，达成每人都具有一项艺术爱好。	审美能力 创造能力 想象能力 艺术技能 艺术素养	音乐	民乐（1—6）	民乐团		"花开在我心"（1—6）
					管乐团		
					儿童剧社		
					星夜曲艺团		活动课程（3—4）
					舞蹈团		
					合唱团		
			美术	纸艺（2）	儿童画		
				面塑（3）			
				篆刻（4）	软雕		
				国画（5）			
			书法	硬笔书法与语文整合（1—2）	书法		

注：括号中的数字表示开设该课程的年级，未标注的说明这些是活动课程，不分年级。

领域总体目标，才能确保每一门课程站位精准，各层级课程协调一致。学校依据现有课程设置及前期调研结果，重新设计打造了各领域层级课程。

（三）具体课时安排

1. 课时连排

从调研中我们发现，许多课程 40 分钟完不成任务，需要增加时间，但 80 分钟又过多，因而可以进行两节小课连排，使单位时间的效益最大化。例如，一至四年级 2 节美术课连排；三至四年级 2 节科学课连排；一至四年级品德与生活或品德与社会和班队会整合，各安排两节短课，它可以安排在周三，能够与学生每月走向社会、走向大自然进行合理整合；三至四年级综合实践活动课程连排，与研究性学习和学科拓展课程整合，因为要指导、要准备、要展示，所以时间长。

2. 长短课程

在保证国家课程学习的同时，我们从调研的实际出发，设计了长课和短课，长课 40 分钟，短课 30 分钟，每天两节 40 分钟的长课，4 节 30 分钟的短课，节省下来的时间每天安排了 15 分钟的学生阅读，让孩子有精力集中阅读，并有交流和分享的机会。

3. 增加课时

充分保证学生每天 1 小时的体育锻炼时间，重视学生的身体素质和身心健康，让学生德、智、体、美、劳全面发展。

为了让学校成为书香校园，让学生有时间静下来读书与交流，培养学生的读书兴趣与爱好，各年级都安排了晨读时间，让校园充满朗朗的读书声。

4. 多样课表

一天——

上午：晨读 15 分钟—40 分钟—40 分钟—课间操—30 分钟—30 分钟。

中午：午休 1 小时（学生多样化自主选择性活动）。

下午：30 分钟—30 分钟—选修 30 分钟（学生自主选择）。

40 分钟或 30 分钟课之间有 10 分钟休息。

一周：四大领域课程中的选修课程让学生在自我选择中获得个性发展（周三下午两节连排）。

一月：一次社会实践课程，形式有四种——走近名人（翠微会客厅），走近伙伴（翠微演讲厅），走进大自然，走进博物馆。

一学期：基于项目的研究性学习（假期准备，学校范围内研讨和展示）。

一学年：一次大型艺术活动。

三、翠·微课程的实践体系

（一）建构完善的实施路径

1. 基础类课程：重体系，重实效

总体目标：建立学科能力培养体系，形成情趣与价值融合的翠微教学个性。

具体目标：培养学生学科核心能力，让学生形成善思考、勤实践、乐积累、会互动、敢表达的学科素养。

（1）建立各学科能力培养指标体系

根据国家课程标准，根据教材和学情，课程骨干教师团队组织全校各学科教师精读课标，基于课标将所用教材版本与其他教材版本进行多次比对，并结合 2012 年至今各个年级、各个学科期末测试结果分析，重新结合现阶段所用教材设计课程目标，使其更符合课标要求，更符合学生学业发展的需求，同时指向学生学科学习核心能力的培养。以语文学科能力目标体系包含的内容为例，见下图。

```
                        语文学科能力目标
```

写字识字	阅读	习作	口语交际和综合学习

| 识字兴趣 | 字音把握 | 识字数量 | 字的书写 | 查字典能力 | 阅读兴趣 | 朗读课文 | 默读课文 | 阅读积累 | 信息提取 | 理解字词句义 | 标点符号 | 感悟表达 | 习作兴趣 | 习作内容 | 习作修改 | 听课 | 表达 | 提出问题整合信息 | 设计活动策划方案 | 分工合作解决问题 |

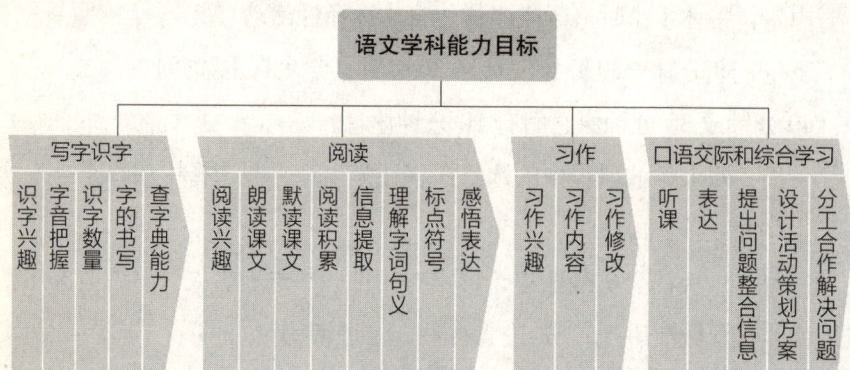

语文学科能力目标体系

（2）整体把握教材

整体把握教材是指教师要把握教材知识点之间的本质联系，站在一个较高的层次上，用现代教学的观念去审视和处理教材，向学生传递一个完整的思想，帮助学生建立一个融会贯通的认知结构。

那么，怎样做才能整体把握教材呢？

首先，每个教研组对照新课标认真研读教材，在理解的基础上画出知识结构图，并写出教材分析，包括课程标准的基本要求、课本的编写意图和逻辑线索、本学段知识的内在联系、自己如何整合和处理课本等。然后，以教研组为单位开展研讨活动，每个人结合自己画的知识结构图，讲解自己对教材的理解和处理设想。通过研讨，教师们相互都有启发和收益。在集体研讨的基础上，教研组共同设计出本学段本学科的知识结构图。

其次，引导教师要把握一个单元的教材。教师在备课时不要只备一课，而要备一个单元。新的课程标准指导下的各科教材基本都是按照主题来编排的。教师在备课时首先要明确一个单元的主题，清楚教材编者围绕这一主题是如何选材和编排的。要提倡教师进行单元备课、集体备课，整体安排一个单元的课时和活动。

最后，在研究中注重教学目标的针对性，学生学什么、练什么、要得到什么，目标清晰；注重教学目标的层次性，全体学生必须达到的目标、大部分学生要达到的目标、优等生要达到的目标都要明确；注重教学环节中的问题设计、训练设计，设计要紧紧围绕知识重点、学生能力训练难点和学生的兴趣点，富有学科价值，体现三维目标。

整体把握教材，积累活动经验，获得学习助力

王晓棠

《变化的量》属于数与代数领域中正反比例这一部分的内容。作为课程标准数与代数领域中一个单独存在的部分，正反比例有着重要的价值和意义。其中一个最重要的价值就是帮助学生建立模型思想。模型思想的建立是学生体会和理解数学与外部世界联系的基本途径，它包括从现实生活或者具体情境中抽象出数学问题、用数学符号表示数学问题中的数量关系和变化规律等。

困惑：既然是建立模型思想，那讲正反比例就行了，就像人教版教材和苏教版教材一样，直接引入正反比例，为什么北师大版教材偏偏要在讲正反比例之前安排这样一课？它的价值在哪儿？正比例与反比例是研究两个变量之间的关系，那么这个课题为什么不直接说"变量"？"变化的量"与"变量"两者有什么区别？

带着这些困惑，我走进了教材。

综观教材，函数是研究现实世界变量之间关系的一个重要模型，也是中学阶段数学学习的重要内容。在此之前，从比多少到比的认识，都是在研究两个量之间的关系。到初中乃至高中要学习函数，仍然是在研究两个量的关系。变化的量、正反比例这一单元作为小学到初中的一个转折，起着非常重要的铺垫作用，凸显了课标对模型思想的关注、对渗透函数思想的重视。知识的深入也会引发学生思维方式的改变。

学生思维方式的转折
$$
\begin{cases}
算数思维 \rightarrow 代数思维 \\
运算 \rightarrow 关系 \\
常量数字 \rightarrow 变量数字
\end{cases}
$$

　　面对这些思维转折，学生能否顺利完成跨越，到达思维的彼岸？在以往的学习中，学生积累了哪些学习经验和活动经验呢？纵观教材，学生已经学习了简单的数量关系、列表解决问题的方法、字母表示数、探索规律、看图找关系、方程、公式、统计图等，而这节课是原来所有经验的汇总、聚焦。

　　近看教材，在小学阶段的课程标准中是找不到变量、函数等概念的。变量与函数等概念是初中才正式学习的内容。"变化的量"是一个生活概念，"变量"是一个数学概念，从生活概念到数学概念需要抽象。据我的理解，这节课的目标不是形成"变量"的科学概念，而是把"变量"的现实原型"变化的量"作为思维对象来把握的。

　　教材中呈现了哪些生活原型？我接着对比北师大版现用教材和下一轮使用的新教材。新教材增添了内容，内容更加丰富，也是在让学生更加充分地体会两个量的变化关系，积累研究变化的量之间关系的经验，对抽象的函数思想有初步的理解，为学习正反比例打基础。表格有数据罗列，"变"的过程可以通过数据变化看得很清楚，图象也是，而表达式没有直观的数据变化情况来支撑学生思考，这对于学生的认知来说有些困难，因此，在加入新内容之后还是把用关系式表达关系的内容放在了最后，旨在让学生通过表格和图象更充分地理解两个量的关系后再去认识表达式，降低了学习的难度。

　　无论是新教材，还是旧教材，在呈现具体情境中变量之间的关系时，都分别运用了表格、图象、关系式呈现变量之间的关系，鼓励学生在观察、思考、讨论和交流中，体会在生活情境中，存在着大量互相依赖的变量，一个量变化，另一个量也会随着发生变化，两个变量之间存在着关系，尝试用自己的语言描述两个变量之间的关系，为后面学习正比例、反比例打下基础，同时体会函数思想。这有助于学生对函数思想的理解。

（3）配套有效的教学资源系统

教学内容是课程实施的支撑。在现代信息社会，学校教材内容的更新速度往往滞后于学生的发展。由此，课程骨干教师团队带领各学科教师，深入梳理教材，从横向、纵向两个维度了解学科整体框架，把握某一学科的逻辑体系，同时了解学科之间的重叠之处，对全部课程进行优化，适时补充课程资源，替换陈旧的教学内容，建立成体系的、内容科学的资源库，作为课程实施的支撑。

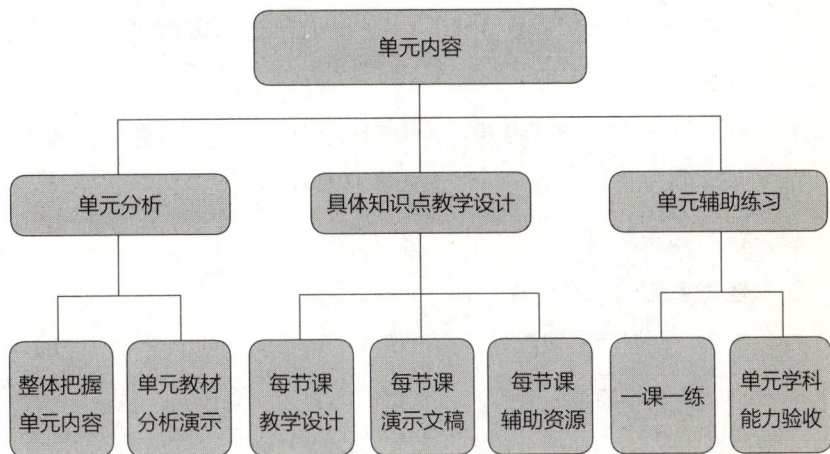

单元资源库内容框架

目前，学校初步形成了以年级为单位，按学科划分的，内容科学且可操作性强的，纵向连贯和富有梯度的学习习惯、能力培养体系和教学资源体系。

2. 拓展类课程：重开发，重管理，重精品

拓展类课程指学校为达成课程目标，结合学校实际所设计并研发的校

本课程，包括校本必修课程和校本选修课程。

总体目标：创建多元系统的校本课程体系，帮助学生在选择中自我发现和发展。

具体目标：满足学生个性学习发展的需求，让学生通过对某一学科领域更深层次的学习，培养多元思维，完善认知结构，培养广阔的视野，发展各基础学科课程的学习能力，促进多元智能的形成。

学校结合实际和学生学习兴趣点设计并研发了拓展类课程，包括拓展类必修课程和拓展类选修课程，旨在将基础课程延伸，为学生提供更多学习、成长的空间，助力学生特长发展，助力学生个性塑造。学校对每一门拓展类课程进行了精细化管理，研发课程纲要和开发方案，执教教师精心准备每节课的教学内容。目前学校已经开发校本必修课程 21 门，出版了校本教材 8 本，校本选修课程 54 门（其中普及的选修课程 39 门，社团选修课程 15 门）。

在课程的开发中，学校边开发、边实验、边反思、边完善。根据学校的实际和学生的现状，形成了特色课程和精品课程。

（1）精品必修课程

①构建体系化的德育课程。

课程主旨：在学生心灵深处培育价值观的种子，让他们学会以一种自主的、积极的、负责的姿态去管理、去省察、去协商、去调节，达成学校育人目标，培养具有爱心、责任、尊重、勇气、诚信、勤奋品质的阳光少年。

德育课程结构如下：

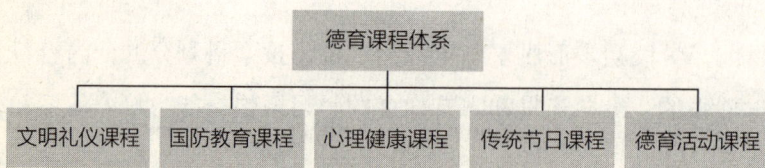

德育课程结构

德育课程的实施方式及特点

课程名称	实施方式	特点
文明礼仪课程	与少先队活动课整合，每周三下午第一节课，一至六年级统一进行。	通过案例分析和活动体验，培养学生具有良好的礼仪习惯和文明行为。
国防教育课程	学生在五年级第一学期走进军营进行一周30课时的集中学习。	在军营中体验军营生活，培养学生克服困难的勇气以及相互关心、相互帮助的爱心和品质。
心理健康课程	一至六年级每学期3课时，以班级授课和大课堂讲座形式呈现。	提高学生的心理素质，培养积极向上的心理品质和健康心态，促进人格的健全发展。
传统节日课程	与综合实践活动整合，在三年级进行。	通过体验活动和社会调查，让学生体会中国传统节日的内涵，感受中国传统文化的博大精深。
德育活动课程	每天的日常行为规范自省；每周一次的国旗下讲话；每月一次的走进翠微会客厅；每学年一次的入学和毕业典礼。	在活动中形成具有学校特色和适应学生发展需要的活动内容，融爱心、责任、感恩于一体，形成促进学生健康自我发展的活动体系。

②构建体系化的传统文化课程。

课程主旨：挖掘中国优秀传统文化，以项目带动，旨在传播中华民族优秀传统文化，注重学生健康的生活常态的形成，为学生的文化底蕴、艺术修养和健体强身打下基础。

传统文化课程结构如下：

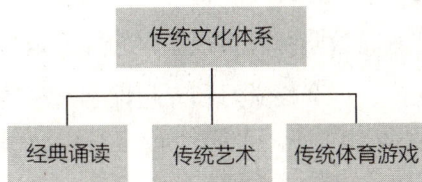

传统文化体系 → 经典诵读　传统艺术　传统体育游戏

传统文化课程结构

传统文化课程实施方式及特点

课程名称	实施方式		特点
经典诵读课程	正式排进课表，每天8：00—8：20为学生阅读时间。		采取"教师导读—学生自由诵读—集体诵读—诵读成果积累和展示"这样一个课程模式，形成了较为成熟的诵读体系，包括国学养正、积累修身和阅读激趣。
传统艺术课程	民乐	一至六年级每学期2课时，融入音乐学科教学。	依据教师的特长，满足学生的个性需求，传播传统艺术技能，弘扬传统艺术文化，强调"个性"与"适度"相融合，把传统艺术课程作为国家课程的补充，形成了具有翠微特色的传统课程。
	纸艺	分别融入二至五年级课程，进行校本化实施，与美术学科整合。	
	面塑		
	篆刻		
	国画		
传统体育游戏课程	每周增加1节体育课进行。		传承中华传统游戏，如踢毽子、跳绳、抖空竹、跳皮筋、滚铁环等，在游戏中塑造学生灵活的身姿，使其形成健康的体魄。

③结合学情融入学科综合实践活动。

课程主旨：在认真贯彻执行国家课程的同时，各学科深挖课程资源，开展学科综合实践特色活动，拓展课堂教学空间，锻炼学生的组织能力、策划能力、思考能力、交流能力、社交能力、研究能力和自我管理能力，促进学生学科实践能力和创新能力的提高。

语文拓展校本课程、数学综合实践课程的开发是在学校语文和数学课堂之外的一次深层次的、综合性学习和专题性学习相结合的理性探究，下面以语文为例说明。

语文拓展课程内容三级四体系

内容 \ 年级	低年级	中年级	高年级
知识积累型	常用词语、浅显成语、儿歌、古诗归类积累	名言警句和诗文归类积累	诗文和中国特色语言（成语、谚语、歇后语、对联等）积累
专题实践型	语文课本上的综合实践内容、语文阅读课的问题和现实问题的融合探究。		
口头表达型	口语交际和讲故事	讲故事和2分钟演讲	演讲和辩论
书籍阅读型	读好给班级配备的图书，共读展示，家长讲坛，名家讲坛，走进图书馆（每个年级段有规定性阅读和选择性阅读）。		

各年级语文拓展课程

年级	口语交际		绘本阅读		专题积累		综合实践		阅读交流	
	上学期	下学期	上学期	下学期	上学期	下学期	上学期	下学期	上学期	下学期
一年级	比尾巴	我爱吃的水果	小猪唏哩呼噜	365夜故事	/	/	/	/	/	/
	介绍自己	小兔运南瓜	花婆婆	窗边的小豆豆	/	/	/	/	/	/
二年级	我喜欢的一本书	看图讲故事：猴子坐船	我的爸爸叫焦尼	逃家小兔	20个植物成语	40个描写四季的词语	/	/	/	/
	营救小兔	讲自己喜欢的童话故事	丁丁历险记	小狐狸买手套	20个动物成语	关于四季的古诗	/	/	/	/
三年级	夸夸家乡好景色	智慧用在哪？	/	/	叠词	春天的脚步——诗词	生活中的错别字	走进船的世界	安徒生的丑小鸭	我喜欢的一本好书
	说说春节习俗今何在	森林的过去、现在与未来	/	/	诗情画意——写景古诗	奇妙的动物世界——成语积累	春节的习俗	独特的特产	走近冰心	我喜欢的一本好书

续表

年级	口语交际		绘本阅读		专题积累		综合实践		阅读交流	
	上学期	下学期	上学期	下学期	上学期	下学期	上学期	下学期	上学期	下学期
四年级	介绍少数民族的习俗	介绍一个游戏的规则	/	/	吟咏月亮的古代诗句	描写花、水的诗文	走进桥的世界	奇妙的石头	三十六计	音乐逸事——作曲家和演奏家的精彩故事
	说说我们的收获	金钱与快乐的关系	/	/	/	描写时间、景物的语言	翠微地区实访	北京有趣的地名故事	我喜欢的一本好书	我喜欢的一本好书
五年级	陌生人求助,帮与不帮	家长不让玩游戏的对与错	/	/	"马"的成语、名言	感悟龙文化	走进水的世界	××的工作访谈调研	小报制作和交流	我喜欢的一本好书
	/	沟通没有解不开的结	/	/	寓言故事	表达爱国情怀的宋词	北京水资源	我们去旅行	林海英作品阅读	聊斋的对比阅读
六年级	课本剧表演《丑公主》	辩论:生命的脆弱和强大	/	/	梅花名言名篇积累赏析	中国历史遗迹探索	关于"责任"的社会调研	毕业典礼设计展示	阅读小报制作和交流	阅读小报制作和交流
	辩论:读万卷书,行万里路,谁更好?	在学校的最后一天	/	/	竹名言名篇积累赏析	端午节话题	奥林匹克运动	毕业纪念册设计展示	我喜欢的一本好书	名人传记阅读分享

在课程实施中,注重多方式、多学科的整合,促进学生查阅资料、调查研究、同伴合作等综合能力的提升;注重口语交际的规范和灵活,在具体情境中培养学生待人的礼节、语言表达和思维;通过经典阅读丰富学生的人生经历,激发美好的情感,提升其社会认知。

（2）特色选修课程

①丰富多样的选修课程。

课程主旨："助力于学生兴趣爱好的培养与发展"是翠微小学选修课程一以贯之的理念。通过提供丰富的、可选择的课程，应对学生的差异，提供个性发展的空间。

学校共设置了人文社会、自然科学、身心健康、艺术审美四大领域共计39门特色选修课程。

翠微小学特色选修课程

领域	课程名称	授课教师
人文社会	小小历史通	学校教师
	诵读与演讲	学校教师
	阅读	学校教师
	歌词创编	学校教师
	绢花与十字绣	家长资源
	英语阅读	学校教师
	英语自然拼读	家长资源
自然科学	国防兵器	家长资源
	快乐创意	社会资源
	模型（初级）	学校教师
	模型（中级）	学校教师
	科学实验	社会资源
	单片机	社会资源
	乐高（初级）	社会资源
	乐高（中级）	社会资源
	智力游戏	学校教师
	思维1	学校教师
	思维3	学校教师
	创意制作	学校教师

续表

领域	课程名称	授课教师
艺术审美	儿童画	学校教师
	纸艺制作	家长资源
	小小国画家	学校教师
	软雕（2个班）	社会资源
	小小摄影师	学校教师
	硬笔书法	学校教师
	软笔书法（2个班）	学校教师
	美图秀秀	学校教师
	童声合唱	学校教师
身心健康	田径	学校教师
	围棋（2个班）	社会资源
	象棋（2个班）	社会资源
	趣味团康游戏（2个班）	学校教师
	篮球	学校教师

　　在课程管理方面，学校开发了"翠微小学选修课程网上报名系统"，一次性解决了报名、日常管理、学生评价、资源再开发再利用等问题，优化了特色课程管理流程，在家长、教师、学生之间实现了资源的公开和分享。

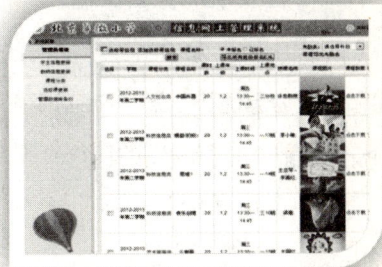

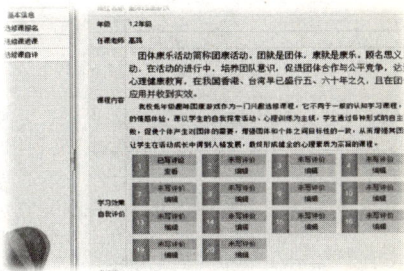

翠微小学选修课网上报名系统

　　在课程评价方面，学校研发了学生的课程护照，每节课后让学生进行课堂评价，期末由教师和学生共同进行评价，为下学期课程的开展奠定基础。

翠微小学学生选修课课程护照

　　总之，拓展类课程在强调学科体系建设的基础上，强调活动与实践，强调多维目标的融合，最终实现设计上的人本与精细、执行上的明德与笃行、效果上的情趣与价值。

②个性发展的社团课程

课程主旨：大力培养学生的团队精神和自我教育能力，发挥社团的实践性和创造力等优势。通过持续训练，培养学生专注严谨的专业态度、技艺娴熟的专业技能、言行文明的德行素养，帮助学生成为"知行合一"的健康个体。

社团课程结构如下：

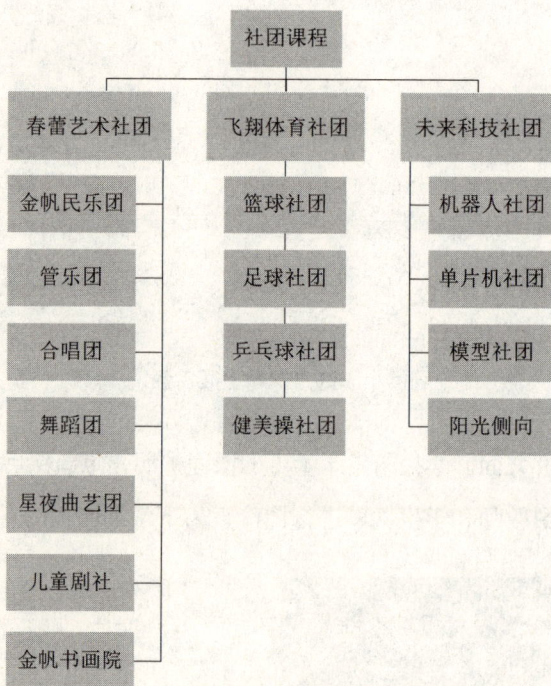

社团课程结构

几年来学校的各个社团捷报频传：合唱团在 2013 年西班牙国际青少年合唱比赛中获得金奖；管乐团在 2012 年北京国际管乐节上获得小学组金奖，在北京市第十六届学生艺术节上荣获器乐合奏展演一等奖；金帆民乐团在北京市第十六届学生艺术节上荣获金帆团组展演一等奖；健美操社团在 2014 年全国全民健身舞大赛总决赛中获得四项第一名；篮球社团在 2012 年北京市中小学生篮球联赛中荣获小学女子组第四名、小学男子组第一名，在耐克

2013年北京市体育传统项目学校篮球比赛中获小学男子组冠军；未来科技社团在第十六届国际机器人奥林匹克中国区竞赛中表现突出，获得小学组团体总分二等奖，在2013年北京市学生机器人智能大赛中获小学组一等奖。

3. 实践类综合课程：重实践，长才干，促创新

总体目标：融合多维目标，进行综合实践，注重经历体验，建立学校、家庭、社会三位一体的教育模式。

具体目标：在实践过程中，注重让学生自己去探索、去实践、去总结、去反思，引导学生从小"读万卷书，行万里路，历万端事"，锻炼学生的自制能力、策划能力、思考能力、交流能力、社交能力、研究能力、自我管理能力，让学生获得最真实的成长。

我们具体围绕以下几个方面深入开展学习实践活动，培养学生的综合实践能力。

（1）基于项目的学习

基于项目的学习是把项目及项目管理的理念应用于教学中。从现实社会或实际生活中的问题出发，让学生扮演特定的社会角色，通过调查、观察、探究、交流、展示、分享等方式，运用学科的基本概念和原理，并借助多种资源，在一定的时间内解决一系列相互关联的问题。

以"桥"项目学习为例，2014年1月，翠微小学发起并承办了第二届小学课改联盟国际会议，开展以"桥"为载体的"全球教育共同体"的项目学习，即围绕复杂的、来自真实情境的主题，在精心设计任务、活动的基础上，进行较长时期的开放性探究，探索基于项目的学习方式，建构具有知识意义和提高学生能力的教学模式。

项目学习课程的结构体系

时间	课程目标	课程内容	实施方式	评价方式
1月（寒假前）1课时	确定研究内容	发布研究项目，下发研究任务书和家长信	班主任解读并指导	回执中家长的支持度

续表

时间	课程目标	课程内容	实施方式	评价方式
1—2月（寒假中）课时不限	促进家庭融合，拓宽学习空间，增加研究实践	各学习共同体进行初步研究	学习共同体根据自己设计的研究计划开展项目学习	不同年级有不同的完成指标，如涉及几个学科等量化指标
3月 4课时	实时关注研究进展，督促进一步研究	各校区、各年级收集学生阶段性研究成果	筹划展览、组织观看活动	学生互评
4—5月 4—10课时	开展学科实践	各学科讲授相关学习内容或开展相关学习活动	学科教师组织教学活动	教师评价 学生互评
6月 3—4课时	梳理、展示项目学习成果	开展相应学生竞赛和活动	各校区组织	教师评价 学生自评 家长评价 学生互评

项目学习层级指标（以"桥"项目学习为例）

层级	主要任务	次要任务	呈现方式
第一层级：发现桥	每人都要走近一座桥，用自己的方式定位这座桥，并且上传地理位置及相关资料至交流平台。发现桥的方法如下： ●有效地址（国家、省份、城市或乡村、街道/道路/公园加一句描述位置的简洁语句。 ●GPS定位：通过移动终端定位桥。 ●原点定位：此方法又叫坐标原点定位或零公里标识定位。学生登录网站，在电子地图上定位并进行标记。	用自己的方式描述这座桥：说出、写出桥的名字；描述这座桥的造型、桥的作用；对桥进行简单的测量；能建立一种学生与家长的沟通之桥。（可以融合学生的语文、数学、科学、美术等多学科知识进行）	1.用文字、截图、坐标等方式呈现桥的地理位置。 2.学生练习书写桥名（中英文）。 3.从不同角度拍摄的桥的照片。 4.学生表现桥的图画。 5.记录活动进行过程的照片、录音、视频等。 6.完成一份本次活动的收获（文章配图片）。

层级	主要任务	次要任务	呈现方式
第二层级：拥有桥	每人都要走近一座桥，能够从多角度感受桥（听、说、读、写、看、做），把自己的所看、所做、所想上传交流平台。	了解桥的规划、设计、施工、维护、寿命等相关专业知识；查找相关文献，探索桥的历史和文化蕴意；听桥的自然声音（如桥下水流声音等）、功能声音（车流、人流的声音等）、特殊时间（节日等）的声音、其他声音（叫卖声、晨练声等）；能够讲述桥的故事；深入细致地描述桥的造型与功能；用生活中的材料制作相似结构的桥；能建立生生之间、师生之间的桥。	1. 展示桥的小档案（名字、建造年代、种类、功能、文化等）。 2. 开一个主题班会，实现多学科融合。
第三层级：完善桥	发现一座桥，了解桥，分析桥，完善桥，提出改进思路。	完成调查报告，多角度调查这座桥（通行量、承重等），与学习共同体的其他成员进行分享；根据调查情况，发现这座桥的不合理之处，并阐述改进意见使之更加完善；在活动中感受人与社会之间的和谐。	1. 统计记录单。 2. 调查报告。 3. 建议信。
第四层级：创建桥	以某一座桥为原型，设计并制作一座桥（桥的结构不限，原材料限重0.5千克，跨度40厘米）。	在学习共同体中讨论和辩论，完善自己的桥，并能进行展示和阐释，提交作品，参加桥梁承重竞赛。	1. 桥制作过程与承重试验的视频和作品。 2. 就自制桥做产品发布。 3. 联合其他共同体，创编并表演有关桥的短剧。

项目学习研究过程及成果展示如下。

发现桥：走近一座桥，科学定位。

轻轻地我走近你，在我最美的花季。　　　　　　我们走过、触过、丈量过，桥上有我们相依的印记！

"发现桥"部分成果展示

拥有桥：融合各学科知识，从个人的独特体验中具体研究桥，获得知识或情感体验。

一决高下　　　　　　　　　　　　"你"的故事，我来讲！

"拥有桥"活动掠影

完善桥：利用寒假进行实地调研，聚焦探究点，确立具有个人特色的研究方向。

听我来介绍

"完善桥"部分成果展示

创建桥：运用多学科的知识，制作桥的模型，描绘心目中的桥。

快来看着我们做的桥！

琳琅满目的作品

"创建桥"部分成果展示

项目学习整合了学科教学，将学生的生活世界与认知需求联系起来，增加了学习的广度，打破了学习的围墙，达成学科之间的融通，开阔了思维，帮助每一个学生成为明德笃行的阳光少年。

(2)"花开在我心"种植课程——将品行教育融入其中

依据东校区的特点，我们开发并实施了"花开在我心"种植课程。这个课程旨在让学生接近自然，探寻一条"学生健康自我"视角下德育特色活动课程实践模式，我们以翠微小学东校区为实践基地，尝试建立了以"花开在我心"为纽带的成长绿园主题活动模式。我们设立了记录事迹行为的笃行卡和记录成绩的美德卡，让学生以行为"小事"（笃行卡）来购买花的种植养护权；量身设计符合班风建设要求的班花和花语；进行活动主题歌的征选活动和主题征文活动；开展"心花杯"选美大赛和"因为爱"义卖竞拍活动。一系列主题活动因为具有浓郁的游戏性和趣味性，吸引了孩子们热情参与，也因为具有朴实的教育追求，使孩子们在欣赏美丽、感受幸福的过程中逐渐地"心花开放"。

一系列活动都在发挥各个层面的教育力量。我们精心选择符合各年龄段学生身心特点的成长道路。活动贴近学生，情趣与价值共生，参与和体验并进，富有系列和层次，学生喜欢，家长支持。从活动课程的维度将"花开在我心"的绿园建设课程化、常规化，无疑为整个学校的教育实践研究工作开拓了新的路径和视角。

"花开在我心"课程实施计划

单元模块		课程内容	课题	课时
第一单元（3月份）	启动期	活动启动动员（与班队会整合）	"花开在我心"成长绿园启动	2课时
		活动前期知识准备（与科学学科整合）	种子的认识	1课时
		活动前期知识准备（与科学学科整合）	土壤的认识	1课时
		活动前期知识准备（与科学学科整合）	植物与光合作用	2课时

续表

单元模块		课程内容	课题	课时
第二单元 （4月份）	实践期	班级制订活动方案（与班队会和思品整合）	制订具体实施方案，明确了实施目的、要求、做法以及成果展示形式等	2课时
		田间管理（与综合学科整合）	花的研究（花的语言）	2课时
		田间管理（与综合学科整合）	浇水的学问	2课时
		田间管理（与综合学科整合）	平整土地、动动小手来松土	2课时
第三单元 （5月份）	拓展期	"花开在我心"之家教快餐（与家庭教育融合）	为家长提供家教指导，以一事一议的方式传达正确的家教策略	2课时
		社会大课堂（与综合学科和班队会整合）	参观香山植物园	4课时
		美丽的花（与美术学科整合）	娇艳的花——低年级画儿童画，中年级画国画	2课时
		希望的种子（与音乐学科整合）	活动主题歌《希望的种子》	2课时
		田间维护（与综合学科整合）	我们爱除草	2课时
第四单元 （6月份）	收获期	以德育花，以花促德（与班队会和思品整合）	设计了以积极向上的花语为要点的班花	2课时
		因为爱（与音乐学科整合）	义卖主题歌《因为爱》	2课时
		"花开在我心"主题征文（与语文学科整合）	记述在种植活动中自己的故事、他人的故事、班级的故事、校园里的故事、校园外的故事，或叙写见闻，或畅谈收获，或抒发感慨，在真实的故事中记录自己的心路历程	2课时
		"心花杯"评选活动（与班队会整合）	"花开在我心"种植成果和教育成果展示	2课时

续表

单元模块		课程内容	课题	课时
第五单元（10月份）	义卖活动	"花开在我心"义卖活动（与学生活动整合）	以爱人之心去种花，以助人之心去义卖，培养孩子们"我为人人"的拳拳之心	4课时

总之，在对基础类、拓展类、综合实践类课程进行设计、实施和管理的过程中，我们特别强调调研与理论学习、实验与数据分析，同时鼓励教师参与课程改革，使全校师生人人参与课程建设。

（二）确立合理的推进策略

1. 架构研发团队

学校成立课程核心组，由许培军校长担任组长，孟桂民校长担任执行组长，各年级组长、教研组长及各学科骨干教师参与。课程核心组的主要职能是对学校的课程建设进行研发和管理。

2. 实施流程

（1）课程论证阶段

每学年课程核心组根据本学年学生的特点及上学年课程开展的情况，对部分课程进行调整。考核已有课程的课程纲要实施情况，对新申请课程的课程纲要进行考核，出台本学年课程介绍指南和课程纲要。

（2）学生选课阶段

每学年初，翠微小学选修课程管理系统会公布本学年选修课程的课程纲要、课程指南，详细介绍课程的目标、内容、评价方式、授课班额、授课地点和执教教师等相关信息。学生根据自己的兴趣爱好，与家长商讨选择课程，点击报名，完成选课。

（3）课程教学阶段

各类课程教师根据本课程的教学进度安排进行教学实践活动。教学干部通过巡视、听课进行检查，通过问卷调查和访谈了解学生意见，以各级各类教学展示活动、研讨课、观摩课、接待课等为引领，确保各课程高质量地实施。

（4）课程评价阶段

国家基础课程依据课标进行评价，校本课程需要制定评价指标体系，以课程设置、管理、实施、资源、教师、学生作为诊断评价对象，并通过成果梳理进行评价。

①基于课程内容的评价。

一是指教师对课程的评价。教师是课程设计与实施的主体，鼓励教师在自评的基础上，诊断、发现课程设置与实施中的不足并及时调整，使学校课程日臻完善。

二是课程专家、家长、学生对课程的评价。通过系统地收集有关信息，对学校课程设置给学生自主发展带来的变化及构成其变化的多种因素做出判断，为学校的科学决策提供依据。

三是按课程领域进行评价。每个领域的课程包括国家课程、地方课程、校本必修课程、校本选修课程。国家课程按课标进行评价，校本课程按制定的评价指标体系进行评价。

②基于师生成长的评价。

课程评价的重点是学生，促使学生成长的关键因素是教师。学生的质量和教师的课堂教学成效是衡量学校课程设置水平和学校办学水平高低的标准。

第一，学生评价。

建立学生课程学习自我发展评价体系，促进学生自主选择、自主参与、自我发现、自我期待、自我反思、自我调整，促进学生健康自我的发展。建立定量（评价标准）与定性（活动观察）相结合、静态（作品作业）与动态（活动展示）相统一、互评与自评相结合的有利于学生自主发展的评价体系。出台学生"课程护照"，包括课程学习内容评价和课程学

习效果评价两方面。评价采用评价印章的形式，简单易行。

第二，教师评价。

评价分个体评价、团队评价两种路径。个体评价针对某一课程、某位教师，把丰富课程优质资源作为重要参照；团队评价针对某一领域、某一部门，把建构领域课程体系作为重要参照。无论是个体评价还是团队评价，最终都指向学生健康自我的发展。

这两种方式都要靠学生、家长、同事、领导、职能部门等相结合，展开立体化、网络化的评价。学校努力让评价不仅成为对课程实施效果的监测，更成为学校未来发展的导向，以及重大决策论证与实施的依据。

在学校的课程整体架构和课程的实施中，我们打通了国家、地方、校本三级课程，形成了符合我校办学理念及发展需求的课程架构，使课程改革促进了全体教师的课程意识，让教师的研究视野从单一关注课堂教学逐步发展到将课程和课堂相结合来思考学科教学。教师的教育教学观念得到了进一步更新，呈现出了浓厚的研究氛围和团队意识。同时，随着课程改革的深入，也促使我们不断思考以下问题。

其一，关于"加"和"减"。

我们在所采取的措施中用了一些"加法"，通过选修课程、社会大课堂、早阅读（晨读）对课程体系进行了丰富，但是不是"补"得合适，还需要去评估。

我们不仅做"加法"，也做"减法"。我们研究课堂效能，压缩教学时间，一些课程上课时间减少了四分之一；我们整合了部分知识点，使课堂教学更加精练，并且保证教学效果不受影响。这些"减法"降低了师生的生命成本，为绿色教育做出了贡献。同时，我们还积极寻找新的突破点，努力做出"连减法"来。

其二，关于"给"和"要"。

我们"给"了学生许多新的东西，从社会大课堂、选修课程、早阅读

（晨读）到联合大课等，确实丰富了学生的生活。但我们对学生的评价和反馈还没有提上日程，是不是也应该向学生去"要"了？缺少反馈和评价的教学过程是不完整的。因此，同步研究课程实施的反馈机制，探索多样化的评价方式，成为当下我们必须解决的课题。

课程改革是一件有利于改善教育教学、有利于学生发展的大事，需要我们认真地去做。它需要我们有积极、乐观、向上的态度和审慎、客观、反思的品格，不断学习、不断反思、不断完善，最终服务于学生，帮助学生真正成为明德笃行、自觉自为的阳光少年。

第五章

翠·微课堂的打造

一个孩子在学校的生活大部分是在课堂上度过的，课堂生活的质量几乎决定着孩子在学校的生活质量，也在一定程度上影响孩子的未来。我们应该给孩子怎样的课堂？显然不应该是单方面的，它应该是全方位的，身体的、心理的、知识的、能力的、现在和未来的，都应该包含进去，让孩子有美好的生活和幸福的未来。

翠微小学确定"培养明德笃行、自觉自为的阳光少年"这一培养目标和课程架构之后，紧接着的主要工作就是提高课堂教学质量，打造高品质课堂。结合学校"明德至翠，笃行于微"中所提倡的人本和精细，我们提出了绿色课堂的教学理念。绿色课堂教学是以人为本、观照细节的教学，即关注人性、突出发展、充满活力、着眼整体、细节入手、注重联系。

一、翠·微课堂为什么是绿色课堂

有人说"绿色"这个概念早就不新鲜了，但我们想说，这个看起来过时的理念，可以在解读的过程中不断丰富和完善。它应该有继承和发展的脉络，这个脉络就是由"适度"到"个性"，再到"健康自我"。

我们希望绿色课堂是氛围和谐的课堂。教师与学生、学生与学生平等相处，充满尊重，积极投入，深层互助。教师是学生的重要同伴，始终在学生的身边，关注学生的体验，俯下身子和学生进行心灵的沟通，教学相长；教师更是敏锐的发现者，发现学生的闪光点，发现学生的问题，发现其中的价值，以此为起点和学生一起探究。学生不用恐惧自己的答案是否和别人不同，诚恳地说出自己的问题、自己的想法，不用迎合你的或他的意图，诚恳地回应别人的想法，充满人意、人情、人道，课堂如家园般美好。

我们希望绿色课堂是充满生长的课堂。尊重生长的规律，实实在在地从人的发展考虑。从了解学生真实的学情出发，通过一切办法，发现、捕捉、分析、判断，找到学生新的生长点，创新一切办法，切中要害，引领学生不断攀登。让每一位学生在课堂学习中有知识与能力、过程与方法、情感态度与价值观等不同方面的收获，学科素养得到提升。让学生的思考由无序走向讲求方法，知识积累由零碎走向结构化，习惯培养由随意走向持续，学生认知由混沌走向明晰。

我们希望绿色课堂是对接生活的课堂。生活是学生学习的基础和知识运用的平台，生活有多宽广，课堂就有多大。学生关注的话题、社会热点问题、自己遭遇的问题能够在课堂中聚焦，学生视野开放，体验真切，为走出困境、解决问题而学。文本学习与生活学习融为一体，直接经验与间接经验相得益彰，充满清新和灵动，重视实践和创新，充分体现学习的实际价值。

总之，在这样的气场中，师生或悠闲沉静地停留，或奋力搏击地前行，或闲庭信步地漫游，就这样以不同的节奏、不同的方式、不同的状态，由此岸到彼岸，充分展现教师的人生理解、教育理念、教学经验、专业知识积累，充分展现学生长久的能力培养、习惯养成、学科积累、思维水平提升，在依赖和放手、信任与独立、永恒与变化、对立冲突和顺应认同中寻求一种新的价值、新的情趣，获得专业成长的喜悦，获得真实生命的喜悦。

这个教学理念的提出，一是依据教育发展的内在规律。《国家中长期教育改革和发展规划纲要（2010—2020 年）》中强调："要以学生为主体，以教师为主导，充分发挥学生的主动性，把促进学生健康成长作为学校一切工作的出发点和落脚点。关心每个学生，促进每个学生主动地、生动活泼地发展，尊重教育规律和学生身心发展规律，为每个学生提供适合的教育。努力培养造就数以亿计的高素质劳动者、数以千万计的专门人才和一大批拔尖创新人才。"绿色课堂理念的发展脉络"适度—个性—健康自我"，以及其提倡的"氛围和谐"、"尊重规律"、"对接生活"都是符合这一要求的。

二是针对翠微小学课堂教学普遍存在的问题。我们前期对翠微小学的课堂进行了广泛调研，发现：教师很强势，以教为中心，教学任务完成放在第一位，学习节奏完全由教师来定；能力强的学生很强势，他们包揽课堂的发言，以他们学会为课堂效果的标志，从整体状态看，学生不够自信、缺乏勇气、害怕犯错、不敢尝试；师生之间、生生之间平等和民主的

意识不够，缺乏必要的尊重；课堂沉闷有余，活力不足。

三是根据学校"明德至翠，笃行于微"的核心理念。我们认为，任何理念层面的东西都要落在现实的土壤里，只有在实践层面反映出的理念才是真正的理念，于是在教学层面，随着时间的推移，我们的研究从"适度"到"个性"再到"健康自我"，都提出了理念层面的阐述和实践层面的策略方法。这样，我们的绿色课堂与学校办学理念"明德至翠，笃行于微"一脉相承，与育人目标"培养明德笃行、自觉自为的阳光少年"一气贯通，并与具体的课程目标无缝对接，将宏观的育人目标落实在现实微观的课堂教学中。现在，让我们循着学校绿色课堂的发展脉络，看翠微小学课堂教学的步步提升。

二、绿色课堂中的"适度"

（一）"不适度"现象的存在

绿色课堂理念中"适度"原则的提出，缘于教育中存在"不适度"的现象，表现如下。

第一，年段特点不凸显。每个年段学生的学习习惯、思维习惯、能力培养缺乏定位。低年级要求过高，结果既达不到要求，基础又没有打实，到了高年级又回头弥补，做着低年级的事情，高年级应有的要求没有办法落实，形成一种恶性循环。

第二，课时目标不聚焦。每一节课教学任务比较多、比较散，没有指向核心目标，比较宽泛，似是而非。究其原因，一是对教材的态度上，教师带着全体学生"跪拜"在教材面前，解读教材，注重理解，地毯式覆盖；二是对学情的把握上，不知道学生的起点在哪儿，目标在哪儿，学生的问题和兴趣在哪儿，这直接影响了后面教学环节的有效设计。

第三，教学资源不适度。课堂或者成为教材的全解，从宏观到中观再到微观，哪一处都要涉及；或者引用大量课外资料，教学成了听讲座，对教材置之不理。教学内容支离破碎，很少考虑教学资源的选择和整合是为了教学核心目标的落实。

第四，学生活动不到位。学生或者成为听众，听教师或者高明的同伴侃侃而谈，被动接受，没有机会提出问题，缺少主动参与，没有自我发展的意识；或者走形式、无目的地参与，浅层次参与，真切的体验不足，个体的感悟不够，经常身在课堂，心却游离于课堂之外，处于无意识状态。

第五，效果评价不及时。如果说教学目标是"到哪里去"，教学资源选择和学生活动设计是"怎么去"，那么效果评价就是"到了没有"。因此，效果评价是衡量课堂教学质量至关重要的环节，但也是最容易被忽略的环节，因为我们总是想当然地认为"我教了学生自然就应该会"，殊不知实际情况是，我们教了，却有诸多学生不会。

通过对这些问题的分析，最终我们将研究聚焦在了"课堂教学目标的适度"上，因为能否适度把握课程的阶段性目标，集中体现在课堂教学目标的设定上。课堂教学目标明确、聚焦，教学资源的选择、学生活动的设计、反馈评价就能够比较好地围绕目标，不容易产生大的偏离。为了彻底解决这个问题，我们提出五个适度：目标适度，资源适度，活动适度，练习适度，评价适度。

（二）何谓"适度"

绿色课程以"适度"为核心，强调尊重学生成长的规律，尊重学习的规律，公平与和谐相融，情趣与价值共生。

首先是教学氛围和谐。课堂是师生生命活动的地方，看起来是一个学习的场所，其实更是一个沟通交流的场所。师生之间，生生之间，读者、作者和编者之间，需要进行心灵的对话。这种对话基于平等和尊重。

其次是教学元素适度。几个适度之间包含内在的联系：目标适度是基础，它是根据教材教学的价值与学生能力发展要求来确定的；资源适度是材料，更多侧重于教学内容层面的选择和整合；活动适度是载体，将教学

内容的学习转变为学生的参与性活动；练习适度是运用，可以发现学生学习的亮点和不足，给予有效指导；评价适度是效果，通过评价要点的方式来衡量学生课堂学习的效果。

每一个适度都从理性思考、策略方法两个方面考虑。如果说理性思考是"明德"，那么策略方法就是"笃行"，是育人目标在课堂文化中的具体体现。具体解读可从以下表格中一目了然。

"明德笃行"的绿色课堂评价要素

绿色课堂教学原则：适度——公平、和谐、情趣、价值			
研究要素	要素说明		注意点
	明德	笃行	
氛围和谐	1. 关爱所有学生； 2. 公平对待学生； 3. 理解、信任学生； 4. 师生、生生彼此尊重、友好。	1. 给每个学生相应的机会和帮助； 2. 学生主动投入，没有言行伤害； 3. 给每个学生合适的评价和关心； 4. 师生写字、读书、交流等言行规范，有精气神，大方自信。	言行的分寸感 态势的自然感 心理的安全感 精神的投入度
目标适度	1. 在目标设计中为所有学生的最大发展负责； 2. 在目标设计中尊重学生的个性差异； 3. 在目标设计中追求专业水平的精进。	1. 教学目标要处于学生"最近发展区"； 2. 根据学生差异，制定弹性教育目标； 3. 教学目标的制定要反映教材特点和学生学情，体现课标精神； 4. 教学目标蕴含于各教学环节中，并体现于多层次、多方式的课堂反馈中。	基础性 发展性 个性化
资源适度	1. 在资源选择中为所有学生的最大可持续发展负责； 2. 追求教材研读和新资源引入上的持续精进； 3. 在资源选择中追求精细化。	1. 深入研读教材，充分挖掘教材资源，对教材有深刻见解，并能恰当取舍； 2. 教学资源可供各层次学生参与学习，适量、适度、适机地拓展学习空间； 3. 对各方输出的信息加以梳理、归纳、综合，提升各层次学生的认知水平； 4. 学生能够根据要求选择资源、分享资源，有取舍资源的意识和能力。	筛选，达到价值最大化（基础与发展） 设计，达到运用最大化（全面与全体）

研究要素	绿色课堂教学原则：适度——公平、和谐、情趣、价值		注意点
	要素说明		
	明德	笃行	
活动适度	1. 为通过活动获得的学生发展负责； 2. 关心所有学生的活动体验和收获； 3. 追求课堂活动设计的精进与精细化。	1. 创设恰当的教学情境，引导学生互动交往，调动每位学生积极参与学习； 2. 关注学生的需求状态，重视活动的过程和体验，使各类学生主动、愉快、深入地沉浸于学科活动中； 3. 在活动中把握时机积极引导，注意探究知识形成的规律，获得学习的方法； 4. 独立思考、操作练习与交往互动有机交错和融合。	面向全体 积极参与 深度思维 有效实践
评价适度	1. 在以评价引领学生可持续发展上追求精进并为其负责； 2. 公正评价每位学生； 3. 关心所有学生的被评价体验； 4. 宽容学生的细微错失。	1. 关注学生的大部分，注意他们的学习共性，努力提升整体学习水平； 2. 关注有特殊需要的学生，与个性学习有机结合，促进学生有效、愉快地学习； 3. 根据学科知识掌握和能力培养的要求，帮助学生掌握一定的方法，引发学生深入学习； 4. 多方评价，多元评价，促进学生发展。	结合学科目标 结合具体学生 有层次性和针对性 促进发现与发展
练习适度	1. 为所有学生通过练习获得的可持续发展负责； 2. 追求作业设计上的精细化和精进； 3. 尊重学生的正当闲暇。	1. 注意学科知识的基础性，用基础性练习验证教学目标是否达成； 2. 注意基础知识的运用与能力发展的有机结合； 3. 兼顾不同层次的学生，练习能富有针对性，处理好质与量的关系； 4. 注意练习丰富的形式与内在学科价值有机结合，注意积极的情感体验。	理解和运用有机结合 评价与发展有机结合

（三）研究的思路和策略

我们的研究从构建氛围和谐的课堂、充满生长的课堂和对接生活的课堂着手，以案例研究的方式推进，观察、分析、改进、推广。

1. 氛围和谐的课堂

课堂的和谐氛围主要依靠教师调动学生创建平等、民主的课堂文化。教师要关爱所有学生，公平对待学生，理解、信任学生，它与教师之德"博爱"相契合，要求教师给每个学生相应的机会和帮助，给每个学生合适的评价和关心，学生之间彼此尊重，没有言行伤害。

我们通过课堂观察量表和学生调研，引导教师进行自我分析。很多教师看到观察量表和学生调研数据，惊异于自己的行为：觉得自己关注了所有学生，但实际上只有某几位学生占主角，一节课能 3 到 4 次回答问题，而有的同学高高举手，自己却熟视无睹，不予理睬。有的教师只注意讲台右半边或中间的学生，而左半边和后边的学生被忽略。有时候教师只顾赶进程，草率地打断学生的回答。

下面是北师大专家余清臣博士针对我们的一次课堂教学进行观察所做的数据分析。

本节课共有 59 次师生个体对话。其中，48 次学生发起的对话活动没有得到教师明确的回应，11 次得到教师正面或负面的回应；共有 28 位学生参与师生个体对话（班级共 39 人）；1 位学生参与 6 次，3 位学生参与 5 次，1 位学生参与 4 次，3 位学生参与 3 次，以上 8 位学生共参与了 34 次。本节课教师的巡回多集中于讲台区域，少数集中于中间右侧通道（从学生角度看），较少在中间左侧通道走动。

本节课中教师比较强调课堂语言的过渡或课堂活动的流畅，因此，在师生个体对话中教师对学生的回答没有刻意地给予回应，这种做法在保证课堂活动流畅的同时，有"牵制"课堂的感觉，也缺乏翠微小学的"明德"特征。在巡回路线上，教师比较集中于讲台，这种做法容易显示出教师的突出位置，也展示出教师对学生的自然心理倾向。

建议师生个体对话的主题设计要留有灵活的空间，难度不易过大，这样，大部分学生都可以参与，不至于只有个别学生才能参与，学生的参与更民主，教师也更容易给予学生以"明德"的回应。

对教师巡回路线的调整建议是：有意识地去克服人的自然倾向，去关注平时不易关注的学生，彰显翠·微课堂的"明德"。

让我吃惊的观察量表

何桂兰

今天，北师大的博士带着几名研究生进入我的课堂听课，还带着一张观察量表。说实话，我根本不紧张，因为我站在讲台上已经20多年了，经验比较丰富，而且我很自信，在课堂上，对学生的关注和调动一直是我的长项，课堂上的和谐氛围经常能够激发我的教学激情，学生常常给我力量，给我智慧，让我产生新的思考，进行新的调整。

这节课我讲的是《金色的鱼钩》第二课时，课进行得很顺畅，我和学生之间的呼应也很好：提到老班长是一个什么样的人，学生能迅速找到人物语言、动作、神态描写的细节去体会；说到一个生锈的鱼钩为什么说是金色的，学生能自然联想到人物的品质；讲到文章主人翁是老班长，为什么有很多笔墨来描写"我"的心理，学生能够联系我们学过的写作方法，回答是侧面描写，衬托主人翁的品质。有读书、有品味，最后将全文描写老班长的4个片段连在一起，音乐、画面和我的旁白融合，将课文学习推向高潮。

下课了，我心里很美，觉得这是一节成功的课，我注意将人文性和工具性融为一体，对多样化的读，我设计得比较丰富，学生状态也比较好，读得好，说得好，没有冷场，而且通过最后的多媒体课件，文章表达的感情学生都能够读出来，给我一种酣畅淋漓的感觉。

课后我们坐下来，博士和研究生，还有我的同事聚在一起评课，溢美之词都在我意料之中，诸如教材理解深刻、问题设计好、品读与理解融为一体等。我客气地说："你们提提建议吧。"博士没有说什么，拿出了他画的观察量表。我惊奇地发现，首先讲台前的巡回路线成了一大块黑色的板块，其次是讲台右侧的黑块，可能因为总是在操作右侧的电脑，再次是指向学生的语言流动，竟然指向一位学生达6次，还有5次、4次的，很多

学生，我没有呼应他们，最后看"O"、"×"、"—"这些符号有不少。观察量表在研究小组成员的手里传递着，我心里不是滋味。

博士笑着说："课堂是灵动的，观察量表不能像裁判官、像语文教学专家一样判定你课的好与坏，但是至少能说明我们需要改进的是什么。"我自然先做反思，对照绿色课堂研究框架中"氛围和谐"的几条要求，别说是"给每个学生相应的机会和帮助；给每个学生合适的评价和关心"了，对一半以上的学生，我都缺少关注。

博士诚恳地说："教学任务进行得顺畅，师生间有呼应，该解决的问题都解决了，该理解的学生能回答上来，以读代讲，品读理解相结合，人文性、工具性又很好地融合，课堂上氛围和谐是否就自然到位了？绝不是，真正的和谐是课堂上对每一个人的关注，有关注，才会有提升、有发展。我们将自己的关注都给了课堂上的积极分子，沉默的大多数该怎么办？是否能在参与形式上变一变？老师走下讲台，有意识地关注每组里的个别学生，在每个学生都必须掌握的基础知识的学习环节上，有面向全体的反馈……课堂教学不仅仅是知识的教学，更应该是每一个学生能力获得提升的教学，至少每一个学生应获得关注，这样，你的课堂就能成为巨大的磁场，深深吸引住学生，不至于讲完课，又忙给落后的学生没完没了地补课，降低师生的生命质量。"

老师们也开诚布公地提出了一些解决办法：教学目标设计上，根据学生差异，制定基础性目标和发展性目标，基础性目标可以通过学生在书本上根据理解所做的批画加以监控；提供的教学资源可供各层次学生参与学习，朗读、提取单一信息等难度不大的任务可以交给能力相对较弱的学生；开展小组学习，引导学生互动交往，调动每位学生参与学习等。

我想想博士和同事的话，觉得太有道理了。虽然我有挫败感，但是我找到了自己进一步提升的空间，找到了改进课堂教学的策略方法。原来以为氛围和谐就是空话，没有什么可研究的，但其实它与绿色课堂其他要素的研究是相通的，因为其他要素研究不到位，做得不到位，自然也影响氛围的和谐。

教师语言流动和巡回路线观察量表

课题_____执教者_____观察者_____时间_____

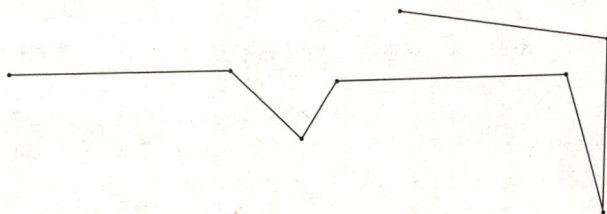

0 教师无反应 　　　　　↓ 师对生交流

× 学生无关或错误回答 　　↑ 生对师回答

? 学生主动提问 　　　　　+ 教师正面回应

= 生生交流 　　　　　　　－ 教师负面回应

巡回路线采用点连线

这样的观察、调研能避免教师跟着感觉走，有时感觉氛围挺和谐的，但

实际情况并非如此。和谐的氛围包含教师对学生的言语态度、对学生发言的敏感度，包含学生的发言，甚至包含教师在课堂走动的位置是否贴近不同区域的学生。更重要的是，它让教师明晰了自己的问题在哪里，该如何改进。

另外，尽管教师一再注意改变自己的行为，但在大班额情况下，教师很难顾及过来，特别是经验不够丰富的青年教师。因此，学生与学生之间的互动就极为重要，有时学生的评价甚至胜于教师。教师需要建立一套互动文化制度，通过观察量表对互动情况给予量化分析，规范和引领自己和学生平等、尊重的行为，努力达成班级课堂文化的和谐。以下这张表就是我们进一步研究"课堂交往"评价的重要细则。

"课堂交往"评价细则

课堂交往文化：平等尊重			
研究要素	要素说明		注意点
	学生（行为表现）	教师（策略方法）	
尊重差异	1. 能自然听取同学、老师与自己不一样的意见，平和地包容别人的想法，理解每个人都是不一样的。 2. 能欣赏别人不一样的想法和做法，并感受到它对自己的独特启示。 3. 能与不一样的同学、老师和谐相处，没有太多的纠结和人际困扰。	1. 关注学生，随时随地用心发现学生的差异，特别是他们对待一件事情不同的观点和处理方式。 2. 包容学生，无条件地接纳每位学生，设身处地地理解每位学生。 3. 因材施教，诚恳地对待学生，在保护学生自尊的前提下，能考虑学生情感和能力方面的差异，对不同学生隐性地安排不一样的任务，有不一样的要求。	用心发现理解包容因材施教
积极反馈	1. 有分寸、有针对性地回应别人，自己愉快，也能让他人快乐。 2. 看到他人的难处和问题，主动地给予适度的安慰和帮助。 3. 看到他人的长处和精彩，能给予真诚的肯定，愉快地分享他人美好的情感。	1. 创设恰当的教育情境，引导每位学生愉快地互动和交往。 2. 关注学生的需求和状态，使各类学生都能主动、愉快、深入地沉浸于班级生活中。 3. 经常使学生看到自己的具体进步及其对实现总体目标的意义，并且从中得到愉快的体验。	主动积极愉快回应氛围和谐

2.充满生长的课堂

充满生长的课堂强调的是尊重规律，教学涉及的各要素彼此协调，追求适度发展和持久发展。为了实现这样的目标，要避免逐条孤立地去研究每一个要素的"适度"，而应该从一个要素的"适度"出发，与其他要素的"适度"贯通，形成"点上突破，整体思考，全面推进"的研究思路，便于课堂整体效果的改进。实际上也是如此，课堂绝不因为某一点做得好效果就好，常常是彼此联系、进退有度、多少相间、深浅错落。

比如"练习适度"，我们首先要看练习内容和方式是与教学目标相呼应，还是偏离教学目标；其次要考虑哪些内容资源可以整合到练习中，既能激发学生练习的兴趣，又能提高学生的能力；最后还要考虑练习能不能转化成学生的参与性学习活动，反映学生学习的效果。

《墨竹图题诗》的练习设计

周金萍

在《墨竹图题诗》的教学过程中，我聚焦教学的三维目标，既结合课文内容又联系学生当下生活，既注意了理解层面又注意了运用层面，设计了多项富有挑战的练习，教学效果很明显。

1.抓重点处设计练习

在重点内容和重要方法处设计练习，既利于达成学习目标，也能检验目标的落实。如教授《墨竹图题诗》一课，我最后总结时设计了这样的作业："郑板桥的这首题画诗，其创作特点是（　　　），由（　　　）之声而联想到百姓（　　　），表达了诗人身为县官，（　　　）百姓的（　　　）。我是从（　　　）等词语中（不少于三个）体会出来的。就其中一个词（　　　），我的理解是（　　　）。"

这个练习既抓住了这首诗的主要内容和写作方法，又帮助学生通过具体字词的感悟，深入体会了诗歌的思想感情。

2. 抓过程方法设计练习

它包含三层意思：①在一道练习中展示过程和方法，显现由易到难的层次；②数道题由易到难地排列，显出层次；③面对学生不同的水平，或同时安排不同层次的内容，或分时安排渐进性内容。层次性安排的目的在于低门槛、高站位，让所有学生都能参与其中，在参与过程中不断将学生的思维引向深入，不断诱发学生挑战自我、提高能力。

如六年级上册郑板桥的《墨竹图题诗》，由对图的观察到对文的品读，再到创作，我设计了这样的练习：

四言诗	六言诗
竹枝（细）（直）	竹枝（细）（直）（挺）（拔）
竹叶（茂）（密）	竹叶（青）（翠）（欲）（滴）
风雨（侵）（袭）	（任）（其）风雨（肆）（虐）
（岿）（然）不动	高 标 特立 独 行

这对学生来说绝对很难，但通过以下的过程和方法，学生轻而易举就做出来了。第一步，仔细观察，注意特点。先观察书中整幅画画的是什么，再观察局部枝叶特点，进行交流。第二步，借用资料，学会欣赏。课本上有一段墨竹画的欣赏文字，浏览，迅速找到，找到的举手，老师巡视。请一名学生读，其他人在书上画出描写墨竹枝叶特点的词语。第三步，利用填空，写题画诗。结合刚才自己的观察和在书中画下的词语为这幅画创作一首题画诗，每人任选一首。第四步，交流，注意用词的准确和多样。

这样的层次安排不仅让学生学会从整体到部分进行观察，还能够整合课文中的好词好句，让学生恰当运用，学会遣词用句，体会墨竹的特点，同时又为后面理解郑板桥的个性品质做铺垫。可谓低门槛、高站位，深入浅出、化深为浅，让学生在这样的过程和方法中全身心投入，积极参与，从而提高能力。

3. 抓运用处设计练习

最有价值的知识是能被恰当运用的知识，否则只能放在仓库里霉烂，毫无生命力。在《墨竹图题诗》的教学中，我设计了这样的练习："'一枝一叶总关情'表述了郑板桥和山东灾民的关系，结合现在的生活，我觉得这句诗还可以恰当地运用于（　　　）和（　　　）、（　　　）和（　　　）、（　　　）和（　　　）、好朋友之间等。结合自己的所见、所闻、所感，写几句话，用上这句诗。如'今天宁静是怎么了？一早进教室就没精打采的，眼睛好像有些肿，时不时还咳嗽一两声，王老师不由自主地走近她，低声询问，还用手摸了摸她的额头……王老师就是这样细心，哪一个学生她会忽略呢？哪一个细节她会漏掉呢？可谓'一枝一叶总关情'啊'。"古为今用，学生学习、运用诗词的兴趣会被激发。

4. 多点融合设计练习

课堂教学仅有40分钟，要高效运用、提高效率，一项练习就不能只有一个单一的目的，它往往融合重难点，融合信息提取、文章理解与知识运用，只有这样，才能提高学生语文学习的综合能力。如在《墨竹图题诗》的教学中，我设计了这样的练习："动情读一读2012年感动中国十大人物颁奖词，再结合课文内容和你查阅的郑板桥资料，为郑板桥写一段颁奖词。"我采用了两种方式，能力强的自己编写，能力弱的填空：

"他曾经深深感动山东潍县的老百姓。在（　　　　）的灾患之时，在（　　　）的官职面前，在（　　　）面前，一个（　　　　）的饱学之士，一个具有（　　　　）秉性的廉洁之士，坦然地选择了（　　　）的责任，（　　　　）的善良，冒天下之大不韪，毅然选择（　　　）。虽罢官还家，一番抱负随之而去，（　　　　）了此一生，但（　　　）将不会忘记，（　　　　）将不会忘记！一个（　　　　）的名字——郑板桥。"

这样的练习包含了太多的收获，是理解与表达的有机结合、人文性与工具性的有机结合。

练习不应该是固定在完成教学任务之后的执行程序，它需要和教学过程融为一体，不分彼此，没有规定套路，没有刻板程序，没有统一模板，既可以是课前的预热启发，也可以是课中的边学边练，更可以是课后的补充强化，只要需要、贴切、自然、融合，可以出现在教学的任何环节。

练习设计未来的发展将越来越注重实际问题的解决，让学生学有价值的知识。其发展越来越突出五种变化：一是形式的变化——从直接提问走向情境化；二是内容的变化——从脱离实际走向真实生活；三是题型的变化——从原始应用走向信息构建；四是问题的变化——从单向封闭走向多维开放；五是情感的变化——从刻板冷漠走向人文关怀。

这样的练习设计既指向了教学目标，又融合了教学内容重点，既调动了全体学生参与，又能反馈学习效果，亮点加以弘扬，问题加以引导，促进了课堂教学质量的整体提升和学生学科能力的整体提高。

我们还可以从"资源适度"这一要素入手，看教学资源是否与教学目标相呼应。要考虑哪些内容资源可以整合到练习中，既能激发学生练习的兴趣，又能提高学生的能力；还要考虑静态资源能不能转化为学生动态的活动，转化为学生的参与性学习，反映学生学习的效果。以此类推，从哪一点入手做深入的研究，都要与其他要素联系起来考虑，以达到良好的课堂教学整体效果。

经过一段时间的研究，我们又发现，课堂教学效果差强人意常常是因为教学目标定位不准，教学任务不太适度：或是多，师生像赶场一样，来不及探究，过程简单，缺少方法，以完成教学任务为目的；或是少，简单问题复杂化，很容易的内容来回反复，学生兴趣索然。

比如，语文阅读教学基本上有两个课时，有70%以上的教师经常把两课时的教学任务混搭，对学生能力训练不到位。于是，对于课时目标和课时任务的研究便成为学校一段时间语文教学研究的焦点，以期达到课堂教学的"适度"。

课时任务的适度

——翠微小学四年级组语文绿色课堂研讨活动

赵乐林

我们在听许多优质课、观摩课时，常常会被精彩的课堂所吸引，但是，听课之后，缓过神来，总会产生同样的感触：平日里常态下的语文课，能有多少有这样的效果呢？如果说优质公开课的开设是为了供大家评析提炼、发现问题、解决问题、形成教学方法，从而进一步发展我们的语文课堂教学，那么常态下的语文课更是担负着培养学生获取知识、积累词句、形成能力、发展语文综合素养的重任。这才是我们语文教育的根本任务。学生语文综合素养的根本提升仅靠那一节节经过反复打磨、反复试教到几乎失真的公开课是远远不够的，最主要的还是要靠平日里每节常态课扎实的落实与发展。

那么，在阅读教学中如何合理安排课时教学任务，是语文教师最经常面对又最没有把握的问题。许多教师无奈之下，只好凭感觉安排每课时的教学任务，造成阅读教学课时任务的严重失衡，由此引发了诸多弊病，直接影响了阅读教学的效率。40分钟教什么？怎么教？中年级段语文第一课时、第二课时该学什么？怎样的教学是扎实有效的？2012年2月28日，我校三、四年级全体语文教师在周金萍副校长的带领下，进行了一次常态课语文绿色课堂的研讨活动，由我和周金萍副校长分别为老师们展示《三月桃花水》的第一、第二课时。

第一课时的基本任务是让学生通读课文，学会生字词，整体感知课文，概括文章主要内容，明确结构特点。上课伊始，我检查学生诵读课文的情况。我让学生以自由读、同桌读、抽签读三种不同方式读书，引导学生把课文读通、读熟。接下来，我根据不同的生字词进行有针对性、有重点、有取舍的指导。对于生字词，我让学生在读中感知（读准字音），在读中理解（理解词义），进而在读中感悟（知道含义，从而有

感情地朗读表达）。对课文中易错字的读音、字形，我都能做到心中有数，选取针对考试内容的题型及时练习，从而夯实基础知识。在词语的教学中，我注重多个角度、多种方法相互结合，渗透相应的学习方法，比如结合语境理解词意、查字典选词意、结合生活实际来体会词意等。最后，我借助课后的"金钥匙"引导学生对课文内容、结构进行梳理，帮助学生厘清脉络，概括文章的主要内容，为第二课时的深入学习奠定基础。

整堂课最大的亮点在于我在调动学生的积极性时，形式是多种多样的，关注的是全员，发言以抽签的形式呈现。与此同时，我按照评分标准，要求学生给自己打分，同学之间互相打分，并引导学生有条理地说明原因。这种反馈方式，可以让每个学生都集中注意力，促进了全体参与，培养了学生良好的语文学习习惯。

周校长讲授的第二课时，任务非常明确，就是引导学生学习课文构段的特点，通过句与句之间关系的梳理，通过不断深入地品析句子，引导学生学习如何将段落写具体，并进行自学和仿写。

课前，她的一番轻松谈话一下子拉近了老师和学生的距离，将学生带入课文情境之中："同学们的笑脸像三月桃花一样灿烂；同学们的读书声像三月春水那样动听。相信今天我们的课堂也像三月桃花水一样让人舒服，让人沉醉！"接下来，周校长根据中年级段教学的特点，权衡取舍，将重点内容、方法、情感体验融为一体，将学法、读法、写法融为一体，真可谓一石三鸟。例如，在重点段落"水声如音乐"这部分教学中，周校长按以下几个步骤扎实地进行段的训练：（1）这两个自然段用几句话写春水的声音清澈的？它们之间有着怎样的关系？（2）哪一句是详细具体地描写春水声音的？写了几种声音？（3）读一读，看看每个分句中哪个词突出了春水声音的特点，在书上标注出来。学生全身心地投入到字里行间，品出字的内涵，真实感受到文字所蕴含的美，并用自己的真情和语言读出自己对课文的理解。（4）这声音来自何处？是喧嚣的城市吗？学生再次深入读书，体会到这是描写农村田园的生活，进一步感受到农民劳动时的快乐和幸福。（5）将总起句变换位置，引导学生体会总分段式的结构特点。（6）让学生体会拟人的修辞手法：写出了春水的什么？（活力、生机）

通过精心设计过程和方法，周校长先是让所有学生迈进低门槛，再一步步搭脚手架，把问题变成一个个学习步骤，最后走向云端。整节课，周校长都在注意全面反馈和互动，不让一个学生闲待着，把心放在全体学生那里，学生出现错误的地方或精彩的地方，她都特别关注到了。她不断提醒学生进行批注，从而让所有学生投入其中，兴趣盎然地往前走、向上攀。孩子们的思维在这节课上得以发展。一堂课下来，老师们都深深感受到：这是有实效的课堂，是学生确实有所收获的课堂。只有真正让孩子们思维活跃起来，才能是高效的课堂。正如登高望远一样，教师的思维高度决定着课堂教学的厚度，决定着学生思维的深度。

课后，周校长就这两节课和老师们共同进行探讨，她就第一课时、第二课时所要完成的教学任务做了进一步说明。她说，课时与课时之间绝不是孤立的，它们是有联系的，构成了一个有机整体。第一课时必须要抓好字词教学，在引导学生读准、读通、读顺课文的基础上，帮助学生厘清文章脉络，整体感知课文，为精读感悟做好充分的准备。第二课时则应对学生进行朗读与默读的训练；进行理解词、句、段、篇，分析段落层次，掌握文章脉络的逻辑思维能力的训练；进行课文重点内容的理解感悟、掌握文章的主要表达方式等训练。关于课时学习目标的制定，在课时划分上，一定要着眼于全文，着眼于段与段、段与篇之间的联系，着眼于基本功训练的数量与质量，着眼于课堂教学的节奏与密度。在知识、能力、情感、意志的培养上要体现层次性，循序渐进。老师们也分别针对课文教学本身和自己在平时教学中遇到的困惑、积累的心得体会展开了热烈的研讨。这次的教研活动帮助老师们解决了教学中的困惑，让大家豁然开朗。

语文教学经历的是一个由浅入深、由易到难、由具体到概括、由形象到抽象、由部分到整体的循序渐进的过程。这一过程体现了训练的阶段性、

连续性和整体性。要使语文训练扎实有效，使学生真正一课一得，语文能力得以提升，教师就必须精心钻研教材，建构教学板块，精选切入点，合理地安排课时内容，提高课堂效率，最大限度地实现语文教学的有效性。

3. 对接生活的课堂

课堂教学要有助于学生今后的学习和生活。这就要避免过多间接经验的学习，应该将直接经验与此勾连，互为融合，指向学生未来的学习和生活，让学生获得可持续的发展。这种对接通常有三种方式：第一种是从教材出发，联系生活经验进行解释、联想和想象，从而进一步理解文本；第二种是从生活出发，体验和感悟其中的真谛，再学习相应的教学内容，提升对生活的认知水平；第三种纯粹是生活的学习，通过自己的亲身体验，交流彼此的感受与收获，反思不足。这三种方式互为补充，以提高学生的学科素养。这样的课堂需要注意在以下两个方面下足功夫。

（1）选择精要内容

有很多业界专家说"教什么比怎么教更重要"。我们觉得"教什么"和"怎么教"对于小学生来说同等重要，不过"教什么"是"怎么教"的基础，"教什么"有偏差，"怎么教"就显得没有太大意义了。所以，不是谁比谁重要的问题，而是哪一个首先应该考虑的问题。如何选择适合学生学习，对他们终身发展有益的精要内容？首先，在主题的确定上，要尽可能选择容易突出学科特色，又便于学生开展符合自身特点的活动的主题。为了保证其高品质，在内容上，教师要注意引导，将学生的视角引向三个方面。

①涉及古今中外文化层面的内容。这些内容应该涵盖较长时间和较大空间，并尽可能是富有人文情感的经典内容。学生在内容的搜寻和选择上有空间，才会显出选择的品质，才能锻炼学生在浩如烟海的知识海洋中有目的地收集、整理资料的能力，让学生在收集、整理资料的过程中得到高品质的知识、最本质的认识，受到情感的冲击、能力的挑战，并体验多元文化的博大精深，才能激发学生主动发现、探究，并寻找到自己的兴趣所在，发掘自己的潜能，自我发现、自我发展。

②涉及各学科融合层面的内容。既然是学科综合实践，那就要将学科学习放在更开放的环境中，引导学生体验到学科学习无所不在，体验到各学科情感价值层面有其共通性。何况本来诸多学科知识是融合在一起的，并不分什么学科，只是方便班级授课系统地学和教，才分学科，因此，恰当的时候也应该有一定的形式将之融合在一起，返璞归真，回到原点，便于学生系统地看待问题，综合多方面知识和能力解决问题。

③涉及学生可触摸的生活层面的内容。能运用的知识才是最有价值的，否则知识只能在仓库里腐朽、霉烂。因此，无论是涉及古今中外文化层面的内容，还是涉及各学科融合层面的内容，最终需要和学生眼中、耳中、心中的感觉联系起来，与他的情感、思维和现实生活联系起来，学生面对的知识才能真实、灵动、富有生命质感，才能将知识的学习转化为能力的提升。

这三个层面的内容不是孤立存在的，而是有机地融合在一起，这样才能达到学科综合实践课内容的高品质，否则只能在低层次徘徊，难以激发学生内在的学习兴趣，难以提升学生的学科素养。高品质的内容是高学习成效的基础，没有这个基础，学习方式也只是空中楼阁。打通知识与生活的联系，更要将学生对文本的理解与对社会的认知联结起来，让学生经历、体验、尝试、感悟、提升，获得触动灵魂的震撼。

（2）互动的活动方式

学科综合实践不是简单的一节课，它是一个多方互动的过程，最终结果以课的形式呈现。因此，它是过程性的、融合式的、活动化的。

①过程性。它需要学生整体参与策划，需要多方面准备内容，需要最后呈现学习成果，往往需要一个月来准备，这个准备不是作秀，而是提供充分的时间和空间让学生经历。

学生整体参与策划，从主题的选择到各方面内容的确定，再到自愿和调剂相结合的分组和各组领取任务等。这个过程是解决问题或是完成任务的整体谋划过程，非常重要，着力培养学生宏观考虑问题，多角度思考，

并富有创造性思维，学会解决问题。

学生分组完成任务，组长需要征求组员的意见，再根据他们的特点和背后的资源安排合适的任务，并提出具体要求；组员要安排好时间，做好相应的准备，解决具体的困难，最后还要汇总、调整、改进内容和汇报形式等。责任、合作、创意等诸多能力在完成任务的过程中得到历练，学科素养的培养如盐溶于水一样蕴含其中。

最后呈现学习成果，尽一切可能，以听、说、读、写、演的方式去体现自己的任务完成情况，更重要的是不能仅是展示，而要以恰当的方式激发其他同学新的思考，让全体同学在分享每一组的学习成果时进一步学会积累、理解、表达，并产生新的创意，提升学科能力，提高实践能力和创新精神。

②融合式。既然是学科综合实践，其方式应该是多样化的融合，自学、互学、小组合作学、向老师求教几种方式融合，向书本学、向实践学、向别人学、自我反思几种角度融合。

但这些方式必须与学科能力紧密相关，融为一体。听：听全；听取要点；听中判断。说：敢说——挑战自我，敢于说出自己的想法；会说——有条理地说，有重点地说；善说——能针对对方的问题清楚地表达自己的观点，能让对方受到启示，愉快地接受自己的观点。特别重要的是，听、说、读、写要尽可能有机融合在一起，而不是一个环节进行一项能力训练，将学科能力肢解，影响学科教学的高效益。

③活动化。它不是仅坐在教室里、书房中的自我思考和积累，而是要与自然接触、与社会融合、与他人互动，在这个基础上有自己新的思考和能力的提高。走进大自然，不是走马观花，而是潜心观察，有发现、有感悟、有行动；与社会融合，不是浮光掠影，而是深入调查，透视现象，获得真知，投入实践；与他人互动，不是客气地交往，而是倾听别人，判断观点，阐发自我，激发别人，良性循环，螺旋上升。

学生始终有新的思维、新的表达、新的创意、新的成长，要激发其好奇心和求知欲，使其养成从事探究活动的正确态度，发展探究问题的能力，探究自然世界，关注社会生活，感受自我成长，获得自身个性化的发展，终身受益。

达到这样的效果离不开教师深厚的学科功底和对社会的关注、对生活的理解，离不开教师对学科综合实践课本质和意义的把握，离不开教师对学生学科综合实践过程的关注，离不开教师对学生由扶到放的循序渐进的指导。如果我们始终如一地坚持上好小学六年的学科综合实践课，学生的学科综合学习能力会是什么样的呢？其实践能力、研究能力、创新能力会是什么样的呢？

比如翠微小学开设了语文校本课程——语文综合实践课。从课的归类看，它更多在实践层面，更多需要与生活融合。新课标中提倡"努力建设开放而有活力的语文课程"。对接生活，植根现实，面向世界，面向未来，成为其重要的特质，从而拓宽语文学习和运用领域，注重跨学科的学习和现代科技手段的运用，使学生在不同内容和方法的相互交叉、渗透和整合中开阔视野，提高学习效率，初步获得现代社会所需要的语文实践能力。

五年级语文综合实践课《变化》

王　怡

【教学背景分析】

1. 教材分析

这一课可以启发学生通过观察生活中的变化，感受社会的进步、祖国的发展。以语文教材为中心，抓住某一知识点，引导学生开展查阅文本、网上搜索等拓展性实践活动。

2. 学情分析

五年级学生获取信息的渠道广泛，通过图书馆、网络技术等，可以使各种语文资源与现行语文教材紧密结合，拓展语文学习的内容，使语文课

程更加多元化、立体化。选材时学生容易出现空洞的情况，与他人的合作分工也是当前学生的弱项。

3.教学方式

朗读、探究、发现、体验。

【教学目标】

1.锻炼学生寻求证据、交流展示、书面表达等语文能力。

2.启发学生通过观察生活中的变化，感受社会的进步、祖国的发展。

【教学重点难点】

寻求证据、交流展示、书面表达。

【课前准备】

1.学生观察近年来生活中某一方面的变化，用自己喜欢的形式写出作品。

2.分组按专题做汇报准备。

3.多媒体课件。

【教学过程与教学资源设计】

一、积累展示

1.导入新课，说说有关变化的词语。

2.继续挑战，说说有关变化的诗句。

3.教师出示四句经典诗歌，反映"变化"这个主题。

设计意图：运用导学卷的形式，增强学生的语文积累，同时让学生感知变化自古就有，为后面发现变化做好铺垫，同时体现实践活动中的学科特征。

二、调查展示

导语：我们这个世界，我们的生活，充满了变化。只有做一个有心人，才能发现这种变化。现在分组展示自己的调查发现。

（一）历史纵横发展小组：去粗取精，以小见大

1.学生展示

组长发言：温馨提示，展示互动中的问题，提醒同学倾听、动脑。

小组汇报：奥运变化、火箭的变化、通信工具的变化、武器的变化。

组长指名回答，订正答案，给回答正确的同学发奖券。

2. 从四个词语中选择一个表示这种变化的词语

四个词语：转危为安、天翻地覆、千变万化、瞬息万变。

教师引导：千变万化指的是变化很多，瞬息万变指的是变化很快，转危为安指的是从危险转到安全。所以，天翻地覆是正确的。

教师提问：我们听这三个同学说了他们发现的变化。他们要展现的主题是我们中华民族的发展变化，他们分别发现了奥运、火箭、武器、通信工具的变化，你从他们搜集、选取、整理材料的过程感悟到了什么？

预设要选取最能体现自己观点的材料，做到精挑细选；选取一个小的方面；按照自己的思路收集，再精心挑选，突出表现主题，表现自己的想法。

教师提升：展现变化的材料浩如烟海，搜集和整理材料需要我们大量地阅读，但不能简单堆砌材料，在动笔之前一定要以小见大，就是通过一个点、一个小事物、一个方面，来展现一个大的主题。在这里，我以××为例，最开始他找了12页资料，筛选到9页，再整理筛选到2页，观点非常明确。

设计意图：展现搜集和整理材料的过程，引导学生在活动后回顾自己搜集、整理材料的过程，知道对于材料我们要有所选择，明确选择材料要有针对性，去粗取精，选取有用的材料。

（二）经济生活变化小组：选取方法，展现变化

1. 学生展示

组长发言：请看图表，我们的生活也发生着很大的变化，谁能说说你发现了什么变化？下面，我们生活小组就按衣、食、住、行、玩的顺序给大家说说生活的变化。

组员汇报服装的变化、食物的变化、住房的变化、出行的变化、玩具的变化（出示玩具请同学尝试玩耍），用诗歌的形式总结农村的变化。

2. 用一个表示变化的诗句表达这种变化

预设：《浪淘沙·北戴河》中的"萧瑟秋风今又是，换了人间"，《水调歌头·重上井冈山》中的"千里来寻故地，旧貌变新颜"。这两句诗都出自毛泽东笔下，展现了现代生活翻天覆地、日新月异的变化。

3. 请学生评价，教师相机引导

教师提问：这个小组的同学都注意到了以小见大。为了展示变化，他们还做到了什么？（以时间为顺序，运用了对比方法，运用了多种形式）

现场采访：

（1）请问这位诗歌的作者，你为什么用诗歌的形式展现变化？

预设：我们语文书第三单元第一篇课文是《原来，这里是一片村庄》，侧重描写变化前后的不同，体现变化的原因是改革开放。农村的变化很相似。我也喜欢诗歌的形式，想尝试，所以用诗歌的形式展现变化。

教师提升：运用诗歌的形式来写农村的变化，展现了国家政策好，农民生活蒸蒸日上。

（2）请问经济生活变化小组的各位成员，为什么要按时间顺序展现变化？

预设：我们觉得这样能更好地体现出生活一点一点逐步变化的过程。

教师提升：展现变化最常见的形式就是按时间顺序，展现变化前后的不同，因为最常见，所以更要注意自我感受的展现。

（三）周围环境和自身视力变化小组：多种方式展现变化

1. 学生展示

（1）环境变化

组长发言：我们有个著名的俗语是"海阔凭鱼跃，天高任鸟飞"。同学们看看这些图片，请你想象一下，你就是这天空中的鸟，你就是这海洋中的鱼，你想说些什么？（指名两三个同学说一说）请看我们排演的童话《天高任鸟飞》。

教师提问：谁发现了这个小组发现的变化有什么不同？（生活中不好

的变化）

教师提升：是的，随着工业生产的发展、物质生活的丰富，环境成了一种牺牲品，但非常可喜的是，我们发现了这种变化，正像刚才××所提到的，我们全社会都在研制新的产品，开发新的方法，代替旧的事物和旧的方法，来保护环境。同时，我们也有了很多新的发明（LED灯、环保汽车），新的回归（提倡走路、骑自行车，多种树栽花，有一个美好的环境）。

（2）视力变化

组长发言：同学们好，我们是视力变化小组，在介绍之前我们做个现场调查。我们全班一共多少人？——37人。请近视的同学举起手来，我们现场数一数——20人。请看电脑屏幕，打开计算器算一下，我们班近视率约为54%，下面请听我们找到的有关视力的变化内容。

组员汇报：用数据展现变化，顺口溜表演，改编《喜羊羊与灰太狼》的主题曲来唱保护视力。

2. 教师提问

教师提问：发现这两个小组又有怎样的不同了吗？

预设：形式多样，有倡议书、童话、广告语、诗歌等形式。

教师提问：你们觉得这些形式运用得怎样？

预设：我赞赏倡议书的形式，水污染大家看不见，不被重视，倡议从身边小事做起，会有效果；我喜欢童话的形式，看了《鸟儿的侦查报告》，我觉得这种形式学生喜欢；我赞同顺口溜，好听也好记。

（四）教师总结提升

教师提升：其实我们个人变化小组也运用不同的形式找到了不同的变化内容。我们请他们用一句话来概括自己展示变化的作品的特点。

种植滴水观音——写自己所养的植物的变化过程，自己也在不知不觉中变了。

学骑自行车——用学骑自行车这件事展现自己的变化。

养小乌龟——我写的也是养宠物，但采取的是日记的形式。

爱劳动了——写自己帮妈妈做家务前后不同的感受。

自己模样的变化——写照片中自己模样的变化，感受妈妈的辛勤养育。

荷花的变化——写了两天内荷花开放前后不同的样子。

变化有很多，我们要注意写作时采用多种形式，选材时以小见大。我们要多积累、多探究、多运用，在这中间体现我们的成长变化。

三、课后作业

1. 完善自己的作文《变化》。

2. 把自己知道的变化说给爸爸妈妈听。

由上述案例可见，小学生学习的渠道，除去课堂教学，就是课外实践活动。它以体验学习和自主活动为主要形式；以学习直接经验和获取综合信息为主要内容，突出学科学习的综合性；以促进学生认识、情感、能力、习惯和学科综合素养的统一协调发展为主要目标。抓好综合性学习，是沟通课内外联系、实现课堂教学和社会生活整体优化的关键。

氛围和谐的课堂、充满生长的课堂、对接生活的课堂互为基础、互相融合，从而构成绿色课堂的"适度"。

三、绿色课堂中的"个性"

（一）在"适度"的基础上实现"个性"

随着对常态课堂研究的逐步深入，适度教学的基本规律渐渐为老师们理解，并能较好运用，在教学目标、教学内容、学生活动、练习方式和评价形式上，老师们一步步向适度迈进。在教学氛围的和谐上，师生关系基本尊崇平等、民主，教师和能力强的学生独占课堂教学鳌头的局面得以改观。反思这三年，我们主要抓住语、数、英这三门学科，一个学科一个学科地研究，一个问题一个问题地研究，主要课型一节一节地研究，教研组、备课小组等定时不定时地交流研讨，撰写反思案例和改进方案，形成了常态教学资源库，内容从教材整体分析到单元教材说明，到每节课的教案和演示文稿，再到练习的设计等。虽然绿色课堂的研究收获颇丰，但是要进一步深入，需要我们进一步发现问题和解决问题。通过课堂观察，我们发现，课堂仍旧以教师的教为核心，学生的学还是比较被动，教师用统一的内容、统一的方式、统一的节奏教学，缺乏个性化。教师课堂教学的过程只是完成教师预设的教材学习任务，学生自主学习能力和潜在个性的发掘远远不够。

在绿色课堂的构建中，也少不了"个性"特征的存在。如在"资源适度"中提到教学资源可供各层次学生参与学习，适量、适度、适机地拓展学习空间；在"评价适度"中提到关注有特殊需要的学生，与个性学习有机结合，促进学生有效、愉快地学习；在"练习适度"中提到兼顾不同层次的学生，练习能富有针对性，处理好质与量的关系等。但若最基础的问题没有解决，个性化教学便无根基，如空中楼阁难以实施，教师的理解水平、教学经验、能力结构达不到，相应的配套研究性资源跟不上，会使研究流于形式，不能深入解决问题。

于是，在基本完成"适度"教学的基础上，我们提出"为每一个孩子提供适合的教学"，"关注每一个学生，帮助每一个学生，激发每一个学生"。在适度教学的基础上，我们进一步研究如何让学生成为主角，研究学生的学情，教师的教着眼于学生的问题解决，聚焦核心问题，步步深入探究，让学生在课堂上有目的、有挑战、有序地忙起来，在经历中体验，在体验中锻炼，在锻炼中感悟，提升能力，收获价值。

（二）何谓"个性"

个性化教学成为绿色课堂进一步深入探究的问题。那么何为个性化教学？它是指以学习者为中心，根据学生的个性特点制定教学目标，选择教学方法，转变教学方式，有效整合教学资源，深层发掘教学对象的潜能，满足学生多样化学习的需要。个性化教学的本质是基于学生个性，尊重差

异，关注每个学生独特的学习方式，满足学生不同的学习需要，提供个性化的学习指导，选择多样化的教学方式和教学资源，使有不同天赋的学生能充分发挥自己的学习才能，从而实现更加公平、更加充分、更加优质的教学追求。

真正从学生出发，将学生的学习状态、学习需求、主动学习意愿作为我们自觉思考和行为的第一教学守则，并以足够的教育智慧去判断、去激发、去引导、去呵护，让积极的情感主宰学习生活，引导和激励学生学会如何学习、学会热爱学习、学会感受学习的成功，我们必将寻找并实践一条"最低碳"的教育方式，教与学将走向"轻负优质"。教学因此更本真，学生更喜欢，课堂更深刻，效果更显著。

个性化教学不造就失败者。它就是给人信心与希望，不求人人成为精英，但求人人感受成功，让每一个学生都以成功的心态走向社会。个性化教学志在改善，在更深层次、更多方面、更高目标上面向每个学生并确保人人参与，使学生的个性优势、智慧得到深层挖掘，情感得到充分释放，为每个学生提供最适合的教学，培育每一颗自尊、自信和温暖的心灵，让每一个人感受到"被重视"，不是"哪一个"重要、优秀，而是"每一个"重要、优秀，促进学生发生积极的变化。

如果说"适度"是解决教师怎么教的问题，那么"个性"解决的则是教师如何指导学生学的问题。怎么教的基础性问题解决之后，我们需要深入研究，进一步明确：课堂教学要为每一个学生的成长服务，要解决学生各种问题背后的知识结构与能力问题、情感态度问题、过程方法问题，围绕问题展开教学。解决问题是表面性的，更深层次的是要让学生在解决问题的过程中学会怎么学，获得思想、思路、策略、方法和兴趣。

问题又分核心问题和枝节性问题。怎样将这些问题删繁就简、建立联系，处理好普遍问题和个别问题的关系，在解决问题中提高学生的能力，激发学生的兴趣？我们需要具体的思路和策略。

（三）研究思路和策略

与个性化教学的理念相契合，在研究策略上，我们确定了"以学定教"的思路。以学定教，按需施导，就是要构建一种以"以学生为中心、以思维为核心、以活动为主线"的教学模式，以问题发现、生成、解决为主线，采用自主学习、问题引领、探究体验、小组合作、反馈评价的策略。

1. 自主学习

学生总是会以自己的眼光、知识基础去看待这个世界，有发现的欣喜，有探究的疑惑，以此为基础展开教学，才能掌握真学情、提出真问题、展开真探究、提高真能力。对于低、中年级的学生来说，自主学习大多放在课堂上，对于高年级的学生来说，可以课内外结合。关键是如何自主。

它需要氛围，需要教师充分的信任、等待、激励，形成学习的磁场，激发学生积极投入地进行自主学习，以新发现和新问题为荣；它需要开放，让孩子在接触学习材料时，有发散式的发现和思考，你会惊奇地发现，孩子们是发现的天才，各种想法层出不穷；它需要过程，让孩子们的发现和思考由无序走向有序，由浅薄走向深刻，由平面走向立体；它需要方法，需要教师顺学而导，引导孩子将发现和思考做一个梳理，富有层次地排列，聚焦核心问题，提出探究方法。教师要不怕耽误时间，不怕完不成任务，因为这是学生跌跌撞撞在学走路，没有这个自主学习的过程，就不会有后来的健步如飞。为了后面学生的飞速成长，现在必须让他们经历磕磕绊绊。因为我们知道，学生一旦学会自主学习，将产生巨大的能量；跟着教师后面亦步亦趋，永远形不成自主发展的大气候。

学生的自主发现

贾雪芳

《我喜欢》是北师大版语文教材第9册的一篇课文，作者是台湾著名的女作家张晓风。文本语言特别美，饱含作者的情感。但这是作家的生活，不是学生的生活。于是，在课堂伊始，学生齐读课题后，我就充满激

情地说:"在这个世界,没有自己的喜欢,生活将是多么的灰暗!猜猜我喜欢什么?"随后,我便朗诵起自己创作的一段文字,问学生:"你能猜猜我喜欢什么并说出为什么吗?"以老师自己的生活引燃学生的思维。这时我再询问:"你喜欢什么?"有了前面的铺垫,学生能说出自己的喜欢来,但是学生在表达自己喜欢的原因时言尽词穷了,感受到了自己表达的困难。如何真切地表达自己内心的喜欢呢?

这时候,我组织学生学习课文:"轻声读文章《我喜欢》,看你有什么发现。值得你借鉴的是什么?从文中找出几句你最喜欢的话,说出你喜欢的理由。"这样,在学生出现困境的时候,把课文这个拐杖给他,就在无形中引导学生把课文当作表达自己的例子来学习了。学生对比自己的表达,开始了《我喜欢》的阅读发现之旅。发现之一是知道了文章段落结构相同,基本上每段都是以"我喜欢"开头,说明自己喜欢什么、怎么喜欢。发现之二是知道了文章篇章布局的特点:前4个自然段写的都是四季景物,后面2个自然段写的是梦境,接着用了4个自然段写生活的动人场景,最后进行概括总结——"我喜欢生活"。发现之三是知道了每一段句子如何精彩地表达。先写自己喜欢什么,再写这个事物如何美,怎样打动自己,运用了比喻、拟人、对比等很多方法。发现之四是知道了怎样读才能展现这种美,即突出哪些描写特点,通过声音表现词语背后宏大的世界,徜徉其间。这是一个从宏观到微观的发现,能看出学生正以一种联系的观点去探究文本,从细节到局部再到整体,或反而观之,长此以往,学生既能品味细节语言的味道,又能发现细节和整体的联系,抽象思维和形象思维都能得到发展,思维便有了提升。同时,学生各自的学习特点和学习水平也能通过他们的回答展现出来,我便知道了哪些学生更注重细节思维,哪些学生更偏向整体思维,从而有针对性地进行指导,也避免我亦步亦趋教学生,师生皆劳累,教学效果也不理想。

从以上这个案例中，我们不难看出，教师总在立足于学生的自主学习，很多知识并不用教师一点一点地教给学生，引导学生自主发现、彼此分享，教师从中把握学情，在发现教师之爱、自己之爱、作家之爱后，聚焦提升点：你如何借鉴作家的方法，表达自己所爱呢？

2. 问题引领

学生在自主学习中会有自己的种种问题，这些问题是学生成长的基石。有了这些问题，他才会探究、寻找，感受学习和成长的快乐，并继续有新的问题，周而复始，走向社会后，面对种种困难和挑战，他才能学会自主面对和解决。虽然孩子稚嫩，有些发现价值不大，但这是萌芽，教师要给予合适的阳光、水质、土壤让其成长。教师不能做裁判官，基于对和错的原则判断，而应该循着学生的思考，引出学生背后的想法，让学生分析、判断、选择，甚至走一些弯路，重要的是学生在用自己的头脑思考，而不是人云亦云，最终在众多问题中敏锐地发现核心问题。

这个核心问题应该符合儿童的认知特点，有童心童趣，使学生有兴趣探究；应该聚焦学习内容的特点，间接和直接地反映出学科的本质；应该满足学生的学科能力发展需要，在解决这个问题的过程中，对学生有适度的挑战；应该能让学生自悟到种种正确的情感态度与价值观，获得正能量。教师要将对儿童的敏感和对学科的敏感融合起来，在学生提出的问题中，敏锐地发现融上述特点为一体的问题。

《钓鱼的启示》——学生的问题梳理

张迎春

课堂上我们常常看见很多老师都会在学生自读课文时布置这样的任务："请提出你不懂的问题。"学生的问题很多，有触及核心的大问题，有边缘性的小问题，于是，老师便做出选择，选出的问题往往是老师想提出的问题。但是，为什么围绕这个问题学习，不探究其他问题？老师越俎代庖地代替了学生的思考。我们总在用老师的问题引领教学，而将来谁又能

给社会中的人提出问题呢？提出自己的问题，按自己的方式解决问题，我们必须在孩子幼小的时候培养这样的意识。因此，怎样筛选和梳理问题这个思考极其重要。没有这个思考，学生很难提出有价值的问题。这是培养学生整体感知、生活感悟、语言感受等多项能力的过程，是万万不能舍弃的。很高兴的是，我在听课时就看到了一位教师在执教《钓鱼的启示》一文时安排了这个环节。

学生提了很多问题后，老师说："你们看看这些问题。根据你的判断，哪些问题很简单，查查字典，同学之间提一个醒就可以解决？哪些问题需要认真读书，从书中找到答案？哪些问题书中没有现成答案，需要我们全班深入学习，展开探究、讨论？请你标上序号，按顺序排，一定要说出道理来。"

老师这段话提出的问题由易到难，符合学生的认知规律。很快，字词类和作者情况的问题，有同学举手说知道；"我为什么不舍得放那条大鱼"、"爸爸和我还能钓到那条大鱼吗"这些问题，又有学生说课文里有具体描写。

最终，学生将"鱼塘为什么定这样的规则"、"当时又没有人看见，爸爸为什么非要让儿子放了那条大鱼"、"儿子好不容易才钓到，为什么能够听从爸爸的意见"这些问题放在了最后，很多孩子说："这需要讨论，书上没有答案。"

老师说："什么叫真正的问题，一定是自己不太容易发现与回答的问题，我们需要这样的问题，这样的问题学习起来才有意思，才能挑战我们的思维。"

虽然老师当时没有明说这几个问题的价值，但是老师讲完这节课之后，又回顾了这些关键问题。老师问："除了书上没有答案这一原因外，谁还能说说我们为什么围绕这些问题来学习？"学生答案很多："我知道了执行规则的艰难"，"我感受到执行规则对我的成长多么重要"，"越艰难，越能感受人的诚信品质"，"我感受到制定规则对鱼塘的重要性，对我们生活的重要"……老师总结："确实如你们所说，这些问题的价值在于让我们知道制定规则的意义以及执行规则的艰难，让我们在艰难中看出人的价值观、人做事的信条。在具体事件和环境中考量人的品质，这是文本的核心意义所在。哦，我忘了，这些问题是谁提的？请站起来。"提问的同学很骄傲地站起来，脸上挂满笑容。"我们还要感谢提出其他问题的同学，为我们解决这些问题铺路架桥，没有那些简单的问题，我们就很难探究这些复杂的问题。"老师诚恳地说。

多么智慧的老师！肯定所有提问的学生，让学生敢问；在引导学生梳理问题的过程中，训练所有学生的思维；最后揭示问题的价值，引导学生善于提问。

3. 探究体验

想深入透彻地了解和认识事物，人们就必须亲身参与尝试、体验，从做中学。从感性到理性，再回到感性，从迷惑不解到豁然开朗，再到谜团又起，行进在探究真理的路上，实现人类文明的进步。学生获得真知识、真能力也是如此。教师需要给学生适度的空间，让他们自己往前走；给学生适度的时间，让他们自己去安排；创造恰当的机遇，让他们自己去抓住；制造真实的冲突，让他们自己去讨论；引发真实的问题，让他们自己寻找答案；赋予学生自主的权利，让他们自己去选择。只有这样，学生才能真正享受到探究的乐趣，养成探究的习惯，获得探究的方法，实现可持续发展。

探究学习是否能取得实效，归根到底是由学生参与的热度、广度和深度来决定的，学生只有主动参与教学，才能获得真发展。要让学生自主探究，学有所思、思有所疑、疑有所问，增添乐趣和动力，让学生运用自学、讨论和探究获得的知识，学会举一反三，解决类似或相关的问题，吸收、内化知识，成为能力。为了满足学生个性化发展的需求，探究的方法、形式一定要灵活多样，提供的材料一定要丰富，有多样性和选择性，学生才能按自己的方式学习，发现自我，发展自我。

静心等待孩子的发现

王晓棠

以我执教的《组合图形的面积》为例。

"要用红绸布做少先队队旗，请你想办法计算少先队队旗需要多大面积的红绸布。"老师给每个同学都准备了一面按比例缩小的队旗。

"老师，这不是我们学过的基本图形呀。"有的学生马上反应过来。

孩子们眉头紧皱，慢慢低下头拿着手里的队旗折折画画。

过了半天，一个个小手举了起来。

生1：这不是我们学过的基本图形，所以没法直接求面积。我就把这个图形分成两个一样的梯形┤──<，根据已知数可以求出两个梯形的面积，从而知道整个图形的面积。

生2：我是这样想的，将图形这样分割▭<，计算长方形与两个三角形的面积和，便得出整个面积。

生3：还能这样分割▭><，利用数据能够计算三个三角形的面积，从而得到总面积。

大部分孩子都想到了这些方法，将图形分割成若干个基本图形，利用基本图形面积求和得到队旗的面积。这是求组合图形面积的一个基本方法。看到大家对基本方法掌握得十分到位，我继续引导学生开阔思路，看看还有没有其他的办法。孩子们又陷入了沉思。时间就这样慢慢过去了，又过了一会儿，学生开始你一言我一语地讨论起来。

生4：我受前一个同学的启发，想把两个小三角形剪下来拼成一个小长方形▭<，这个小长方形的面积再加上大长方形的面积就是总面积。

通过我的引导，学生们想到了转化的数学方法，大家纷纷点头表示认同和赞赏。没有想到这种办法的孩子也深受启发。

突然又一个孩子举手了：我觉得还可以这样▭<，添上一块，补成一个长方形，然后大面积减小面积。

看着自己的发现，孩子们越来越兴奋。原来还可以这样做！孩子们的热情一下子被激发出来。经过孩子们的思考，又有几种好的办法产生了，其中的一种办法还引起了大家的争论。

"老师，我们想出了这么多种方法，其实这些方法总的来说就是三类： ⊢⟨ ⟨ ⟨⟩ 用了分割的方法； ⟨ 用了剪拼的方法；而 ⟨ 是添上一小块补成一大块，可以称为添补的方法。"

看看孩子们的做法，无一不体现出他们个性化的思维。而自主地进行分类，更体现了学生学习热情的高涨。如果没有动手操作的机会和独立思考及展示的时间和空间，恐怕学生的兴趣就不会得到充分的激发，当然也不会出现这么多的想法和他们唇枪舌剑的争论以及思维水平的提升了。

方法的探索的确占用了很多时间，甚至后面的教学任务也受到了影响。但是，为了一节课的"完整"，我们就宁可压缩掉学生思考的时间，把结论直接或间接告诉大多数还处于迷迷糊糊中的学生吗？这样的"完整"还不如顺其自然的"不完整"。学生失去了思考的机会，思维的花朵呈现出蔫萎的姿态，我们的课堂自然也就失去了激情和灵性，更不用提学生的个性发展了。所以，放手给学生，等待学生尝到成功的甜头，让学生爱上学数学，到时，你还怕他们学不会吗？看看孩子们自己想出的办法、自己归纳的类别，你还怕他们不理解、不会用吗？

4. 小组合作

大班额的教学，很难让每一位学生和教师都进行面对面的交流，教师很难顾及每一位学生的学习，而小组合作的一个重要作用就是能够保证每一位学生在小组里有沟通、表达自我的机会，它是让每一位学生在课堂上找到自己的位置和角色的重要平台。其次，它能利用学习的参与性、差异性原则，让不同个性的学习同伴友好地开展个性化学习，优势互补，集思广益，思维互补，开阔思路、各抒己见，培养学生

良好的学习品质，使学生获得的概念更清楚、结论更准确，进一步促进学生的个性化发展。

为了达到这样的目的，我们的小组合作首先要建立一种平等交流的文化：重要的不是每个学生无关紧要地完成任务，而是每一个个体有没有按自己真实的想法去做；重要的不是发言的对和错，而是你是否认真倾听别人的发言，并有分寸地提出自己的想法；重要的不是小组合作的任务完成了，而是在这一过程中，每位学生有观点和做法的纠正与丰富，有新的整合与提升。

孩子是一片待开发的沃土
——《手形的联想》教学案例
朱景毅

美术课被公认为是对创造力的培养最具成效的课程之一。它通过自身的丰富性、多样性、愉悦性来激发、满足学生的个性需求。在美术学习活动中可以促使学生产生创造力和探索欲望。我以一年级美术课本第二册中《手形的联想》的造型表现为例。

第一个环节，让学生思考：你的小手能做什么呢？每个人至少有一个答案，每个小组至少有四种答案，一会儿请小组里一名学生代表发言。

结果每个小组都举手了，个别表达能力弱的孩子发言，虽然结结巴巴，但是能说出四种，有的能说出八种：写字、画画、吃饭、刷牙、弹琴……无形中形成一种竞赛，小组成员合作得好，表现得就非常出色。学生思维活跃，表述虽不是很完整，但是代表小组发言、呈现完整的思考绝对是对孩子的挑战。同时，让身边平常的、熟悉的小事走进美术课堂，拉近了生活与绘画的距离。

有人说一年级的孩子不会小组合作，没有办法呈现每个人的想法，突出个性色彩，在这个环节我尝试了一把，觉得他们的能量实在是太大了。

　　第二个环节，引导学生欣赏绘画并观察探究手形绘画。"老师这里有一些非常有趣的绘画作品，请观察画中的形象，并研究这些形象是什么样的手形创作出来的，你能用手模仿出来吗？"组织学生以小组讨论的形式进行手的外形的研究。

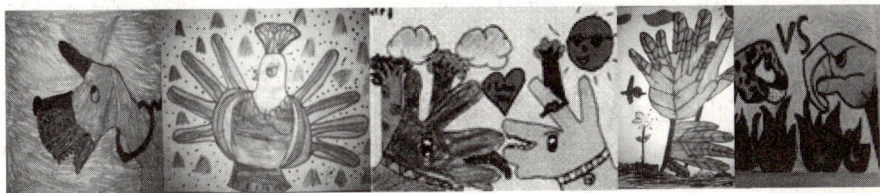

　　孩子们又代表小组发言了，孩子们每说一个答案都与别人不同，每一组都能有四个以上的答案，虽然说得无序，但当老师将各种答案整理后板书在黑板上时，孩子们发现：有的从方向的变化上观察与联想，如向上、向下、向左、向右；有的从手的外形上观察，有张开、有聚拢、有握拳、有组合；有的从图案上看，有模仿成动物身体、头颅、嘴巴的，有模仿成植物枝干和树冠的。在小组合作研究中，孩子们都在争取自己发现，都很在意自己跟别人要不同。

　　第三环节，小组讨论你想利用手形创作什么，并说清楚怎么创作。小组里每个成员的答案都不一样，如果有一样的，两个人就要再想，最终形成了丰富多样的答案：有树、仙人掌、剑兰，有靠垫、手套、口罩，还有驴头、马嘴、飞鸟……学生连说带比画，非常有意思。

　　让学生自主学习、小组合作，从多角度、多途径对手形进行联想、创造，从而展现富有独特个性的艺术感受，使学生在轻松愉悦的游戏式活动中体会变化的手形带给我们的丰富联想与无穷乐趣。在这一过程中，培养学生丰富的想象力、浓厚的学习兴趣和对创造发明的良好愿望。

5. 反馈评价

　　课堂教学千变万化，会出现各种状况，但都是有规律可循的。小学生是一个处于特殊年龄阶段的群体，有着共同的特点。根据这一特殊对象的

共性，研究他们学习的特点和规律，需要教师对学生的种种表现有高度的敏感，在瞬间对学生的学情做出分析、判断，给予评价，更需要教师引导学生进行自我评价、同伴评价，提升学生更高层次的能力。

这种反馈需要追问学情背后的原因。虽是同一个答案，但是背后想法可能不一样；虽然答案不同，但思路可能一致。基于这样的反馈，教师的指导才能更富有针对性，学生才能够更明确自己的问题和长处，教师才更能促进学生个性化发展，帮助他们认识自己的个性特点，了解自己的学习风格，从而取长补短，灵活运用各种有效的学习方法进行个性化学习。

缺失的自我评价

周金萍

学生的学业自我远远不只是体现在学业知识上，它更多体现在思维、情感、态度上，教师更要关注的是答案背后的故事。在这方面我有很大的缺失。比如，在对联创作的一节语文拓展课中，我要求学生为上下联各加一字做腰。

轻风（　　　）细柳　　　　淡月（　　　）梅花

学生给出了各式各样的答案，有：

轻风摇细柳　　　淡月照梅花

轻风舞细柳　　　淡月隐梅花

轻风吹细柳　　　淡月染梅花

轻风拂细柳　　　淡月映梅花

轻风妆细柳　　　淡月饰梅花

轻风扶细柳　　　淡月失梅花（苏东坡的妹妹对出的）

在学生逐条陈述答案时，我便赶紧评价每个答案好在哪里，不好在哪里。如"轻风摇细柳，淡月照梅花"，这是坐在角落里的一个男生对出的，这节课他几乎没有发言，这回他跃跃欲试，我第一个请他回答，当他说出这个答案后，我立刻条件反射式地评析："'摇'太粗鲁了，'照'太硬了，会把梅花晒焦了。"孩子气馁地低头坐下。后面一个女孩子对出"轻风妆细柳，淡月饰梅花"时，我评价句中的"妆"、"饰"太重雕琢，不够自然，女孩发言时可能觉得自己很有创意，眼睛发亮，听完我的评价后看起来很沮丧。

过后反思，我太着急了，应该在呈现多样的答案后，让孩子自己在比较中挖掘出深埋内心的体验和感受，多元评价，看清得失，从而明晰自己的语言感觉和文字功底，在倾听与交流中，实现"个体在学校情境中对自己的学习行为和学习能力的觉知和评价"。

其实，六年级的学生能够对出来就很不容易了，而我仅从成人的眼光去看待学生的学习。学生的答案五花八门，应该都是对的，但不是很恰当，我首先应该肯定他们，不去评价问题，在若干答案出现后，再让他们评价哪一个更合适，看看自己的答案好在哪里，问题在哪里，可以怎么改。这样，既照顾到孩子原有的基础、当时的情绪和学习的兴趣，又能通过比较和反思培养孩子自身的思考力和语言感受力。可我只是赶时间和进度，孩子对出来，急于发言，很开心，结果我的评价给了他们当头一棒，没有考虑到答案背后孩子原有的基础、自尊和学习的积极性，忽略了学生反复比较、揣摩深思、自我评价的机会和权利，而这恰恰是学生持续发展语文学习能力和保持学习兴趣的关键。具备这样的能力、兴趣、习惯，他们才可能真正掌控自己的学习和学业！

四、绿色课堂中的"健康自我"

（一）何谓"健康自我"

无论是"适度"还是"个性"，最终需要指向学生健康自我的发展。通过研究健康自我的特质和表征，我们对小学生健康自我的特征和规律做了初步的梳理。

第一，具有健康自我的小学生应该表现出如下几个特征。①自在并自我丰富，即在学业发展、人际交往、生活等方面具有丰富而健康的体验，爱学习、善交往、会生活、懂健康。总之，身心发展是自在的、丰富的。②自知并自我调节，即能够较为客观地知觉和评价自己的状态和需求，并能够及时、合理、顺利地进行自我调节。③自主并自我负责，即自发、主动地探索，做到投入、坚持，并能选择、协商和自我调节，最终获得整合与统一，获得幸福体验。④自爱并自我尊重，即拥有自我关注、自我肯定与认同、自我激励的心态，外在表现为自我接纳、自信等。

第二，小学生健康自我有以下几个特征。①过程性。自我是逐渐发展的，它并非与生俱来，而是在社会活动的过程中产生的。小学生健康自我的发展同样并非一蹴而就，是在学校教育、家庭教育、社会教育中潜移默化的过程，并且可能出现反复。②依赖性。对小学生来说，老师和家长是其健康自我成长过程中的重要他人。小学生心智发展不成熟，缺乏丰富的体验，并且一般情况下意志较为薄弱，容易受外力及环境的影响。这些为我们的工作提供了切入点，同时也增加了难度。③片面性。小学生往往囿于自身经验的缺乏以及心智的不成熟而呈现出以部分客体代替完整客体的倾向，从而影响了其认知、判断和决策。

第三，小学生健康自我发展的兴趣和精彩。与健康自我一脉相承的是自身的兴趣和精彩。拥有健康自我，才可能活出自己的精彩，自己的精彩源于自己的潜能和兴趣得到激发，获得自我的发展。教育者首先应该持续地、敏锐地帮助学生发现他最感兴趣的事情。发现自己的兴趣，专注于自己的兴趣，他才可能活出自我个性，活出独特精彩，并丰富这个世界的精彩。因此，我们不仅要关注他们因天赋才能而具有的兴趣，更要关注其社会性兴趣的激发，即对社会、对人性、对人类的感情，对他人、对人性的敏感。这种社会性兴趣往往与美德自然融合，美德滋生在内心，犹如兴趣一样，等待被激发、被扩大。个人禀赋和社会性兴趣融合，兴趣就会成就精彩，个人潜质就能不断迸发，个人价值就能不断超越。

（二）研究思路和策略

怎样创建一个"健康自我"的课堂呢？经过理性的、系统的思考，我们提出了绿色课堂的系统改进和完善方案。

首先，我们根据课堂教学活动的规律，从学业自我概念、学业自我评价、学业自我接纳、学业自我调节、学业自我表露等方面的表现，结合罗杰斯的意义学习四要素——个人参与、自我发起、全面渗透、自我评价，确定了绿色课堂"健康自我"的6个主要成分性目标：氛围和谐、目标适度、学习专注、沟通有效、思维深入、评价激励。每一个成分性目标下又有更细的成分性目标，确保目标在教学活动中的转化和落实（见下表）。

绿色课堂评价要素

绿色课堂教学原则：健康自我 情趣价值			
研究要素	要素说明		注意点
	学生（行为表现）	教师（策略方法）	
氛围和谐	1. 能倾听老师和同学的发言，并主动给予友好回应。（对老师和同学尊重、友好） 2. 主动、乐于寻求老师和同伴的帮助。（信任同伴和老师） 3. 正确对待各种意见，包容和帮助同伴和老师。	1. 给每个学生相应的机会和帮助。 2. 创设没有言行伤害、多种方式激励的学习氛围。 3. 给每个学生合适的评价和关心。	言行的分寸感 态势的自然感 心理的安全感
目标适度	1. 每个学生都有自己感兴趣的问题或学习目标。 2. 每个学生都能达到基础教学目标。 3. 每个学生都能有不同方面的收获和发展。	1. 根据学生差异，制定弹性教育目标，教学目标要处于学生的"最近发展区"。 2. 教学目标的制定要反映教材特点和学生学情，体现课程精神。 3. 教学目标蕴含于各教学环节中，并根据学情有机调整。	基础性 发展性 个性化

绿色课堂教学原则：健康自我 情趣价值			
研究要素	要素说明		注意点
	学生（行为表现）	教师（策略方法）	
学习专注	1.能围绕自己的学习目标，聚精会神地展开学习。 2.集中精力，不受干扰，跟进问题，有意志力。 3.碰到困难时，能够调动自己和他人的资源解决问题，能坚持。	1.深入研读教材，充分挖掘教材资源，对教材有深刻见解，并能恰当取舍，聚焦目标。 2.教学资源可供各层次学生参与学习，适量、适度、适时地拓展学习空间，帮助学生达成目标。 3.能敏锐地发现学生的困难和问题，给予支持性帮助。	目的明确 精神投入 持续跟进
沟通有效	1.倾听别人的意见，比较自己与他人看法的异同，包容多方看法，有自己的见解。 2.有分寸、针对性地回应别人，并促使自己多角度思考，超越自己原来的观点。 3.自己的发言能激发别人深入地思考和回应。	1.创设恰当的教学情境，引导学生互动交往，调动每位学生积极参与学习。 2.关注学生的需求状态，重视活动的过程和体验，使各类学生主动、愉快、深入地沉浸于学科活动中。 3.在活动中把握时机、积极引导，注意规律性探究和方法的获得。	主动参与 积极回应 超越自我
思维深入	1.能提出真实的问题，以自己的方式进行独立的思考，有自己独特的见解。 2.能多角度地系统思考，获得方法性、结构性知识。 3.能在学习过程中根据需要，调节学习方向、方式、节奏、内容、观点等。	1.给学生一定的时间和空间，让他们以自己的方式对待自己的问题。 2.注意演绎思维、归纳思维、发散思维的培养，引发学生对学习规律和方法的总结，让学生学会学习。 3.引发学生自我观照和调整，使学生更深入、更全面地思考。	深度思考 系统思维 有效调整
评价激励	1.有自我反思的意识和习惯。 2.能参考多方面信息，积极地、比较客观地评价自己。 3.能运用学习规律投入新的学习。	1.通过多种方式和方法，引导学生自我评价和自我改进。 2.关注有特殊需要的学生，与个性学习有机结合，宽容学生的细微错失，促进学生有效、愉快地学习。 3.通过评价，引导学生对自己有积极的期待和希望。	结合具体学生 结合学科目标 有层次性和针对性 促进发现与发展

这个研究框架有逻辑与直觉，有理智与情感，有概念与经验，有观念

与意义，这样一个纲领性框架，能够让我们全方位地、系统地、渐进地改进我们的课堂教学 ，最大限度地顺应学生健康自我发展的需求。

如何让这个研究框架发挥作用？我们从学生健康自我出发，侧重学生的学业学习，研究出台了绿色课堂的研究框架，提出要更为具体和准确地分析、定位成分性目标，并努力将它转化为每一节课的综合行动性目标。因为课堂教学环节和教学措施设计的基本内容可以将成分性目标转化为综合行动性目标。一是将学生的实际需要和教材的特点、课标考试的要求三者结合，确定教学目标；二是对这个"转化"进行设计。

为了促进教师积极投入课堂教学的实践，改进课堂教学，我们从其中的一个成分性目标切入，将它与相关联的其他要素有机结合，形成研究的一致性、系统性，促进了实践层面的彻底改进。

如我们从"氛围和谐"的第一个成分性目标——能倾听老师和同学的发言，并主动给予友好回应——切入，并将它与目标适度、学习专注、沟通有效、思维深入、评价激励等相应的成分性目标联系起来。

成分性目标解析示例

研究要素	学生（行为表现）	教师（策略方法）	注意点
氛围和谐	能倾听老师和同学的发言，并主动给予友好回应。（对老师和同学尊重、友好）	1. 以与学生互动的方式给每个学生相应的机会和帮助。 2. 以与学生互动的方式给每个学生合适的评价和关心。	言行的分寸感 态势的自然感 心理的安全感
目标适度	1. 每个学生都有自己感兴趣的问题或学习目标。 2. 每个学生能有不同方面的收获和发展。	教学目标蕴含于各教学环节中，并根据学情有机调整。	基础性 发展性 个性化
学习专注	碰到困难时，能够调动自己和他人的资源解决问题，能坚持。	能敏锐地发现学生的困难和问题，给予支持性帮助。	目的明确 精神投入 持续跟进

研究要素	学生（行为表现）	教师（策略方法）	注意点
沟通有效	1. 倾听别人的意见，比较自己与他人看法的异同，包容多方看法，有自己的见解。 2. 有分寸、有针对性地回应别人，并促使自己多角度思考，超越自己原来的观点。	1. 创设恰当的教学情境，引导学生互动交往，调动每位学生积极参与学习。 2. 关注学生的需求状态，重视活动的过程和体验，使各类学生主动、愉快、深入地沉浸于学科活动中。	主动参与 积极回应 超越自我
思维深入	能多角度地系统思考，获得方法性、结构性知识。	引发学生自我观照和调整，使学生更深入、更全面地思考。	深度思考 系统思维 有效调整
评价激励	能参考多方面信息，积极地、比较客观地评价自己。	1. 通过多种方式和方法，引导学生自我评价和自我改进。 2. 通过评价，引导学生对自己有积极的期待和希望。	结合具体学生 结合学科目标 有层次性和针对性 促进发现与发展

以此形成从"点"爆破、左右迎合、上下贯通的整体研究，使问题研究更彻底、更全面，更富有逻辑和系统性，达到彻底解决问题的目的。

不断探究　深度思维

周金萍

今天听了赵乐林老师的课，很振奋。一节《我的伯父鲁迅先生》，平常老师们上得枯燥无味，不说没什么情趣，关键学生思维得不到激发，学生学会的基本是概念化的套话。可到赵老师这里，学生就思维活跃，课堂上，可谓"情趣与价值共生"。原因何在？就是赵老师立足于学生学业健康自我的发展，各环节和问题相互联系，让学生形成系统性思维。

赵老师以连锁反应的方式给每个学生相应的机会和帮助、合适的评价和关心。什么叫连锁反应的方式？就是不孤立地将问题零打碎敲地给一个个学生回答（看起来是给每个学生机会，实际是降低课堂效率，降低学生思维的深度），而是原子弹引爆式的问题探究，使得学生情绪调动、思维投入。赵老师开始循着学生的阅读感受，引出一个核心问题："刚才你们说鲁迅先生的 5 个小故事读起来感受不一样，有的让你感到亲切，会心一笑，有的让你感受到严肃，心情沉重。哪一件事情的描写让你感到心情沉重？"学生自然锁定"救助车夫"。"接下来你应该探究什么？"老师由这个问题出发，引发学生新的问题。学生便开始提出问题，有的提"为什么这件事情让你感到沉重"，有的提"这件事情的哪些地方让你感受到沉重"。"谁刚才产生了第一个问题？谁产生了第二个问题？谁两个问题都产生了？请用你的手势1、2、3表示。"这就是"氛围和谐"里的第一个成分性目标——能倾听老师和同学的发言，并主动给予友好回应。同时，这不是表面上的友好回应，而是深层次的思维回应，促使听的学生产生自己的新问题。这自然关联到"目标适度"中的"每个学生都有自己感兴趣的问题或学习目标"，也关联到"沟通有效"中的"有分寸、有针对性地回应别人，并促使自己多角度思考，超越自己原来的观点"。

接着赵老师问："这问题该怎么解决？先解决哪一个？后解决哪一个？为什么？"学生说先解决第二个问题"这件事情的哪些地方让你感受到沉重"，然后才能深入思考第一个问题"为什么让你感到沉重"。学生开始找内容，赵老师行间巡视，发现学生找了很多，但是没有批注，于是提醒学生："找到相关的内容后，标注上这写的是什么，看看作者是从几个角度写出沉重的。"这非常关键，它让学生形成系统的思考，从内容到写法，它关联到"学习专注"教师策略方法中的"能敏锐地发现学生的困难和问题，给予支持性帮助"，也关联到"思维深入"学生行为表现中的"能多角度地系统思考，获得方法性、结构性知识"。最终学生的回答就比较系统：环境的直接和间接描写；车夫外貌、动作、语言的描写；鲁迅先生神态的描写。而对第二个问题"为什么让你感到沉重"，学生开始探究写法背后作者的用意：环境的严寒不仅是因为冬天，更因为那个社会；车夫的描写展示了底层人民生活的悲惨；鲁迅先生神态的描写展示了他对这

个社会感到悲哀、绝望和他对车夫的同情、关心。

"那他是怎么想的呢？请你们结合课文，结合自己查阅的资料，写一段鲁迅先生内心的想法。"赵老师给学生5分钟的时间，让学生在一段凄凉的背景音乐中习作。这就关联到"沟通有效"教师策略方法中的"创设恰当的教学情境，引导学生互动交往，调动每位学生参与学习"和"关注学生的需求状态，重视活动的过程和体验，使各类学生主动、愉快、深入地沉浸于学科活动中"。

最终，赵老师没有让学生就这件事情说这件事情，而是与其他事情比较：这件事情与其他事情的描写有什么异同？在比较中，学生发现：一个详写，一个略写，一个情绪愉快，一个心情沉重，但是都能看出鲁迅对人的关心、对社会的不满。详写的这件事情集中反映了鲁迅的爱和恨，并反映了鲁迅为什么会得到各种人的爱戴，回应开头"……学生，工人，各式各样的人都有……"。

教学设计蕴含这些成分性目标，学生健康自我包含的成分性目标就渗透在教学过程和环节中，教师选择和确定教学策略和方法，达成意义学习的四个方面：第一，教师促进了学生学习过程中的投入和参与，即整个人的情感和认知都投入到学习活动中；第二，教师促进了学生学习是自我发起的，即便是推动力或刺激来自外界，也要求发现、获得、掌握和领会的感觉是来自学生自己；第三，教师促进了学生的学习是全方位渗透性的，学生的行为、态度乃至个性都发生了有益的变化；第四，教师促进了学生学习中的自我评价，因为学生最清楚这种学习是否满足了自己的需要，是否有助于了解自己想要知道的东西，是否让自己明了原来不甚清楚的某些方面，从而使学生真正学会对自己及自己的发展方向负起责任来。

下面这节课，教师根据学科特点，很聪明地利用了"活动单"，达成了以上意义学习的四个方面，实现了课堂教学中学生健康自我的发展。

以个性化的"活动单"促进学生的健康自我

崔 红

教师可以以个性化的"活动单"为媒介,引导学生在活动中参与、合作、探究、体验,进而实现教学目标。它可以激发学生的学习兴趣,让学生整个人的情感和认知都投入学习活动中,培养学生自学和分析问题、解决问题的能力,并引导学生学会自我评价,真正学会对自己及自己的发展方向负起责任来,充分体现学生健康自我的发展。

一、学生健康自我发展的前提是设计有效的个性化"活动单"

"活动单"是呈现教学目标、教学内容、活动方案等教学元素的平台,为综合实践活动提供更具活泼性、创造性、延展性的教学活动设计。根据学生情况设计的个性化的"活动单",是最具体、最实用的教学媒体。它必须具有以下特点。

1. 自主性

教师可依学生、地域、文化等差异,调整学生的学习目标及方式,进行形成性评价。教师进行主题教学活动后,可收集学生完成的"活动单",以了解学生对主题的理解情况。要允许学生多角度地思考,不设标准答案,把整个课堂领向开放的学习情境。

2. 多元性

教师可设计多样精彩的开放性问题,可安排访问、记录、观察、操作等多元的学习方式。"活动单"不同于一般习作的呆板纸笔作业形式,学生可勾选答案、搜集资料、调查访问、高谈阔论、进行接龙或闯关游戏等,为学生提供自我评价、相互评价等多元评价的机会和形式。

3. 可操作性

设计教学活动时,把"活动单"的内容安排为整堂课的个性化教学过程,也是一种极佳的应用方式。"活动单"强调的是学生第一手经验和利用自然及生活环境,"直观教学"和"做中学"等操作性学习是"活动单"

里必要的部分。学生只有动手去做，获得的知识及经验才是有意义的。

4.延展性

"活动单"的设计不但要培养学生的基本能力，更应加深加广。要避免以百分数评定学生的表现，而尽可能改为鼓励性口语或文字，勉励学生学习，如能加盖爱心图章等，效果更佳。还可以特别设计给家长的问题，促进教师与家长的合作，共同帮助学生成长。

二、学生健康自我发展的关键是学生利用个性化的"活动单"开展活动

通过多元活动促进学生主动发展以实现学生自我发展是利用个性化"活动单"开展综合实践活动教学模式的特质和特色。

"活动单"的介入保障了学习活动面向每一位学生，更为关注每位学生的态度、情感、能力、责任心以及合作精神等个性品质的培养，注重学生的过程性体验，注重活动过程本身对学生的教育价值。利用"活动单"开展活动的教学模式努力营造了一种为每位学生所悦纳的、宽松的、和谐的、开放的师生关系，它比传统的教学活动更立体、更鲜活、更有可操作性。

三、学生健康自我发展的核心是教师设计个性化"活动单"的方法

1."活动单"应符合分段能力目标

"活动单"的设计应符合教学目标。在进行个性化教学活动之前应设计教案，教案中已具体列出教学所要实现的能力目标。要面向全体学生，将能力目标落实到教学流程的每一个环节中，重点放在教学目标的"适度"和学生参与的"广度"上，即目标兼顾各类学生，尽一切可能调动每个学生参与教学全过程，想方设法提高不同学生的学习能力和学业水平。

2.搜集资料务必要求学生消化过

很多老师会发现，如今资料的获得比以往容易多了，学生只要一台计算机、一个鼠标、一台打印机，就可以打印出许多资料来，可是这些资料学生不一定看过，所以建议老师设计题目时，一定要设计让学生消化过这些资料才能作答的题目。

3."活动单"的设计勿造成家长过度负担

"活动单"千万不要造成家长的困扰。例如，一些"活动单"为确定学生真正到达了博物馆、社区、公园等，要求学生必须照相存证。为孩子洗一张照片跑路，引起家长莫大的反感。其实，很多参观场所提供盖章留念或是门票，均可证明学生到访，不一定要照片证明。另外，有一些"活动单"的内容太多或要求太高，学生无能力完成，就会造成家长的负担与困扰。

4."活动单"的设计要注意安全问题

常见一些"活动单"要求学生实地采访或是收集实物，但并没有在"活动单"上注明家长或老师同行，如果发生意外，老师难辞其咎。因此，我们在此提醒老师，当您设计"活动单"时务必要考虑学生的安全问题，尽量避免让学生去危险的地方。如果无法避免而又有安全上的顾虑，一定要注明让家长同行。

5."活动单"要有弹性，可灵活运用

使用"活动单"并非是赶时髦，而应从学生的需要考虑。综合实践活动中教师拥有专业自主权，可以自行决定是否需要"活动单"辅助教学。设计实用的"活动单"并适时使用，能起到很好的引领和评价作用。

6."活动单"的制作应力求活泼、生动

"活动单"应尽量活泼一些。增加一些插画，提供活泼有趣的内容，是非常有必要的。在叙述时，应尽量口语化、趣味化，例如可提到学生最感兴趣的人名、话题，以提高他们的学习兴趣，增进其学习效率。

7."活动单"要面向全体学生

在建立"活动单导学"教学模式的过程中，我们把这个理念具体化为教学策略、教学措施，落实到个性化教学流程的每个环节中，重点放在教学目标的"适度"和学生参与的"广度"上，即目标兼顾各类学生，尽一切可能调动每个学生参与教学全过程，想方设法提高中等生和后进生的学习能力和学业水平。

　　总之，个性化"活动单"的素材很广，综合实践活动教师需要有自编教材的能力，所谓"运用之妙，存乎一心"，笔者相信教育的点点滴滴都可以创意十足，"玩"出自己的花样。

　　利用个性化"活动单"开展综合实践活动，立足于学生的健康自我发展，变革传统课堂教学模式，优化教学环节，整合课堂资源，强化活动体验，注重思维过程，关注生命成长，催生了效率课堂、生命课堂、智慧课堂，促进了教学相长。

　　个性化"活动单"实例1　三年级上册"时间巧安排"主题

智慧卡

思考人：＿＿＿＿＿

任务

1. 购买材料 40 分钟
2. 和面拌馅 20 分钟
3. 包饺子 30 分钟
4. 烧开水 10 分钟
5. 煮饺子 10 分钟
6. 准备餐具 5 分钟

我们认为这样安排合理又巧妙：

加油

个性化"活动单"实例2 四年级上册"工具高手闯关游戏"主题

工具高手

四年级_____ 班_____ 号_____ 姓名_____

谁是工具高手呢？请你到以下各站闯关，依照关主的说明完成要求事项，并请关主根据操作完成情形，盖过关章。

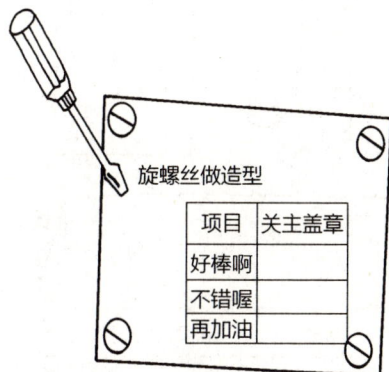

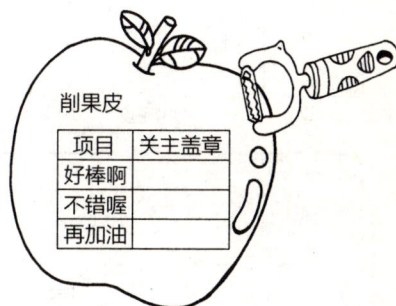

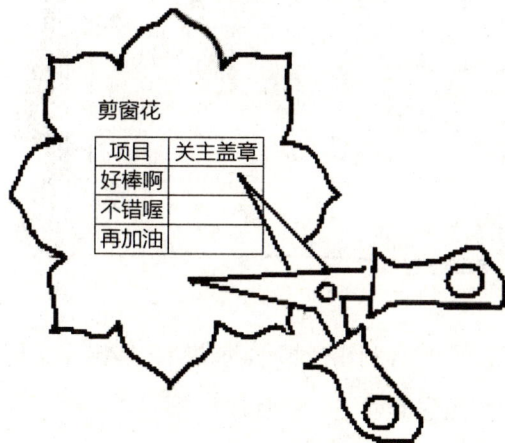

旋螺丝做造型

项目	关主盖章
好棒啊	
不错喔	
再加油	

削果皮

项目	关主盖章
好棒啊	
不错喔	
再加油	

剪窗花

项目	关主盖章
好棒啊	
不错喔	
再加油	

穿针引线

项目	关主盖章
好棒啊	
不错喔	
再加油	

评价项目	评价
1. 正确安全地操作工具。	
2. 积极参与闯关活动。	
3. 得到高手印章。	

个性化"活动单"实例3　五年级上册"'垃圾'变身"主题

第三主题

"垃圾"变身

五　年级＿＿＿班　姓名＿＿＿＿＿

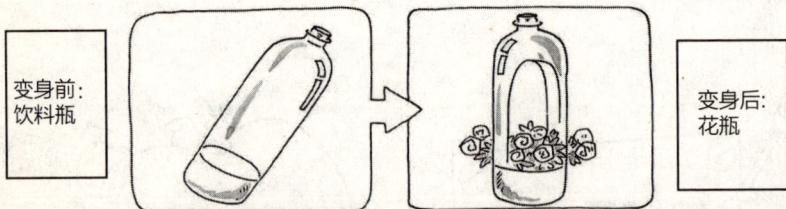

变身前:
饮料瓶

变身后:
花瓶

评价项目	自己评价	同学评价	老师评价
1.切合主题	☆☆☆☆☆	☆☆☆☆☆	☆☆☆☆☆
2.合理创新	☆☆☆☆☆	☆☆☆☆☆	☆☆☆☆☆
3.团队合作	☆☆☆☆☆	☆☆☆☆☆	☆☆☆☆☆
4.积极参与	☆☆☆☆☆	☆☆☆☆☆	☆☆☆☆☆

生活中，其实有很多东西可以回收再利用。请你动动脑，写出你想把什么"垃圾"变成什么东西，并画出它的样子，再制作。

以追求绿色课堂中学生的健康自我为目标，我们另外一条研究策略就是同时将"氛围和谐、目标适度、学习专注、沟通有效、思维深入、评价激励"渗透到备课、上课和反思中，在整节课的教学过程中充分考虑这些元素，同时以这些元素来衡量和评价一节课，而不是从其中一个元素出发。

在数学教学中实现学生健康自我之探索

李　嘉

学生健康自我的培养要以学生的个性化教育为轴心，作为一名数学教师，在教学中充分尊重学生，热爱每一个学生，拉近师生间的距离，这是实现学生健康自我的重要前提。

今年教的三年级比较特殊，学生在课堂上注意力不集中，对学习没有什么兴趣，常常只能坚持前十分钟，后边就开始了各种小动作，课堂上的互动只能吸引部分学生参与。前两年学生没有养成良好的学习习惯，而一些不良习惯对课堂的影响让任课老师有些束手无策。从三年级开始，由我任教这个班的数学课，面对学生，我不断发现问题，进而调整我的教学，一开始学生不会听讲、不会表达，后来慢慢有了变化，连来听课的老师都觉得很好了。可是，我心里还是有一些迷茫，觉得之前的方法对他们而言虽有一些作用，但依然存在对学习没有热情的学生，我想，一定是我的方法不是他们最需要的。我觉得力不从心的时候，不得不对自己的教学方法进行反思和改变，采用了适应学生学习需求的策略。

反思之一：从学情出发，确定合适的教学目标，把讲台变成学生展示的舞台，进行激励性评价，实现有效的沟通。

在数学课堂上有下面这样一个现象。老师又画图又讲解，还不时地提问，学生听得津津有味，激动兴奋。老师问："听明白了吗？"学生异口同声："明白了。"在接下来学生独立学习时你就会发现，还有一部分学生不明白。我把这种缺少学生真正参与体验的学习称作"假学习"。这让我开始关注学生的个性化学习。没有个性，就没有鲜活的人的发展，就没有学生的健康自我，就没有独具特色的创造性人才的出现。那么，如何创造环境让学生充分发挥个性呢？

如三年级学生认识了"分数"，那么他们对分数是如何理解的呢？

题目举例：小红说：这些电池相当于我回收电池的四分之一。小明说：这些电池相当于我回收电池的三分之一。请你猜猜：谁回收的废电池多？为什么？

从下面8位同学的解题过程可以看出，有的是用符号表示分数的含义，有的是用线段图表示分数的含义，有的是算式与符号、线段图结合，等等，都具有学生个性化的理解，这样的学习一定是积极有效的。

要培养学生这种个性化的学习方式，需要教师有更大的耐心和期待。课堂上需要教师转化角色，当好"导演"，把学生推上"舞台"，当好学习的主人。学生的积极性调动起来，学习兴趣越大，越能挖掘出学习的潜力。因为激发学生的表现欲望是培养他们创新精神和创新能力的基础。激励是产生兴趣的一种良好形式，而兴趣又是最好的老师。每一个少年儿童都希望自己是成功者，都期待着收获肯定和赞誉。

当众多解答呈现后，有的方法简单，有的方法复杂，还有的会出现表达上的错误。教师如何引导学习者在学习过程中对认知活动进行自我监控，并做出相应的调适？我想仍旧将讲台变成学生展示的舞台，引导学生相互评价、互动。如上述方法呈现后，由学生将自己的方法介绍给同学们，然后问一问谁有什么不明白的地方，这样一来，满足了展示的学生自我表现的欲望，同时因为要接受同学的提问，在回答的过程中，也让其自己的思考更深入。那么，教师在生生交流的过程中起什么作用呢？展示的学生表达不清楚的地方，教师要将语言组织流畅并让学生重复一遍，当被问的学生听不懂提的问题时，教师要引导学生试着进行解释和讲解，直到交流畅通，问题解决。一句话，"把讲台变成学生展示的舞台"这样的学习方式学生非常喜欢，就连以前对学习没有热情的学生也争先恐后地举手要表达。我想，这才是学生需要的学习，是学生喜欢的课堂。

反思之二：从学情出发，确定合适的教学目标，将教的过程变成学生自我发现的过程，促进思维的深入。

一次听课，授课内容是北师大版教材三年级第六单元的起始课"除法"，本课的教学背景分析如下。

有48个桃子，平均分给2只猴子，每只猴子分多少个？（情境图如下）

另：有48个桃子，平均分给3只猴子，每只猴子分多少个？（情境图略）

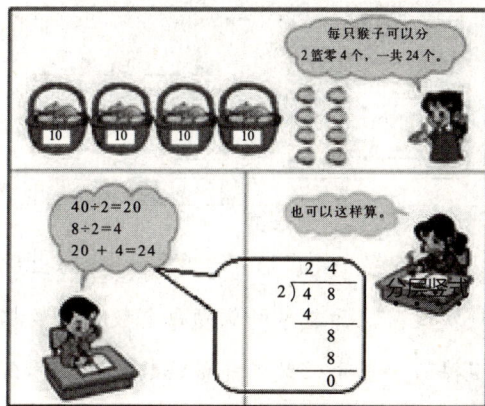

内容分析：

1. 学生在学习本课之前，在二年级时学习了除法竖式，如

$20\div5=4 \Longrightarrow$

2. 学生根据经验会将 $48\div2$ 的竖式写成如下形式：

一层竖式

课堂上学生开始操作学具（印在纸上的4筐桃子和8个桃子的图片），老师问是怎么分的，学生汇报：先分整筐的（每筐里有10个桃子），把4筐桃子平均分成2份，每份2筐；然后再分单独的8个桃子，把8个桃子

平均分成 2 份，每份 4 个，最后，一只猴子分到 2 筐加 4 个，一共是 24 个桃子。接下来，老师说：你能用竖式计算吗？学生的竖式出现了两种情况：

$$
\begin{array}{r}
2\ \ 4 \\
2\,\overline{)4\ \ 8} \\
4\ \ 8 \\
\hline
0
\end{array}
\qquad
\begin{array}{r}
2\ \ 4 \\
2\,\overline{)4\ \ 8} \\
4 \\
\hline
8 \\
8 \\
\hline
0
\end{array}
$$

老师想通过比较让学生接受：分层的竖式可以看出两次分桃子的过程，而只写一层的竖式没有体现两次分桃子的过程。

当老师问只写一层竖式的学生：你的竖式能看出分两次的过程吗？学生回答：能看出。老师的表情有些为难，然后极力想让学生接受第二种分层的竖式。而在老师简单的反问下，学生的声音也越来越小，最后学生服从了老师的看法。可是结果呢？下面是学生书写的除法竖式：

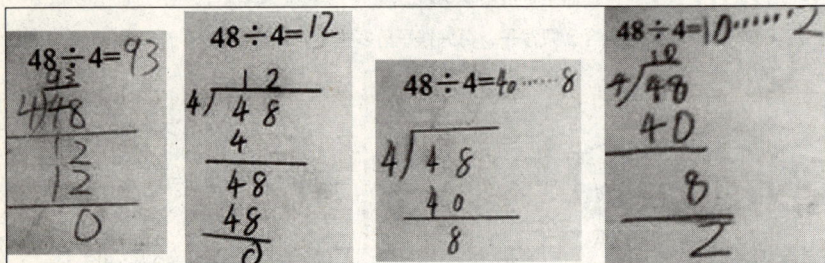

当看到教学之后这样一种结果的时候，我震惊了。学生问题的出现激发了我研究的欲望。经研究，我发现：前面教学的例题每个数位的数都能被除数整除，学生不容易发现规律，如果十位数不能被除数整除会怎么样？我想出这样的算式进行比较：

$\begin{array}{r} 1\ \ 6 \\ 3\,\overline{)4\ \ 8} \\ 4\ \ 8 \\ \hline 0 \end{array}$	记在了脑子里 竖式中没体现 ← ... → 计算的每一步 都留在了竖式中 $1 \times 3 = 3$ $4 - 3 = 1$ $18 \div 3 = 6$ $3 \times 6 = 18$	$\begin{array}{r} 1\ \ 6 \\ 3\,\overline{)4\ \ 8} \\ 3 \\ \hline 1\ \ 8 \\ 1\ \ 8 \\ \hline 0 \end{array}$

以此为例，我引导学生观察和思考：在分桃子的过程中，两个算式有什么相同和不同？学生说结果相同，计算过程不相同。我问：不同在哪里？观察一下，哪一个算式计算步骤详细、清楚？最后学生发现：第二个算式一共出现了4个口算（中间方框中的），而在一层竖式中，却没有找到。我问学生：一层竖式中真的没有这几个计算吗？16的计算结果怎么来的？学生们陷入了沉思，过了一会儿，有学生发现在一层竖式中，这4个口算都有，就是没有写出来，被记在了脑子里。我问：哪一种计算方法不容易出错？做几道题后再回答。记得课上有学生是这样表达想法的：好记性不如烂笔头，万一有错，第二个算式也能迅速查出问题。

经过漫长的研究历程，在两个竖式的比较过程中，在计算的实际操作中，学生发现了规律，有了方法，欣然接受了分层竖式的写法，因为这样的计算记录了每一个细节，会更加准确无误。

除法竖式为什么要分层写？大家总说：一直都是这样写的呀。看似是回答了别人的提问，实际上没有底气。看似简单的问题，我当学生的时候没有弄明白，今天学生一系列问题引发了我的研究，解决了我一直不明白的困惑，相信学生也真的学会了，更学会了一种思维方法。

表面看来是牺牲了课堂上的一些时间，但我们的目的是什么？难道就仅仅只是完成该教授的几道题吗？绝不是！是学生真正"学会"，能举一反三，是学生真正"会学"，触类旁通。"会学"是根本。"会学"从哪里来？需要教师给平台让学生充分展示，在展示中发现，在发现中评价，在评价中反思，在反思中调节，形成学生个性发展和学业的健康自我。

如果用"氛围和谐、目标适度、学习专注、沟通有效、思维深入、评价激励"这些元素去看，我们不难发现这节课确实是健康自我的课堂的完满体现，不难发现它是在"个性化教学"基础上的丰富和完善。只有实现

了学生健康自我的课堂才是真正体现个性化教学的课堂，也只有以个性化教学为轴心的课堂，才能完成学生健康自我的学业发展。

立足于人的发展，围绕学校的培养目标"培养明德笃行、自觉自为的阳光少年"，绿色课堂教学有继承、有发展，由"适度"到"个性"、再到"健康自我"，强调以人为本，着眼整体、观照细节、注重联系、突出发展、充满活力。

第六章

翠·微教师的培养

"善之本在教，教之本在师。"学校的发展，教学质量的提高，学生的成长，关键在于教师队伍的素质。加强教师队伍建设，关系到学校的兴衰成败和可持续发展。要培养明德笃行、自觉自为的阳光少年，我们不仅需要开发一切蕴含翠·微教育特质、彰显"明德笃行"追求的丰富的课程和活动等资源，更重要的是，只有坚持"明德"、"笃行"而且有着阳光性格、阳光心态的教师才能担当起培养明德笃行、自觉自为的阳光少年这一重任！为此，近年来学校着力在师资培养上下功夫，更新师资培养理念，创新师资培养方式，培养出了一支质量优良、结构合理、精干高效、富有活力的教师队伍！

一、翠·微教师的内在价值引领

一所以德见长、注重文化品位的学校的教师是什么样子的？教师发展动力的源泉又在哪里？每一位教师都追求美好的人生和事业，都希望自己过得有意义、有价值。学校的任务就是要积极创造条件帮助每位教师寻找价值坐标，激励教师不断发现自我、展示自我、超越自我，体验成功的快乐，实现人生的价值。

2010年4月，为了进一步提炼教师发展的核心价值观，我们采用列举关键词的形式在全校范围内开展了一次大调查。结果显示，参加调查的242名教职员工集中关注了"责任"、"爱"、"爱岗敬业"、"为人师表"、"学识"、"德行"等核心关键词。在此基础上，学校提炼了翠微小学教师的核心价值追求——博爱、责任、公平、精进。在此后的几年里，四个核心价值追求有效地在教师教育理念和实践工作中起到了方向指引和规约的作用。

（一）博爱

1. 明德

博爱意为广博之爱，既指爱的对象之广博，也指爱的类型之多元，包括对学生的关爱、对同事的友爱、对领导的敬爱、对家长的礼爱、对事业的热爱、对生活的珍爱。教师博爱的核心是关爱学生，其关键之处、困难之处在于关爱每一位学生，在于从身、心、学习方方面面去关爱学生。

2. 行徽

◆ 尊重学生，了解学生认知和身心发展规律，关注每一位学生的学习、身体和心理状况，并给予及时、持续的帮助和支持。

◆ 对所有学生一视同仁，不讽刺、挖苦、歧视学生，不体罚或变相体罚学生，冷静科学地处理学生的问题。关怀学困生和特殊学生，了解他们的困难和特殊所在，在课堂和课后给予必要的、额外的关注和帮助。

◆ 热爱自己的生活，保持健康的身体和心态。

◆ 尊重自己的同事，在专业工作上彼此扶持、相互帮助，在生活上和谐交往、分担喜苦，将同事的学生视为自己的学生。

◆ 尊重自己的领导，积极配合领导的工作，认真吸纳领导的意见，并勇于建言献策，在合适的场合和机会指出领导的不足，并帮助领导改进。

◆ 尊重学生家长，积极与家长保持沟通联系，共同关心学生的发展，以有礼有节的态度与家长交往，避免与家长发生矛盾冲突，同时帮助家长改进家庭教育理念和方式。

3. 依据

"博爱"语出韩愈所著《原道》："博爱之谓仁，行而宜之之谓义，由是而之焉之谓道，足乎己而无待于外之谓德。"可见博爱实为德之基础。对于教师而言，博爱更是教师职业道德的根基所在，特别是关爱每一位学生。我国的《中小学教师职业道德规范》第三条也明确规定："关爱学生。关心爱护全体学生，尊重学生人格。"同时，从翠微小学的教师调查中也能看出师德中"博爱"的重要性，老师们多次提及要爱学生、爱工作、关注学生的内心感受等，学生在访谈中也都认为教师应该爱护同学，不仅是在学习上，还包括在心理上，而且还要爱护那些成绩不好的同学。

（二）责任

1. 明德

责任是一种分内的义务，更是教师的教育使命，是教师对自身工作职责的理解和履行，以及对工作产生结果的承担。其中包括对学生发展的责任和对学校发展的责任，而负责任就是出色地完成自己的工作，并获得来自多方面的、实事求是的良好评价。

2. 行微

◆ 具备从事教师工作所需的专业知识和技能，基本功扎实，并能根据工作要求和学情来适时综合运用。遵守《中小学教师职业道德规范》和《翠微小学教师行为规范》。熟悉岗位工作条例，了解自身岗位职责与工作任务，愿意并主动承担其职责与任务。

◆ 制订细致的工作计划，并认真执行和完成，认真备课、上课、批改作业与试卷、辅导学生，并与学生建立良好的师生关系。

◆ 了解多方对自身工作的反馈，客观地评估工作效果，勇于承担可能的不良后果，并在评估的基础上进行反思改进。

◆ 认识自身工作对学生发展的重要性，将学生发展视为教育教学工作的唯一准绳和方向。

◆ 遵循教育教学规律，在教学中要注重学生的道德培养，重视言传身教，培养学生的良好品行和创新精神，促进学生的全面发展。

◆ 以学校发展为教育教学工作的指导方向，按照学校制定的学生培养目标安排教育教学工作，并与学校发展的规划相同步，积极参与并主动为学校发展建言献策。将推动学校发展视为己任，积极承担并认真完成学校给予的非专业工作，并与学校全体人员共同承担学校发展的风险。

3. 依据

责任要求教师能够恪尽职守并富有能力地担当。责任也是教师专业的核心特质，因为教师成为专业人员，就在于他有服务儿童成长的职责所在，而这一职责是不可轻易被取代的，它也体现了教师道德的专业色彩。

负责任也是一个社会人的重要品质，在现代社会中更为重要。同时，翠微小学的教师也都认同责任对于师德的重要性，包括工作细致、言行规范；学生也认为教师需要知识渊博、讲解仔细认真。

（三）公平

1. 明德

公平是基础教育的基石，小学阶段的教师更是教育公平的践行者，教师要做到公平对待每一位学生，根据每一位学生的潜力为其发展提供平等的机会，提供多种资源，提供多种教学方式，提供适当的帮助，并向弱势学生倾斜。让每一位学生感受到老师的关爱，感受到成长的快乐。

2. 行徽

◆ 平等对待每一位学生，认同每一位学生都是独立的个体，并愿意为每一位学生提供合适的教育。了解和尊重每一位学生的身心特点和学习特质，并据此设计教育教学的目标、内容、过程、方法和评价。

◆ 精心组织教学内容，利用包括教材在内的多种课程资源，为不同学生创建丰富多元的课堂环境。综合运用多种教学方法和策略，实施分层教学，因材施教。

◆ 采用合适的课堂管理技巧，仔细分析学生课堂问题的成因，不随意贴"问题生"的标签。

◆ 采用多元评价方式，重视过程性评价、发展性评价，努力发掘每一位同学的闪光点，不以成绩看学生。

◆ 对班级中有特殊需要的学生给予倾斜性关注，认真落实"随班就读"政策，努力使有特殊需要的学生成为教育教学的特殊资源。

◆ 将全校的学生都视为自己的学生，主动帮助有困难的学生，劝阻其他教师的教育不公行为并帮助其改进。

3. 依据

《国家中长期教育改革和发展规划纲要（2010—2020年）》中"形成

惠及全民的公平教育"的战略目标中要求"教好每一个学生"。这一公平教育的使命自然落在教师的身上,那么,公平也就成为师德的重要组成部分。同时,作为基础教育组成部分的小学教育具有公共服务性,被纳入普及教育,公平性是其全民教育性质的集中体现,教师必须要为每一位学生提供公平的教育机会和教育过程。在翠微小学的师生调查中,不少教师都提出师德应包括公平、公正、平等,学生也希望教师能够平等对待每一位同学,特别是那些成绩不好的同学。

(四)精进

1. 明德

"精进"意为教师持续的专业学习与成长,既是不断向外寻找发展资源、学习专业知识、提升专业能力,也是持续向内反思实践、反思学习、反思自我,学会在各项工作的平衡协调中,确定重点工作方向,做到境界高远、富有创新、独树一帜、追求卓越。

2. 行徽

◆ 认同自己是一名学习者、探究者和反思者,并有持续学习的意愿。根据自身特点制订专业发展规划,并设计短期和中期的专业发展计划,目标明确,思路清晰,坚定不移,持之以恒,不断提升,卓有成效。

◆ 积极寻找各种专业学习资源,主动参与各类专业进修活动和校本培训活动,持续且广泛地阅读教育书籍和研究刊物。积极参与各级教研活动,认真评课、议课,并在借鉴他人的基础上反思自身的教育教学。

◆ 将反思纳入日常工作中,及时进行课后反思、单元反思、学期反思,并积极利用各种研究方式,搜集资料,提升反思深度,积极改进教育教学。

◆ 通过反思将专业学习与教育教学实践相联系,做到理论联系实际,逐步实现有理论指导的教育实践。

◆ 愿意与同事分享个人实践和学习所得,并乐于接受他人的建设性意见和中肯的批评,愿意为合作学习的教师集体贡献己长。

◆ 在专业成长过程中，秉持一名教育工作者的专业信念，并将自身专业发展与学生发展、学校发展相联系，用专业发展所得来提升学生学习，服务学校发展。

3. 依据

《大学》篇中有语"日日新，又日新"，实为精进的根本所在，于教师而言，就是在专业道路上不断深入、不断前进，最终目的在于更好地实现学生的发展。在倡导终身学习的时代，教师更应成为终身学习的先锋。随着互联网的发达和知识大爆炸，教师必须不断更新自己才能满足学生的学习需求。目前，教师仍然被视为一种准专业，社会、家长、政府往往会对教师的专业行为横加干涉，问题症结在于教师未能专业化，教师只有通过在实践中反思和学习来提升自己，才能真正成为具有自主权的专业人员。

学校作为培养人的地方，培养对象既包括学生，也包括教师。要培养出适应翠·微文化要求的教师，我们还需要选择从生活化的角度来看待教师的专业发展，这与学校近年来推崇的"为教工的幸福人生添彩"的理念也是一致的。2011 年，新的领导集体和管理团队组建之后，学校明确提出了"教工的幸福人生"这一概念，继承了原来学校"以人为本"的传统，同时又赋予其与时俱进的特色内容。2011 年，第二次全体教师大会明确提出了要通过努力带动教师队伍"立起来"、"走出去"、"飞出去"。此后，通过一系列大大小小的培训、活动，学校为广大教师营造了积极、愉悦的校园氛围。比如，无论多么繁忙，每位教师总会不时地收到学校和领导层面的关心和问候，大到每年一次隆重的教师节，小到每一位教师的生日，学校的问候总是及时且温暖人心。

二、翠·微教师的专业化发展

一所学校教育质量的高低关键在于教师，教师的专业发展和内在修养是学校发展的核心。要促进学校的发展，就必须不断提高教师的专业素质

和内在修养。我校为教师发展积极搭建平台，引领教师进一步在自己的专业和内在发展上得到提升。

结构决定功能和质量，这在自然科学界已经是人所共知的事实。同样，在人文与社会科学领域，人们也越来越接受这种认识，并且自觉地运用一种理性的、结构化的视角来规划或修正事物的发展。长期以来，翠微小学一直把教师队伍的建设作为学校可持续发展的重要内容，加强干部队伍建设，研究学校教师队伍的发展。

2008年4月，学校启动了教师培养三大系统工程，把"促进发展，提高质量"作为推进翠微小学规范化建设的核心。三大系统工程着眼于各个发展阶段的教师团队，关注各个层面的队伍建设。其中，"名师工程"针对的是处于稳定期的、已发展到高原层面的教师队伍，通过"与大师对话"、"与经典同行"等高端培训，促其走出高原瓶颈，继续向更高层面发展；"新星工程"是培养正处于快速上升期的教师团队，成员以青年教师为主，他们思想更活跃，发展势头最迅猛，他们肩负着学校可持续发展的重任；"新苗工程"针对教龄在5年以内的新教师，近些年，学校出台了一系列培养举措，帮助他们克服理想与现实的纠结，缩短成长周期，迈向快速发展期。

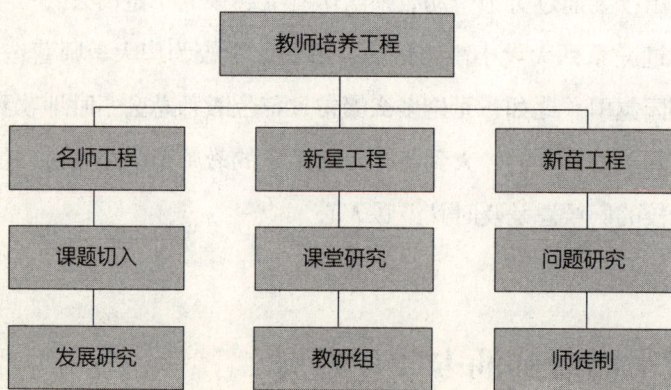

教师培养工程

名师工程	新星工程	新苗工程
课题切入	课堂研究	问题研究
发展研究	教研组	师徒制

教师培养工程结构

这样的师资培养模式摒弃了以往教师培训的弊端：重视新教师，忽视老教师；重视少数人（或多数人），忽视多数人（或少数人）。"三驾马车"式的梯队培养，标志着学校从以往的单一型、任务型、阶段型的培养模式，转向一个具有长期性、系统性、序列性的教师培养体系，不仅丰富了学校教师培养资源，还对学校原有的教师队伍产生了冲击。通过梯队式的培训，后起之秀的教学能力和水平得到迅速提高，名师工程的教师在不进则退的领先意识作用下，主动学习，提高素质，从而带动了教师队伍整体水平的提高。

（一）新苗工程——师徒共进，带动青年教师成长

"师带徒"并非翠微小学所独有的新生事物，但是我们做出了自己的特色，原因就在于我们不是停留在一次隆重的仪式或者以某种行动对这一名词加以解读的简单层面上，而是在活动中逐渐积累经验，形成了一套特有的措施体系，并附有跟踪管理档案。每学期开学，学校都会组织师带徒工作启动会，明确师徒各自的职责，为结对师徒颁发证书，以保证工作得以有序进行、有效落实。可以说我们的师带徒工作有措施、有实施，有量化、有鼓励，有竞争、有评比，充分发挥了老教师对青年教师的传帮带作用，使青年教师在教育、教学、班级管理等方面有明显提高。担任师傅的是一大批市区骨干教师，他们是学校的中流砥柱，中青年居多，有精力、有经验、有激情，这一活动给他们提供了用武之地，让他们实现了自身的价值，同时为新进教师提供了可依赖的坚实的力量，让他们得到了有利帮扶。

感谢引领，放飞成长
贺　楠

每一个人都需要方向，就好像世间的万物一样。向日葵追随光的方向；云朵追随风的方向；渔船追随灯的方向；藤蔓追随树的方向。来到翠微小学的第一天起，我就有了自己的方向，引领着我收集起散落的脚印，朝着梦想前行。感谢师傅的引领，让我放飞成长。

一、学校搭建平台，促进教师成长

2007 年 7 月，告别学生时代，带着大学老师对我们"学高为师，身正为范"的教诲，我开始了自己的教师生涯。几许兴奋，几许期盼，几许不安……我知道，迎接我的将是幸福与挑战。

初入学校，还有些迷茫与困惑。为了加快新教师的成长，学校及时地开展了师徒结对活动，为我们搭设成长的平台。从那时起，穆老师就成了我的师傅。

初为人师的我，一身豪情，满腔斗志，恨不得一下子把自己所学全部传授给学生。于是，在课堂上我滔滔不绝，板书密密麻麻，生怕漏掉一个要点。每次下课之后，我都有打了一场漂亮仗的胜利感与满足感。然而，当梦想照进现实，我很快从这种自我陶醉中清醒过来，我明显感觉到学生有些"吃不消"。于是，我向师傅说出了我的困惑，通过听师傅的课，观察她的教学方式与环节，以及和她课下的讨论，我对自己的课堂进行了反思总结，认识到了问题所在。在师傅的帮助与指导下，我改变了上课方式，给学生更多自主学习的空间，还原了一堂课真正的承载能力。这看似是教学方式方法的改变，其实本质上是我教学理念的转变——从只关注教学到真正关注学生的发展，这让我受益匪浅。在以后的工作中，师傅经常在教学上给予我指导，从点滴小事上让我领悟教学的方法、策略与艺术。她对工作的细心、耐心与用心深深地影响了我。感谢学校为培育新人所做的一切，正是有了师傅这样的坚强后盾，我才顺利跨越了教师道路上的第一道门槛，更稳健地踏上神圣的三尺讲台。

二、教育科学研究，教师起飞的翼下之风

除了教学上的指导和帮助，师傅还经常鼓励我们：作为一名年轻的教师，不仅要提高自己的教学能力，平时还应注意反思、积累，多写些东西，向科研型教师发展。师傅是这么告诉我的，她自己也是这么做的。于是几年来，我坚持理论学习，积极参加学校的课题研究、学术讲座和培训，从"课堂有效性"到"绿色教育"，从"师生关系"到"英语语音教学研究"，从"作业有效设计"到"骨干教师研究团队"，每一次的学习都有助于我自我改进、自我发展。正所谓"教学相长，教研并进"。虽然读读写写牺牲了很多业余时间，但我毫无怨言，我觉得自己每天都生活在紧张与充实之中，不断收获着。

三、历练自我，经历基本功大赛

在工作的第二年，我有幸赶上了十年一次的北京市基本功大赛。从2008年9月到2009年10月，我参加了学校、学区、海淀区和北京市开展的教师基本功展示活动。在这一年多的时间里，精彩、疲惫、挑战、难忘、成长并存。面对各区县经验丰富的选手，年轻的我心情就像一首歌——《忐忑》。坦白地说，压力很大。那些日子感觉空气都是凝结的，满脑子都是教学流程。每一次备赛的过程中，我的师傅穆老师都会在课余时间和周末与我一起分析教材、研究理论、锤炼教学技艺。一次又一次地磨课，不断地修改完善教案，这真是痛苦的超越后逐渐逼近本真的过程。每一次思维碰撞后的顿悟，都让我品尝到更进一步的喜悦；每一次理念偏离后的矫正，都让我有种豁然开朗的兴奋。就这样，在学习、思考和历练中，我收获了、成长了。那双在背后默默支持着我的手给了我许多鼓励与帮助。我觉得自己就像是一个刚刚学会蹒跚走路的孩子，在师傅的关怀和引领下正逐渐走向创造价值、积淀幸福的职业人生。我从心底里想说一声"感谢"！

正是这样的关怀与帮助，将学校和师傅对我的期待转变成了我对自己的期待，让我找到了一份自我实现的自信与肯定，不断地激发我追求超越的动机，让我在今后的日子里学会彼此分享。

几年来，随着学校师资队伍的不断扩大，翠微小学把新进教师的培养作为教师队伍建设的重中之重，建立了新进教师"岗前培训，岗中指导，总结反思"的培训制度，收到了很好的效果。在实践中，我们是这样做的。

1. 以历史作引，用文化导入

翠微小学在长达60年的历史积淀中，形成了自己独特而富有韵味的

文化精神。"明德至翠，笃行于微"是学校精神最富有深度的诠释。每年学校都有一批来自首都高校以及各个区县的新教师。进入一个新的家庭，他们首先需要了解翠微历史，体验翠微文化，感受翠微精神。通过参观学校四个校区，他们了解了翠微小学的校貌，领略了翠微的物质文化；通过对翠微小学历史的解读，他们了解了学校的成长历程、发展脉络，认识了学校的前辈人物和史实，知晓了学校现阶段的发展状态，同样也清楚了学校发展的未来走向；通过《翠微小学文化建设读本》，他们理解了学校的办学理念、办学定位，了解了学校的办学特色，如民乐团、管乐团、舞蹈团、儿童剧社、曲艺团、书画院、陶艺、面塑等；通过经验交流，他们体验到了翠微小学充满和谐与力量的团队文化，感悟了学校"四个一"的内涵——确定一个人生目标，培养一种不断进取、奋发向上的精神风貌，培养一种学习型的生活方式，在工作中定位一个主攻方向；通过课堂观摩，他们目睹了翠微小学教师的绚丽风采，感受了学生的朝气蓬勃……

2. 促思想对接，激新生力量

优秀课例是教师智慧与心血的结晶，翠微小学几代教师用自己辛勤的汗水根据实战经验积攒起了一笔巨大的财富。对于海纳百川的翠微小学来讲，这些当然也要拿出来与新教师分享，让他们品尝这美味的教育佳肴，让他们在走上讲台之初，先来感受翠微的教学风采，为日后的教学打下良好的基础。

新教师培训有感

陈建南

在还没有来到学校工作之前，我就知道翠微小学是一所有着优良传统、有着很高的社会声誉、深受学生和家长赞誉的名校，所以，能到这样一所学校工作，我的心情既兴奋又忐忑。兴奋的是我即将融入这个优秀的集体，这让我感到光荣和自豪；忐忑的是我是初次登上讲台，没有教学经验，我担心自己的稚嫩会对工作和集体产生影响。而学校领导也好像看透了我们的心思，特意在新学期开始前，为所有新进入学校的教师组织了专门的培训。这让我在倍感温暖的同时，也充分感受到了学校对新教师的重视、爱护和培养。培训会上，四位优秀教师将自己工作多年的经验毫无保留地传授给了我们。他们在学校文化、管理、沟通和教学四个方面的讲述，让我对翠微小学这个新的集体有了更为深入的了解。

　　老师们对学校文化的讲述，让我深切地体会到学校在建设校园文化上的用心，学校集体对个人成长的帮助和个人成长对集体的贡献，也坚定了我要尽快融入学校文化的决心；对日常学校管理的讲述，则让我更明确了工作上的重点、难点和处理问题的一些方法，也使我对新学期在新校区的工作生活更有信心；而听完闫老师结合自己经历讲述的与家长沟通方面的事例，也让我了解了沟通的几大要素和教师与家长沟通时需要特别注意的方式方法，这些对我以后能更好地与学生家长沟通有很大的帮助。

　　培训中让我感触最深的是老师们在教育教学工作中的认真和执着。我想到过凡事都是需要精益求精的，但是，当听到赵老师为了一次说课大赛，自己在家中苦练上百遍的时候，我还是被深深地触动了。作为刚刚踏入教师岗位的年轻人，我们肯定没有太多的教学经验和技巧，但是我们有年轻人的激情和执着，只要我们带着不怕吃苦、精益求精、认真执着的心在教育教学路上不断探索前行，我们也一定能做出一番成就。每一次大赛于我们而言可能都是一座山，要想登上山顶，就必须付出艰辛和汗水。我知道前行的道路不会是坦途，在路上我们会遇到各种困难和挑战，会有恐惧，也可能会有失败，但是不努力攀登怎么能够登上顶峰？没有历经风雨怎么能见到绚丽的彩虹？没有辛勤的灌溉、精心的培育，又怎么能有丰收的果实？我期待着成功给予我们的信心和荣耀，听着老师们讲述自己一步步成长起来的丰富经历，我也深深地明白，玉不琢不成器，面对挑战就应把握住机遇，让自己在压力和动力下发奋，在契机和磨炼中成长蜕变，只有这样，才有可能在往后的教学路上走得更高更远。

　　培训中，虽然老师们论述的角度和方式各有不同，但从他们细致的讲

解、投入的演说中，我非常直观地感受到他们对翠微小学的深厚感情和对教育事业的无悔付出，当然也感受到他们对我们新进教师的期待和关怀。这些都将激励着我在今后的工作学习中，以他们为榜样，向他们学习，脚踏实地地做好本职工作，争取早日成为一名合格的人民教师。

（二）新星工程——精研课堂，促骨干教师发展

目前，学校教学质量的提升在管理上有一个关键性问题，就是教研组基层建设问题。教研组是最基层的研究团队，一个学校教科研整体水平高不高，最应该衡量的是教研组。看最普通的教师参与教科研的水平、程度和质量如何，才能判断学校的整体科研水平。解决了教研组建设这个问题，很多问题就迎刃而解了。同时，统一课题、统一步骤的学校层面管理，对翠微小学来说已经不适宜了，不利于解决问题，不利于发挥骨干的作用，不利于管理，反而容易让教科研流于形式，所以，教研组里的常态教研成为关键。

课例研究是一种教师所擅长的、基于实践情境的反思性研究。从教学叙事和课堂观察到课例研究，这是校本研究，特别是校本教学研究的系列实践环节。它是"一种集培训、课堂观察、参与性研究等多种专业发展模式于一体的研究形式，是在理论与实践分析的基础上对教师专业发展方式做出的最佳选择"[①]。近年来，学校在师资培养方面越来越重视以课例研究为核心的队伍建设策略。尤其是对于专业发展的中坚力量——中青年教师队伍，课例研究是带动教师走向专业精细和品位发展的良好支撑。为此，学校每学期除了开展青年教师展示活动之外，还开展学科带头人"人人指导一节课"和骨干教师"人人献一课"活动。团队作战的模式，既有效地发挥了学科带头人和骨干教师的辐射作用，也带动了翠微小学全体教师教育教学水平的提升，同时加强了学科间教师教学经验的交流，促进了

---

① 牟杰.课例研究的教师专业发展作用之意蕴 [D].南京：南京师范大学，2008.

教师对教材教法的思考和研究。

（三）名师工程——课题切入，提升研究能力

学校注重培养教师队伍的"领头雁"，坚持把骨干队伍建设作为提高教学层次、扩大学校影响、创造学校品牌的重要抓手，积极创造条件为市区级骨干教师召开研讨会，送他们参加高级研修班，让他们申报课题等，帮助骨干教师争取进一步发展的空间。学校市区级骨干教师、学科带头人连续四期承担北京市农村中小学教师研修工作站的部分工作，为北京市政府"发挥城区优质教育资源，改善农村中小学教师知识结构，提高其教育教学技能，促进基础教育均衡发展"贡献力量。

学校的发展，教学质量的提高，学生的成长，关键是教师队伍素质的整体提升。加强教师队伍建设，关系到学校的兴衰成败和学校的可持续发展。随着我校"明德至翠，笃行于微"文化建设战略的启动，团队建设又一次被提到重要的议事日程上来。为了激励骨干教师进一步提高自身的教学技能和科研水平，我校每年还进行骨干教师工作室优秀成员评选，根据成员的个人总结，并结合平时表现，按照评选条件，经全体成员评议产生优秀成员。优秀成员经校委会审批后，获得科研先进教师证书，并获得参加上级单位论文、优秀成果、创新奖等限额评选的资格。

三、翠·微教师的人才激励机制

我们常常说，要办一流的学校，就要有一流的教师队伍。这一流的队伍从何而来？翠微小学通过几年的尝试，以"以人为本"为理念原则，建立了人才培养的激励机制。人才培养的宗旨是，挖掘每一位教师的潜能，提升每一位教师的素质，促进每一位教师成才；在人才培养策略上，立足"以人为本，体察人，帮助人，成就人"；在人才管理机制上，多途径，抓特点，抓重点，创新激励机制，整体推进教师队伍的提高。

（一）多途径，体察人，在沟通交流中进行情感激励

"不知人之短，不知人之长，不知人长中之短，不知人短中之长，则不可以用人，不可以教人。"教育的功能在于挖掘人的潜能，使人的价值最大化，对教师队伍管理而言，就是通过管理让广大教师获得全面的能力开发和潜能释放，使教师成为具有创造性的、有自己独特价值的积极的人。实现这一管理目标的前提是对教师要有全面、客观的了解和科学的分析。管理者如何了解教师，发现他们各自的特点，发挥他们的优势？这首先需要管理者与广大教师进行沟通交流，"以真心换诚心，以热情换激情"。鉴于翠微小学教师人数众多的特点，管理层采用了三种沟通交流的途径，也可以说是人本化管理的三种制度：一是调查问卷分析制度；二是及时沟通制度；三是信息网络沟通制度。

1. 学校管理层通过调查问卷了解教师工作中的需要

需求是起点，是教师焕发工作激情、实现专业成长的动力。在管理过程中，我们分层、分类进行中层管理者、骨干教师、普通教师需求情况汇总分析，科学、全面地了解员工的需求状况，使教师队伍人才培养更富有针对性。在此基础上，我们总结共性的内容，确定人性化的管理。例如，从各级管理者、教师工作上最需要什么切入，编制简单易答的调查问卷，内容主要包括：你在班级（年级、年段、学校）管理上最需要什么？你在学科教学上最需要什么？你在和领导相处中最需要什么？你在和同事相处中最需要什么？你在和家长交往中最需要什么？等等。

例如，就如何利用学生放学后的40分钟活动时间，东校区体育组根据问卷调查结果，设计了30秒跳绳、投篮、手球射门等单项和群体活动，教师、保洁、保安都参与了这个活动；在占绝大多数的女教师的建议下，组织了特别适合女性健身的"普拉提"运动，一些男教师也积极地参加了。除了健身活动，在时间和条件允许的情况下，学校还曾经申请了一些大家关心的项目，如美容美发、居室布置、艺术插花、茶艺等既能悦己又能悦人的讲座或活动，让大家始终保持在轻松愉悦的心境和环境中工作。

2．建立干群联系制度

在翠·微教育管理过程中，每一位学校管理者都力求做到了解教师各方面的情况，包括家庭、性情、爱好、专业发展要求等，并且常态化，如要求每学期每位管理者家访3—5位教师，每月能帮助一位教师，每周能与一位教师沟通交流。在干群联系过程中，不断发现管理者与教师身上的闪光点，尽可能发挥他们的优势，尽可能满足他们的需求，使大家获得温暖的人文关怀，正确对待工作、对待他人。

3．关注校园非正式沟通渠道

在校园网上，有关"我的烦恼"、"我的快乐"、"我的小小收获"、"我遇到的问题"等方面的内容层出不穷，值班管理者每天会及时归纳总结、汇报沟通，及时回应大家在工作中出现的各种问题，使管理者与广大教工及时沟通、互动、交流、协商……通过非正式沟通渠道的建立，教师情绪得到宣泄，或某种需要得到满足，或得到及时的鼓励，或得到快乐的分享，使干群互动常态化、即时化，也使管理工作具有了活力和有效性。

通过建立这三种广泛交流的平台，每个人都拥有了说话的权利，每个人的声音都得到了他人的关注，每个人的特点都得到了他人的了解，每个人的烦恼都得到了他人的理解与化解，每个人的成绩都得到了他人的欣赏，每个人都能感受到自己很重要、不可或缺，从而有了积极的人生态度、工作态度，尽力发掘自己的潜能、发挥自己的优势，不断实现长足的发展，在自己的岗位上闪耀出属于自己的璀璨光芒，使翠·微教育逐步走向"人人是才，人尽其才"的理想境界。

（二）抓特点，帮助人，在扬长避短中进行成功激励

苏格拉底曾说："每个人身上都有太阳，主要是如何让它发光。"在学校管理过程中，管理层立足教师自我发展，立足团队建设，抓特点，帮助人，让老师们在扬长避短中发出光彩，获得成功激励。

1. 认识自我，理性分析，自主规划，自我超越

教师的眼里都是学生，关注学生的问题成了大多数教师的职业习惯，但教师很少自我反思，很少分析自己的特点，很少规划自己未来的发展，失去了自我激励的动因。针对这种情况，翠微小学建立了教师三年自我发展规划的全程监控制度。教师根据自己的愿望、自身的优势与问题，制订个人发展规划，在年级组、教研组里交流讨论、修改完善，要求"可读、可信、可行、可用"。教师发展的点滴成绩和问题反思及时记录在《教师自我发展手册》上，每学期学校都分层、分级进行管理者、骨干教师和普通教师的总结、交流。教师们围绕学校的教育教学计划和个人成长计划，以多种形式展现、总结自己的特色管理和特色成绩，或展示特色作业，或汇报优秀成果，或展示研究课，或组织专题论坛等，从中提炼典型材料，分专题汇编成册，作为教师的培训学习材料。在这个过程中，教师们有了明确的目标，有了及时的激励，有了自我发展的动力。

2. 建立团队，扬长避短，互助合作，氛围和谐

翠微小学建立了"手拉手"协作制度、骨干教师沙龙研讨制度，旨在促进教师之间的团结与协作。"手拉手"协作制度的建立，确定了教师之间有长短项之分，各自发挥优势时，皆是师傅，各自得到指导时，皆是学生，大家是平等的，有相同的话语权，互助合作，扬长避短，氛围和谐。骨干教师沙龙则由市区级骨干教师和愿意投身教育教学研究的普通教师组成，研讨内容包括管理类、教育类、学科类，形式有好书介绍、案例分析、专题研讨、名家讲座、经验分享等。

记《第56号教室的奇迹》教师共读活动
周金萍

教师文化沙龙是教师学习、生活互助的共同体。沙龙的成立，使得教师在繁重和琐碎的工作中有了一片憩息的绿洲，让生活和工作变得高雅和高尚，滋润心灵，净化灵魂，变得纯粹！"阅读是精神的自我成长，好的

阅读促进好的教育，促进师生健康自我的发展"，这是我校开展《第56号教室的奇迹》共读活动以来不少老师的感悟。之所以要组织教师共读，就是因为我们坚信，一个人可以走得很快，一群人能够走得更远。水养人，书养心，只有老师心灵成长，才能促进学生的心灵成长。2012年，我们组织全校教师围绕这本书开展了一次教师共读活动。与以往单一的共读活动不同，我们在活动形式上进行了创新，分"阅读"、"课程"、"信任"三个版块，按照不同主题进行分享和展示，多才多艺的教师团队采用了各式各样的分享交流形式，有小品、汇报、童话剧等，深入浅出。活动的开展，有效地促进了教师的专业发展，提高了教师的科研能力，使教师们在榜样雷夫的足迹下探寻到教育的真谛，感受了教育大师的风范，提高了文化知识素养，增强了教育管理的水平，对科学研究的认识越来越深入，课题研究的水平逐步提高。

学校的事情千头万绪，但骨干教师沙龙则给教师开辟了一方静心研讨的净土，学人之长，反思自我，弥补短处，不断进步，激励了一批先成长起来的教师，也带动了学校有强烈发展愿望的教师。骨干教师们根据学校特色发展目标及具体办法，结合自己的特长，还承担学校教学以外的工作，如民乐团、舞蹈队、合唱队、英语沙龙等。教师们发挥各自的特点带队，富有特色、富有创新，带动了翠微小学的艺术教育、英语教学特色发展。如2008年翠微金帆民乐团与美国、德国、新加坡的相关合唱团联谊演出，为英国著名的BBC电台演出并接受采访，数次在北京市中小学乐队竞赛中获一等奖，这与翠·微教育中特色教师的专业发展紧密相连。

教师发展需要一定的社会与文化环境，尤其是教师团队合作的环境。教师团队合作以知识交往为前提，以教育实践为载体，以共同学习、研究、研讨为形式，通过相互沟通与交流，最终实现整体成长。教师团队合作在促进教师信息共享、优化教师知识结构、促进教师实践知识显性化、

提高教师反思能力、发展教师创造性思维、强化教师自我教育等方面具有重要的作用。① 在翠微小学教师队伍建设的过程中，"在团队中发展"的特色比较明显，其中尤以教研组和行政组最为明显。

思考 突破 进取
——翠微小学科任组 2011 年工作总结

陈 华

作为科任组组长，如何开展好校内的科技活动，如何开发校本课程，如何带领每一位教师发挥特长，更好地完成领导交给的任务，这些都需要我去思考，找到突破口、着手点，使工作有新的局面。下面我想从思考、突破、进取这三个角度谈谈我们是如何开展工作的。

一、思考现状

我校跻身海淀名校，各项工作捷报频传，唯独科技活动鲜有成果，前几年除了定期小规模地参加海淀区的相关比赛，其他科技活动几乎为零。到目前为止，我校还没有申报过科技示范校。我校的科技活动如何开展起来？突破口又在哪里呢？从接任科任组组长开始，这便是我最大的困惑，也是我的工作目标。

我们科任组涵盖了科学、思品、综合实践和信息技术四个学科，成员多，不好统一组织与管理，但是也有它特有的优势，那就是：学生喜爱，兴趣浓厚，乐于参与。

科任组教师老、中、青结构分明，其中学科带头人 4 名，校、区骨干3 名，专业素质占有优势。青年教师活泼，充满朝气，头脑灵活，知识丰富，现代科技手段掌握较好。中年教师厚重、干练，能力较强，能够勇挑重担。老教师任劳任怨，经验丰富，热心助人。凝聚每一位教师的力量，发挥他们的特长，我们就能够成为一支骨干队伍，这为我们的工作奠定了

---

① 朱正平 . 基于团队合作的教师专业发展 [J]. 职业技术教育，2009（7）：56.

基础。不利因素就是人员不稳定、流动性大，不利于专业培养。

二、寻找突破口

随着学校兴趣课程的开发、科技活动的开展，科技成了主角，借此契机，以兴趣课程为抓手，成为我们开展科技活动的突破口。

1. 研发兴趣课程

（1）准备工作——选题

首先，充分发挥老师们的特长与优势。如有的老师动手能力较强，就选择了剪纸、航模、建模、叶画制作，年轻老师知识丰富、创新能力强，就选择了 DIMO（头脑奥林匹克）。同时，发挥骨干教师的作用，以强带弱，如阳光测向小组，因为学生喜欢，在本校同时开设三个小组。

（2）培训学习，提高学科素养

为了加强老师的专业素质，提高其活动组织能力，本学期我们组织或参与了多项培训活动。模型制作是我校的传统科技活动，本学期又将迎来区模型竞赛，为提高科技老师的指导水平，我特意请来资深模型制作专家为他们进行了模型制作的培训讲座，使老师们受益匪浅。杨志宇、杨艳霞老师参加了区活动中心举办的模型制作培训；艾海秋、高佳颖老师参加了头脑奥林匹克培训班；我和韩勇刚参加了电子培训班。这些培训学习都是利用双休日时间。老师们撇下自己的孩子，牺牲了休息时间，目的就是提升自己，更好地服务于学生。一分耕耘，一分收获，这学期，老师们纷纷被评为全国中小学生叶画制作优秀辅导教师、区中小学生阳光测向优秀辅导教师、区建筑模型优秀辅导员。

（3）课堂生动活泼，科技活动开花结果

以前的航模活动，都是先组织学生购买少年宫指定的模型产品，然后再组织学生去比赛。这样一来，孩子们平时接触不到模型，我们也无从下手去指导，比赛时好比撞大运，成绩很不稳定。今年在学校的大力支持下，我们引进了航模产品，开设了航模小组。每次活动同学们都能动手进行制作练习，看着自己的作品，同学们特别高兴，水平也在快速提高。

DIMO（头脑奥林匹克）也是本学期我们新开设的活动之一，旨在开发学生的创造力，培养综合能力。由艾海秋和高佳颖两位老师组织辅导。由于两位老师也是初次接触，她们买来相关指导书，参加培训班，边摸索边实践，在她们的精心指导下，现在两个小组的学生对这项活动都产生了浓厚的兴趣。一些没报上名的学生听了同学的介绍都来找艾老师预定下学期的名额了。

为了迎接海淀区及全国的阳光测向赛事，本学期我们一边利用综合课对五年级学生进行知识普及，一边利用午休时间进行场地训练，刚一接触，同学们就非常热爱这项活动，每天都有几十名学生参与训练，两个月下来，虽然我们连午饭都吃不踏实，但看到训练的成绩不断提高，我们心里高兴极了。目前本校学生已达到人人会测向。

2. 积极开展科技活动，让学生的生活丰富多彩

本学期我们成功举办了翠微小学第二届科技节。在历时一个多月的时间内，先后开展了科普展览、科普讲座、科技游、成果展览等一系列活动：150名学生参与科普讲座2场；50名学生开展科技游——参观通信兵大院；高年级学生每人读一本科普书并写读后感；科技兴趣组的学生每人制作一份科技小报；学生观看叶画展览。

这些活动掀起了翠微小学的"科技热"，凸显了开门办学的特色。

在科技活动中，我们巧妙地将其与兴趣课程相结合，并与全国、市、区的比赛相结合。一边培训、辅导，一边参赛，使我们的科技活动上了一个台阶。我们相信在六年级的毕业生中，会有更多的学生具备科技特长生的资格。我们为学生成长与升学搭建了有力的平台。

三、总结中进取

一学期的齐心协力、辛苦付出，我们取得了可喜的成绩。

我们举办了以下展览：叶画展览（展品200件）；建筑模型展览（展品105件）；科普知识展览（展板20块）；兴趣课程展示（展板6块）。

我们还完成了两期电子大屏宣传，向校电视台、校报送交了6份新闻

宣传稿，在网站上上传了15篇报道稿，制作了26块宣传板。

虽然我们取得了一些成绩，但离我们的理想目标还有一定距离。我们有自己的努力方向，那就是让我们的兴趣课程更具特色，通过我们丰富多彩的科技活动进军科技示范校。我们还会引领学生参加更高层次的比赛，开发出更多的科技亮点，让科技活动在我校蓬勃发展。

3. 有针对性地为一线教师创造其所需要的成功条件

要建设一支高素质的教师队伍，除了要有一套完善的保障制度外，还需要成长平台来支撑。我们积极为教师搭建平台，让他们拾级而上。以一线教师为主角，让他们在八个层面进行展示：研究小组—教研大组—学段教研组—学校—学区—区—市—全国，至少保证每月一次展示和交流。展示的方式是各级别的研究课、评优课、展示课、接待课和各级别的经验交流、学术讲座、专题培训。三年中保证了各类课的展示每人每学期至少一次，各级别的经验交流每人每年一次，学术讲座、专题培训每年每个教研组、年级组各两次。展示就是历练，历练就是成长。让有一技之长的人有机会展示，有用武之地，让每位教师都感到这个学校有他的一席之地。

骏马是跑出来的，强兵是打出来的，教师的成长需要不断历练。为此，学校为新进教师搭设了各种各样的平台：学校的"翠微杯"教学比赛、学区的"新新杯"教学比赛以及海淀区的"世纪杯"教学比赛，还有新进教师展示课、徒弟展示课、参观接待课、市区研究课等。

每一次活动，我们都部署得十分严谨、正规。为了激励教师，我们绞尽脑汁，设立了多种奖项，除了传统意义上的一、二等奖之外，还有和谐氛围奖、教学创新奖……极大地激发了老师们的信心，让他们为自己重新定位，以此走向新的境界。

机会垂青于有准备的人

高佳颖

2006 年我刚参加工作，就开始为翠小的"新进教师展示课"做准备。在备赛过程中，从教研组长到组里的每一位老师都成了我的师傅，他们指导我、帮助我，通过这次比赛，我很快适应了日常教学工作。2007 年 2 月，风风火火的"翠微杯"教学大赛开始了，上班已经半年的我，很快调整自己参加比赛，喜获一等奖和党员教师风采奖。经过这次比赛，我开始从更高的角度去钻研教材、关注学生，更重要的是审视自己。当经历了一段时间的工作，我在职业成长的路上遇到了瓶颈，教学水平似乎停滞了，这时，学校开展了"师带徒"活动，由市、区级学科带头人认领我们这些新兵作为徒弟，一对一地展开有效指导，我如饥似渴地学习着。在师傅的引领下，我很快找到了自己的问题，在师傅的指导下，我又参加中心学区的教学大赛，获得一等奖。

我们学校有三大系统工程——名师工程、新星工程和新苗工程，为处于教师职业生涯中不同阶段的老师搭建了不同的平台，真正做到了依据老师的不同特点培养老师。我就是"新苗工程"的受益者。当我苦于找不到先进教育理念和教学实践的结合点时，学校组织讲座，请来大学的教授为我们阐述国际先进教学理念背后的内容；当我苦于找不到教研和科研的结合点时，"新苗工程"就会组织学习班，请专家指导我们如何在教学一线开展科研活动；当学期中后期，大家身体累了，心理上也扛不住时，肯定会有专家为我们做心理疏导，或是有保健医生教给我们保健方法。起初，在学校工作的时候，我一直有个疑问：为什么校领导总是在我们最需要什么的时候就能给我们提供什么？工作了四年半，我找到了答案，那就是翠微小学是站在教师的角度去培养教师的，学校在不断地为我们搭建平台，帮助我们迅速成长。

除此之外，学校还积极为教师搭设各种练兵的平台，比如，参与区教研、接待外省市考察教育交流团、参加大型的研究活动等，极力为教师争取展示课、研究课的机会。

4. 学校为教师提供多种多样的学习机会

学校的发展不能靠简单的移植和"取经"，而要靠学校的自我觉醒、自我努力、自我提升、创新实践。而教师的自我觉醒，在很大程度上取决于其对新知识、新能力、新世界的探索。因此，我们对于教师的培训，除了充分利用海淀区小教科、海淀区教师进修学校、海淀区教科所等提供的资源外，还立足校本，积极为教师的专业成长拓展渠道。

（1）课题带动式培训

素质教育时代对教师提出了新的要求，要求教师不能再停留于过去的"经验型"，而是应该向"科研型"、"专家型"直至"智慧型"教师转型，开展课题研究无疑有利于"智慧型"教师的塑造。原先在进行教育教学时，教师总是凭借着经验，判断哪些知识该采取哪种方式进行教学，哪些学生该采取什么方式进行教育，总停留在经验的套用上，而没有思考过为什么要这样做。在开展课题研究后，教师便会有意识地去审视自己的日常工作习惯，对一些好的经验或存在的问题进行思考和归纳，寻找其中的规律，自觉地去改进自己的教育、教学手段，最终探寻出更好的解决方法。这些大大促进了我们教学水平的提高，使我们能够逐步向"智慧型"教师的最终目标靠近。

近年来，随着学校的文化建设被提上日程，科研工作自然成了学校各项工作的引领和支撑。无论是教育还是教学，科研是先锋，是前者得以科学、可持续发展的基石。

无论哪一层次的教师，我们都根据一线教育实践者的学习特征，有侧重地采用了不同方式让他们进行研究性学习和培训。针对全体教师，我们采用以案例为支撑的情境学习和以群体为基础的合作学习，主要以学校备课资源库建设为载体，目前我们的资源库已初步建成；针对骨干教师，我

们采用以问题为驱动的行动学习和以经验提炼为基础的反思学习，这主要通过每学期的反思案例进行；针对科研型骨干，主要是科研、教育、教学工作的领导，我们围绕学校宏观发展、课堂教学和班级管理，采用持续的课题研究跟进学习和以理论建构为追求的研究学习。

（2）专业研修

专业化培训是对教师的集中培训，具有系统性，涵盖了日常教育教学实践的各个方面，包括德育、教学、教师成长、师生交流、师生生涯规划、教育法规等。如 2012 年 2 月 23 日至 3 月 10 日，翠微小学与教育部小学校长培训中心暨北京师范大学校长培训学院合作，分三批对学校全体一线教师进行专业化培训。学校共计 173 人参加了培训，听讲座 24 次，圆满完成培训任务。此次培训既为学员们呈现了对当前教育问题的深度解剖与分析，给予了其方法上的点拨与指导，同时也从教育哲学的层面启发了学员们深层次的思考与反思。课堂上，老师们在授课教师们对日常教育现象抽丝剥茧式的分析思路的启发下开始主动反思自己遭遇的问题与困境，并与授课教师积极互动。大容量、高质量的学习不仅增进了学习者的知识，扩大了其视野，同时也引发了学习者对日常教育现象的深度思考，激发了其专业发展意识与自我责任感，为促进教师对"教育"的再理解、再思考，为教师教育智慧的再生成，为提升全体教师的教育幸福感提供了有力的帮助。此次培训，从根本上、细微处更新了教师的理念，提升了教师的自省力，使教师在教育过程中有了生命的激情和鲜活的气质，在"明德至翠，笃行于微"的翠微教育道路上尽享幸福教育的快乐。

（3）"引进来"与"走出去"

本着"引进来、走出去"的原则，近年来，学校积极拓展各方面的培训渠道。一方面，组织和承办了许多高规格的会议。2012 年 10 月，首届"两岸数学教学论坛"在翠微小学召开，数学专家、学者和一线教师参与了热烈的研讨，碰撞火花，生成智慧。2013 年 6 月，由北京师范大学教育学部、教育部小学校长培训中心、全国小学课程改革联盟主办，斯坦福大学评价学习与公平中心、国际教育荣誉协会、教育部基础教育课程教材发展中心联合支持的"首届小学教育国际会议"于6月14—16日在北京召开，翠微小学是一个会场。"项目式学习"的引入，有效地丰富和拓展了教育教学和学习的方式，对今后教育教学的革新起到了很好的催化作用。另一方面，学校也积极为教师提供各种平台（国际交流、全国性会议交流等），有效地拓展了教师的视野。

在学校发展中，教师是关键要素之一。学校应该将教师的发展和学校的命运有机联系起来，运用激励机制，创造具有亲和力的人文生态环境，给老师自由与自主，使学校成为师生发挥聪明才智的场所和张扬个性的地方。

第七章

翠·微环境文化的雕琢

翠微小学的规章制度、组织结构、教育教学方法等植根于"明德至翠，笃行于微"这一核心文化理念，被学校组织成员所认同。文化管理是学校追求的更高层次的管理方式，其中，在环境建设中有效提炼和合理应用文化是我们一直在思考和探寻的。

一、追问学校环境的价值

（一）学校环境的价值所在

学校环境建设是为师生的学校生活提供支持的重要方面。学校的环境建设是否能脱离学校文化而自成一体呢？显然不能。环境建设是文化内涵的外在呈现，给人以最直观的感受。学校环境建设的最终目的是要服务生活于其中的教师与学生，因此，我们考虑更多的是环境是否围绕翠·微教育的人本和精细，是否能让学生有更丰富的体验、更积极的探究、更主动的实践，离开小学，学生能否持续地发展，成为具有无限发展可能的人。

本校区学生休闲区

校园环境是物态文化，翠微小学的校园环境是什么样的？步入翠微小学任何一个校区，你会感受到浓厚的文化气息：在翠绿如玉的主色调下，各校区现代化的设施、大气的 LED 屏、玻璃阳光房、乒乓球馆、绿园种植等外显的物质文化，底蕴醇厚，特色鲜明，具有"理念超前文化厚重，一校多址布局小成，潜能无限有待挖掘"的优势。这些文化是经过论证沉淀下来的，是独一无二的、不可复制的资产，是学校发展最强大、持久的动力之源和学校的核心竞争力。良好的环境形象能为学校创造发展契机，优化和拓展学校生存和发展的空间，为学校赢得更多更好的发展机遇，并在长期的教育实践过程中成为公众认可、具有特定文化底蕴的一种有形资产。

（二）师生需求的调研

翠微小学始终在追求可持续发展，追求健康发展的生态。那么，学校持续发展的动力源是什么？师生需要一个什么样的校园？

2006—2012 年，在对"校园环境清洁、美观，富有教育性"的调查中，干部、教师、家长和学生选择"很符合"及"比较符合"的均在92%以上，其中干部满意度最高达 97.5%，教师满意度最高达 96.4%，家长满意度最高达 92.6%，学生满意度最高达 97.4%。从数据中可以看出，学校的四类主体对校园环境的评价是较高的。这反映出翠微小学在环境建设上能做到精心统筹、合理安排，设施建设、绿化美化和谐统一。

数据表明师生、家长对学校环境给予了充分的肯定，同时对学校发展也寄予更多的关爱和期望。在"印象深刻的校园环境"的调查中，六年级学生将图书馆、地球村、本校月亮门、金帆音乐厅、荣誉大厅

本校区金帆音乐厅

排在前五位。当问到"返回母校最希望看到哪些变化"时，位居榜首的回答是"希望看到本校门前有喷水池"。

正是这朴素的情感促使我们思考：校园环境文化与学生健康发展有着怎样的关系？如何使校园成为学生身心和谐发展的最佳场所？如何在优化学校环境的过程中帮助学生实现健康自我？学校的环境文化到底能给学生什么？经过六年学习，学生能带走什么？

（三）学校环境存在的问题

虽然学校环境建设得到了学校主体的高度评价，但存在的问题依然值得我们重视。

1. 基础功能方面

①各校区环境建设进程不同，有的校区建设相对滞后。

②除北校区外，其他三个校区面积小，空间受限，可再利用的绿化、美化面积少之又少。

2. 文化功能方面

①各校区整齐划一有余，个性表现不足。缺少文化小品、小景等有情趣的景致，环境与办学理念呼应不够。

②整体比较沉闷，缺少有童趣、有内涵、可互动的国际化、现代化的文化氛围。

环境具有育人的力量。翠微小学一直以来倡导致力于人的可持续发展的绿色教育，目前的环境文化及功能需要进一步改善，以满足学生自信地表达、自在地展示、自由地质疑的要求。我们需要在固定的校园空间内不断地改进我们的环境，这对于现有稳固的文化和管理提出了新的挑战。面对全球化时代，翠微小学需要更开放的胸怀，吸收东西方文化之精髓；需要更开阔的视野，回归教育的本源；需要更高的站位，为师生健康自我的发展提供明确的指向。

（四）环境建设的整体思路

通过教职工代表大会，全体教职工对办学理念、培养目标、学校管理、名师培训、课程建设都有了深入思考。包括对于"翠·微"的认识，对翠·微教育的认识，对成长在翠·微教育沃土上的孩子们的认识。我们要做什么？我们要帮助成长中的孩子们做什么？引发了全体教职员工的热烈讨论，最终达成一致共识——深化翠·微教育的文化，确立翠·微教育的共同愿景，构建以"翠"的人本与"微"的精细为核心价值，追求"一校一特质，一园一特色，一师一特点，一生一特长"的教育。

我们要培养什么样的人？应该是具有爱心、责任、尊重、诚信、勇气、勤奋等价值观的明德笃行、自觉自为的阳光少年。然而外在的环境建设如何助力于学生的成长呢？

北校区笃行乐园

"蓬生麻中，不扶而直。"古人对环境造就人有精辟的阐述。我们认为环境即隐性课程，在对学生的思想品德教育和良好行为习惯的养成教育中，具有情境性、渗透性、持久性、暗示性和愉悦性等特点。翠微校园时时处处有课程，以课程的维度进行校园环境的建设，通过形象直观的表达形式，把思想教育寓于各种具体可感的情境之中，充分体现校园是孩子们的乐园、学园，把校园建成孩子们的博物馆、展览馆和阅读馆，让孩子们玩得更有品位和文化，在看中玩、做中玩、读中玩，甚至从视觉、听觉、嗅觉、触觉全方位入手，全面展开"玩"，玩中有情感体验，玩中有规则教育，玩中有知识充电，玩中有动手实践，在玩中质疑，在玩中创新，在玩中激发灵感。

最终我们把环境建设定位为：把校园建成孩子的博物馆、展览馆和阅

读馆。确定以翠·微教育为方向和特色，整体设计，立体构建，使环境课程具有"翠"的精致、"微"的细致，用显性的环境课程塑造人性的内涵，促进学生健康自我的发展，六年之后，让学生带走能力和素养，为未来十几年打下基础。

环境建设总的原则是：在有序的规划下，重点突出"有为"，即促进学生的自我发展。具体为：到处都能让学生学到知识，能激发学生的探究意识，从而实现他们的主动发展；在校园和班级中创设一种让学生主动质疑，顺利、充分地表达自我、展示自我的环境和平台，在潜移默化之中激发学生的自主性，致力于形成一种人人爱表达、善调解的氛围；营造一种书香环境，让学生与图书零距离接触，养成爱阅读、善思考的习惯。

二、精致雕琢的环境设计

为做好环境文化建设，学校从人员配备上统筹安排，由学校发展中心、后勤管理中心和专业文化品牌公司及专业设计公司组建校园环境文化建设团队。学校发展中心负责前期设计，后勤管理中心负责后期施工验收、维护保养。我们采用竞标方式引进高水平专业公司协同打造学校环境。结合一校多址的校情，我们采用"理念引领，整体设计"—"宏观规划，分步实施"—"微观着手，点上深入"的策略。

（一）理念引领，整体设计

我们以"明德至翠，笃行于微"这一核心理念引领学校发展，建立了一个个性独特、系统严密、稳定持续的翠·微教育文化体系，让环境因文化而得到滋养，让文化因环境而独放异彩。学校发展中心坚持在行动中研究，在研究中行动，带领设计公司多次进入各个校区对干部、教师、学生、家长展开调研、访谈，掌握第一手材料，反复修改设计方案，提交行政会研究，提交教代会讨论，确定最终设计方案。通过这种自下而上与自上而下相结合的方式，力争环境建设全员参与、个性鲜明。

（二）宏观规划，分步实施

确定环境建设的方向后，我们深度思考、宏观规划环境建设的创意风格：形式开放，体系布局，功能突出，校区均衡。特色则着眼于童趣、互动、生态。

1. 形式开放

海纳百川，有容乃大。我们以国际化视野打造小环境。结合校区面积不大的特点，我们在室外铺上无障碍草坪，不仅扩大了绿化面积，而且扩大了学生嬉戏玩耍的空间，满足了人与自然亲近的愿望。而在楼内设计上，我们利用一切空间，整齐有序地摆放展柜、沙发、书架、绿植，为学生营造开放的、可坐可看可歇息的、家一般的环境，让学生自在地"玩"。

2. 体系布局

围绕翠·微教育的方向和特色，遵循"总则为一，化则无穷"的原则，我们统一规划了各校区文化小品、主席台、文化墙的建设，使翠微小学既是一个整体，各校区又有独立体系。在整体布局的基础上，突出特色，彰显个性。

3. 功能突出

我们着眼于"人"和"体"的视角，巧妙利用格栅、挂钩、地贴等简约手法和简单工具，立体构建各个校区的环境文化，目之所及，墙面、地面、空中一切可利用的场所都是学生展示的舞台。

4. 校区均衡

从 2012 年暑假开始，几个校区的环境建设同步交错，有序推进。各项设计根据资金以及实际情况逐步落实。北校区地处温泉镇，特色是城乡一体化，作为一校多址、"田"字沃土上的一颗明珠，肩负提升城乡接合部教育品质的重任，要带动区域义务教育优质均衡发展。在全球化时代，

翠微小学有责任以更开放的胸怀，吸收东西方文化之精髓，为不同人群提供优质的校园环境。北校区有地下游泳馆、篮球馆、室外小型网球场、设施齐备的学生公寓、餐厅以及与国际接轨的标准化教室。在进行环境设计时，我们从材质选择上强调贯彻低碳环保、可循环再利用的理念；为缓解雾霾污染、净化空气，我们筹建绿地休闲区；为了让孩子们释放爱玩的天性，使其强身健体，我们筹建集跑、跳、走、爬、滑多位一体的体育设施互动区；为涵养气质，我们筹建随处可见、随时可读的阅读区。

北校区主楼前休闲区

北校区润德广场

结合各校区的需求，根据资金到位状况，我校环境建设有计划、分步骤逐项落实。2012年6月，完成了西校区大厅、走廊墙面文化、楼道地面踢脚线展示文化、开放小书柜、教室多功能储物柜、软扎板、悬挂展示滑轨等。2013年3月，完成了北校区室内外环境改造，3—12月完成了东校区室内外改造。2014年暑假，各校区继续落实改造，西校区和本校区重点进行食堂环境文化装饰，东校区重点进行科普文化园建设工程。2015年，在所有设计稿完成之后，各校区有计划、有步骤地落实了30多项小规模校园环境文化建设。

（三）微观着手，点上深入

从课程的维度进行校园环境的建设，充分体现校园是孩子们的乐园、学园，把校园建成孩子们的博物馆、展览馆和阅读馆，是我们建设环境的最高追求。我们要把学校建设成艺术氛围浓厚的文化场，沉淀内涵，帮助孩子发现自我，帮助孩子社会化，帮助孩子成长为一个真正的人。

我们从微观着手，点上深入，力求做到独树一帜、富有创新、凸显特色。

1. 建设阅读馆，营造温润如玉的读书氛围

（1）建设主题阅读馆

着力建设阅读馆非常贴合翠微"温润如玉"的文化内涵，最有力的体现就是把学校打造成读书人的家：师生员工都是读书人。"让孩子变成爱学习的天使"的奇迹缔造者雷夫·艾斯奎斯用经验告诉家长和老师：阅读是生活的基石，是一个人和世界接轨的方式，热爱阅读的孩子将拥有更美好的人生。古罗马著名哲学家西塞罗认为，"假如你拥有一座花园和图书馆，你便拥有了所需要的一切"。"腹有诗书气自华"——人的气质、玉的品质依托阅读而彰显。在翠微小学每个校区、每个角落都有图书，书香四溢的人文环境凸显了翠微小学独特的玉文化气息。

知名教育学者朱永新说，一个人的阅读史就是他的精神发育史，可见阅读对于人类是何等重要！贝塔、舒克、爱丽丝、丁丁、哈利·波特等大批书中人物与孩子们同欢笑、共甘苦，伴随他们的童年生活。我们紧紧围绕学

西校区教学楼走廊

生的年龄特点和心理特点，让校园成为孩子们的阅读乐园。如西校区利用图书馆和接待室的位置分布以及楼体结构，在有限的空间建成"冰雪奇缘悦读馆"，将书中典型的情节、场景、人物在墙面、地面、楼梯、空间格栅、书架、方桌、沙发上展开，营造浓浓的读书氛围，让阅读伴随孩子左右，像呼吸一样自然、顺畅。自然界有这样一种现象：当一株植物单独生长时，显得矮小、单调，而与众多同类一起生长时，则根深叶茂，生机盎然。这种相互影响、相互促进的现象，心理学上称为"共生效应"。我们

就是要通过这种环境磁场促进全体学生精神健康成长，让他们将积累的阅读能力、技巧转化为自信表达的能力和素养，伴随终生。

（2）建立漂流童书馆

我们在楼道为学生设计开放的童书馆，书可以在楼层之间、校际之间漂流，让师生嗅到墨香，喜欢阅读，进而"悦读"。彩色小书柜又似长凳，既可坐又可收纳图书，从安全角度出发进行设计，错落有致地摆放着，既留出了行走空间，也可为课余阅读提供方便；既可以减少课间学生追跑打闹，又为下午放学等待家长的孩子提供了品读的条件，让他们在自在的阅读中自我丰富。当他们真正体验到阅读的快乐时，就会在心理上产生对文化生活的高层次需求。我们还在专业教室、多功能厅、餐厅等各处摆放图书。身处这样的开放环境，谁能抵挡住图书的诱惑？

2. 建设展览馆，开发灵动多变的使用空间

面积小、学生多、可再利用的面积少之又少是我们环境建设的难题。开发与建设属于一种内生模式，我们结合各校区特色，化劣势为优势，灵动多变，一专多能，从空间构建上创新。

一般意义上的展览馆是指展出临时陈列品的公共建筑，为让空间狭小的校园变身为展览馆，我们根据各校区特点，着力开发集综合性、专业性于一体的开放式展览馆。

（1）室内廊道展览馆

教室墙面和廊道空间都是开放展览馆的有效载体。我们在教室墙面布置软扎板，在天花板安装滑道，使学生作品可贴、可挂。楼道则从立体构建着手，墙面辅以软扎板，充分运用小格栅结构，设计制作简单实用、便于操作的工具，将教室外廊上空作为这个班级向公众展示班级文化、学科特色、个性发展的大舞台，让学生自由自在并自信地展示自我——"我的地盘我做主"。学生会在校园里参观到不同年龄、不同性别、不同思维的同伴的作品，感受不同的表达方式，在环境和活动的感染下，能够较为客观地知觉和评价自己处于什么状态以及有何需求，并能及时、合理地进行自我调节。

（2）楼外主题展览馆

室外环境突出了各校区学生的年龄特点，如本校区主楼前错落有致的雕塑与文化小品，西侧的篮球主题馆、文化墙；西校区的阅读主题雕塑、主席台、北侧游戏区；东校区的珍稀植物园、墙体雕塑；北校区的翠·微教育文化墙、国学大

西校区主雕塑

道、润德广场等。我们营造人、水、植物共存的生态，使之产生蝴蝶效应，向师生传情达意，让其懂得敬畏自然，懂得人与自然相互依存、相互关怀。

3. 建设博物馆，拓展开放互动的基调

大家对"博物馆"这个概念的认识和理解各有不同。从学校角度建设博物馆，它就应该是为学校发展服务的、向公众开放的场所。如何在翠微小学建博物馆？我们结合各校区的需求，把博物馆化整为零，分散在各个

西校区操场

校区、各个角落，同时，建设时注重中英文双语呈现。

专业教室里，我们在低矮墙面挂、贴学生作品，高处做一些隔断或陈设柜，采用悬挂、张贴、摆放等方式陈列名家名作及学生的各种作品。关键是要发挥专业教师的专业水平和能力，打造专业的"馆藏"水准。

廊道博物馆要体现各校区特色和学生年龄特点。西校区的北楼大厅和楼道重点从学生公共领域入手，南楼则考虑乒乓球、管乐、健美操、武术、面塑、篆刻等艺体特色，从"一生一特长"展开，深化做实。

东校区围绕种植与美德主题，从一年四季植物的生长入手，展现自然界与人类源远流长的关联，情趣与价值共生，还运用心理学上的"情境相似性"原理，引发共鸣，时时激发师生自省自律。

本校区各层廊道结合学生的年龄特点以及每个学生的特长陈列藏品。南楼梯设计阅读墙，自下而上连载绘本；西楼梯是学生技能作品展；东楼梯是全校艺体特色照片大集合。

（1）桥博物馆

在我校以"桥"为主题的项目学习中，我们建立了以师生、家长、社会关联方为主体的学习共同体，先后有近万人参与了项目研究，以"人人都是建桥人"为切入点，从发现桥、拥有桥、完善桥和创建桥几方面发现学习的本质。为了把学习共同体这些火热的研究和丰硕的成果充分展示出来，我们在北校区建成了桥博物馆。

北校区"桥"博物馆

翠微小学桥博物馆分成两部分，楼道展示厅和室内展示厅。楼道里记录了学生的研究历程，是学生研究过程的缩影，包括"架飞桥——全球文化交融；品名桥——深厚文化内涵；搭学科——多元知识整合；聚成果——开阔视野；齐相聚——项目交流共进"五个版块。室内展示厅包括书画厅、视频厅、实物展示厅，共展示了学生书画作品400多件，学生的面塑、陶艺、篆刻作品200多件，学生自做的桥的模型200多件。这里的每一件作品都是学生们精心制作的成果，都是学生创造力和审美能力的展现。走进博物馆，领略的都是学生们带给我们的惊喜。

（2）翠微会客厅

本校区的金帆音乐厅除了发挥音乐场所的功能外，还是我们接待客人、组织集会、畅谈理想的重要场所。我们把翠微会客厅设置在这里，作为翠微小学流动的荣耀传播地与爱校教育基地，展示实物、照片、藏品等，辅以图案独特精致的地板、不可或缺的书籍、温馨舒适的沙发、绿植等。环境布局上结合外廊特点，墙面上既有令人震撼的大幅名家照片，又有小巧相框中的温馨场面，还有嘉宾赠送的字画、象征友谊的礼品等。

（3）翠微校史馆

校史馆体现着翠微小学建校的轨迹。60年曲折而辉煌的成长历史需要学生了解并铭记。几届领导及老师广泛收集史料，甄选内容，在校史馆展出，由学校发展的八个时期、学校文化建设历程等十二部分内容组成，从纵向、横向不同角度梳理翠微小学的发展脉络，并为今后的发展留白。

翠微小学校史馆（本校区）

三、各美其美的环境特色

我们在"田"字沃土上，追求环境"翠"的明澈、通透，"微"的细腻、精致，激发学生的美言、美行、美德。"各美其美，美人之美，美美与共，天下大同"是各校区环境建设的理想状态。各具特色的校区环境体现了我们承认多样、承认差别，这是"和"的基本前提。正因为"和而不同，守一而望多"的多样差异，才有了翠微小学环境的丰富多彩。

（一）西校区特色设计

西校区目前拥有一至四年级学生 1600 多名，两座教学楼相互呼应。西校区在特色发展上定位为"书香校园，启迪童心"，秉承翠微小学"温润如玉"的文化内涵，着力将校园建设成学生们的阅读馆，从校园文化入手，彰显阅读特色，硬件建设与人文素养的提升相结合，建设翠微小学的书香校园：古香古色，小而雅致，师生静读，厚而大气。

西校区校园文化墙

校园文化建设中注重营造书香气息。进入校园，以《三字经》《诗经》《论语》等为内容的墙面篆刻即刻映入眼帘，熏陶我们的少年儿童，传颂经典文化，培养炎黄德行。

西墙面以中华美德故事为素材，画面既生动形象，又凸显自古以来的美德文化，为学生养成良好的习惯提供了参考依据，贴合了儿童喜爱看图及模仿的天性，自然而然地渗透美德教育。

校园外墙及走廊则采用中国古典建筑中的回廊进行完善，既能遮挡雨雪，又充满古香古色的文化气息，与阅读特色相互呼应、相得益彰。小角落的花草庭院小景观，为书香校园增添了几分灵动与雅致，闻得草香，听得水声，看得花开，动静结合，既美化环境，又将大自然的气息融入校园，寓教于乐。浓浓的文化氛围促进低龄学生爱学习、爱生活、爱学校，更爱西校区的图书带给他们的广阔视野。

楼道内墙面内容及彩色小书柜的布局，让学生能够随手拿起一本健康书籍阅读，抬头也能看到适合低龄儿童阅读的内容，涵盖文化、美德、礼仪、常识等，内容应有尽有，简单易懂，弥补了课内知识的不足，充分体现了学校的育人功能，让学生在学知识的同时学会做人、做事。

（二）东校区特色设计

东校区有一至四年级学生 800 余名，特色发展确定为"花开我心，习惯我行"，所以环境建设以"花开在我心"主题为切入点，以环境浸润品性，琢玉成器，让翠微孩子形成特有的翠微气质。

东校区校名墙采用石浮雕的形式，使之成为东校区的形象景观。校名墙主材全部采用天然石材，在对外部分我们运用石块切割构成整个墙体造型，石块错落有致、大小不一，中部为立体的校徽校名，在周围雕刻翠

东校区书法长廊

微小学的辅助图形以及翠微小学特色教育元素，扎实厚重，极具艺术感，也蕴含了翠微小学"琢玉"的教育理念。

在校名墙的内侧保留原石的粗糙质感，做石材水幕墙，石材上雕刻"翠微赋"。整面水幕墙浑厚细腻，水流缓缓流入下方水池，水池选用天然板岩修饰，自然、整齐、干净，水池内放置白色雨花石，加入部分绿植点缀，灵活生动，充满生机。

整个景观浑厚有力，结合水流的细腻灵动，使东校区入口位置简约大方、独具特色。

配合东校区"种植与美德"的特色，学校利用教学楼背面及西侧空余位置设计建造了一个珍稀植物科普园。用彩色框架构成半封闭式空间，形成一个相对独立的展示区域。架体间增添连接，增加了展示珍稀植物科普知识的面积。入口处设立植物造型立地导示牌，提示科普园名称，也对东校区校园内教学楼及操场等部分做必要导示。

科普园内两侧展示区域铺上绿地，绿地上展示珍稀植物的立体雕塑，中间作为通道，地面上有不同的植物浮雕嵌于地砖之间，使展示形式更丰富多样。

（三）本校区特色设计

本校区是翠微小学的大本营，有近1400名高年级学生。围绕"自我管理，自觉自为"的特色，我们在校园环境建设风格上更偏重于多给学生们一些自主活动的空间，打造自主自律的人文校园。

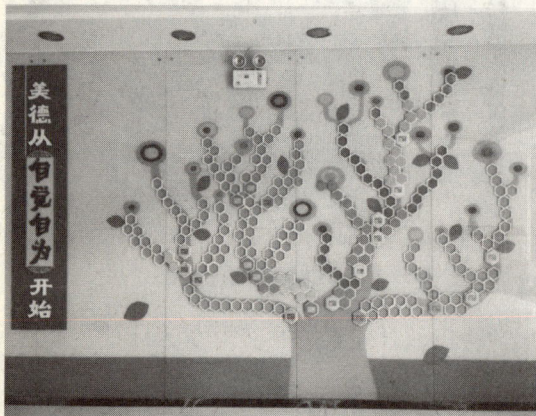

东校区"美德树"

主楼正门南侧是篮球知识展馆，我们对顶棚及墙面进行了整体设计，真正达到学校处处为展览馆、博物馆、阅读馆的目的，也展示了本校的篮球特色。与篮球知识展馆相连的位置，我们建造了一个户外绿地活动休息区，变原有封闭的绿地为开放式绿地，加上具有现代特色的紫藤长廊，共同组成学生课余活动的乐园。以此位置原有的树木为依托，因三个树干互相依偎，故将"友爱、团结、互帮互助"作为此活动区域的主题。此位置略高于周边环境，改为开放式后在绿地中建了长条状石阶，同学们可穿行其中，在树下活动。草地中增设了活动设施，供学生课间休息活动，也使整个区域丰富有趣。

（四）北校区特色设计

北校区是翠微小学一校多址、"田"字沃土上的一颗明珠，地处温泉镇，肩负以城带乡、提升城乡接合部教育品质的重任，有责任提供优质的校园环境，带动区域义务教育优质均衡发展。北校区是新建校区，现有学生400余人，建筑设计上以开放的胸怀吸收东西方文化之精髓，尽显高端、大气的品质。该校区拥有地下游泳馆、篮球馆、学生公寓、餐厅等现代化的设施以及与国际接轨的标准化教室。在环境文化建设上，围绕北校区"亲近阳光，健康身心"的特色定位，遵循"总则为一，化则无穷"的原则，着眼于童趣互动、环保生态。

为完善校园标识体系，北校区在建筑命名上体现了学校核心价值理念，突出了绿的生态、玉的品质。

北校区校园文化墙

北校区建筑命名及释义

建筑	命名	释义
教学楼	德磐园	取自校训，寓意教学楼是教育教学、求知明理、培养"坚如磐石"美德之场所。
宿舍楼	滢翠园	取生活家园一尘不染、干干净净之意。
餐厅	涵微园	寓意小中见大，笃行于微见诸就餐习惯之中。
体育馆	笃行馆	取自校训，寓意运动健身是养成习惯、培养技能、强化行为的关键。
休闲区	润翠绿地	以水滋润万物，使之更有光彩，表达了缓解雾霾污染、净化空气、还北京碧水蓝天从我做起之意。
教学楼前空地	德润广场	校园处处有阅读，寓意随处可见的阅读区犹如春风潜入夜，润物细无声，在潜移默化中改变人的气质与思想。
健身互动区	自为乐园	取自培养目标"自觉自为"，具备健身娱乐功能，可玩、可歇息，充满趣味。
传统文化学园	明德书院	取自校训，是学习中华传统礼仪之场所。

北校区设计主要包括三大块：景观、室外、室内。首先，以人为本，着重体现功能性，如宿舍楼前设有休闲锻炼区、种植区。其次，体现多样化，在户外不同区域运用不同方式来满足师生学习、工作、生活的需求，强化校园生活健康愉快的思想。最后，体现可持续性，强调校园宜人环境与人性化相互关联，强调环境与人的互动，倡导寓教于生活的模式。因此，合理利用每一个角落，遵循人文环境与生态环境相协调的观念，避免资源浪费与环境污染，形成良性循环，使校园成为自然生态、科技文化、物质建筑和谐的统一体。

健身区设有游戏互动区和棋趣园。游戏互动区为学生提供了嬉戏的空间，也为学生提供了集跑、跳、走、爬、滑等于一体的体育设施，让学生在体育活动中充分锻炼身体各部位，在体育活动中快乐成长。棋趣园临水而设，充分体现了校园内的动静结合，让学生体验其中的乐趣。

明德书院之名取自校训，"明德"意指美德、才德兼备。百行以德为

北校区地标小品

首，立德是立志和立行的基础，所以学校给孩子们创建了明德书院，引导和熏陶孩子们的心灵。它以古代书院的形式为载体，现代材料与中式元素结合，打造文化底蕴深厚的景观环境。湖中亭和与其相对的广场可以作为举办儒家文化主题活动等的场所，长廊和甬道又成为师生们阅读、休息、交流的好地方，构成校园内一道亮丽的风景。

校园文化建设是一个复杂的系统工程，我们力求打造清新雅致的校园环境，让环境富有儿童气息，富有自然气息，成为孩子们生活的乐园，让环境促进孩子们学会珍惜、内省，使他们的心灵得到润泽，成为他们成长的学园。

翠·微教育的今天与明天

　　翠微小学很普通，因位于翠微路而得名；翠·微教育很不同，她是以"翠"的人本与"微"的精细为核心价值追求的教育。"翠"彰显的价值追求为"绿的生态"、"玉的品质"。它呈现的是在绿色生态中，每个人彰显自我的价值，自由、奔放，和谐共生，充满生机和活力，达到境界和品位上的"玉的品质"。"微"彰显的价值追求为"微的细腻"、"润的内涵"。它呈现的是在点滴之中透射精致、深刻与周到，在细微中蕴藏关爱，温和中蕴藏力量，润泽中显露生长和希望。"明德至翠，笃行于微"高度凝练了这一核心价值理念，"师生发展，健康自我"直抵教育的核心本质和终极目标。应该说翠·微教育已经成为蕴含特殊教育内涵的、富有教育理想的品牌，她像主体性教育、生本教育、生命教育、幸福教育等教育理念一样，成为具有特定内涵与品格的教育追求。

　　今天，翠·微教育已经从理论到实践实现了质的飞跃，无论是学校文化理念还是学校课程与教学，在每一个发展细节中，都试图生成她独特的教育追求和理念，表达她独到的教育理解。在这个过程中，我们看到了历任校长在其工作岗位上卓越的教育探索，他们从翠微小学的实情和需要出发，实事求是，吐故纳新，站在现实需要与发展方向的基础上，脚踏实地，独创性地思索翠·微教育的品格与追求，沉淀翠·微教育的品牌特质，追求卓尔不凡的教育境界。同样，在翠微小学的队伍建设中，我们也看到了翠·微教育独特的风格。在管理过程中，全体干部坚持"人本、责任、精

细"的管理理念和风格，为学校教育的发展尽职尽责，奉献进取。在课程建设中，我们探索以绿色教育为基础、以德行发展为核心、以多元整合为特色、以科学开发为机制、以文化塑造为追求的翠·微课程理念，并以此为指导，建构起翠·微教育的特色化课程体系。在教学过程中，我们追求"绿色课堂"的"适度"、"个性"、"健康自我"。在德育过程中，我们寻找以"爱心、尊重、责任、诚信、勇气、勤奋"为学生核心德行目标的育人境界。它们共同形成了翠·微教育平凡之中特有的内涵。

正如校训"明德至翠，笃行于微"所集中体现的学校教育价值追求一样，今天的翠·微教育及翠微人，正在新的时代和中国基础教育大发展、大变革的背景下，积极探寻学校发展更宽广、更富于生命力的光辉前程。2015年，在海淀区教育资源整合的大背景下，位于海淀区温泉镇的白家疃小学于12月2日纳入翠微小学规模办学体系，为今后翠·微教育的发展注入了新鲜血液。至此，翠微小学形成了"一校多址"的办学格局。我们相信，翠·微教育会更美好。

如何成就其美好？这需要我们在继承现有发展成就的基础上，结合时代发展的特点及对少年儿童成长提出的要求，从未来的视角去审视、变革今天的学校工作，以带有前瞻性的眼光去勾画翠微小学的发展方向。对于今天的翠·微教育而言，需要从学校工作的三个基础方面探索学校未来发展的任务与方向。

第一个方面，是翠·微教育对基础教育学校培养什么样的人的再思考和再探索。

培养什么样的人，如何帮助学生为未来的人生做准备，这是翠微小学变革的核心价值命题。众所周知，学校教育是一项面向未来的事业，它要为学生未来的美好人生、幸福人生奠基。就翠·微教育的价值与功能追求来说，我们正努力为学生适应未来社会生活做准备，这种准备是全方位的：一是正确的人生观、价值观的引导，引导学生做一个有正确价值追求的人，做一个能够生成和创造个体社会价值的人；二是通过基础知识教育与能力培养，使学生掌握未来社会生存所需的技能与本领；三是培养学生创造更广阔的人生发展格局的能力。在这个过程中，翠·微教育通过课程及教学的改进、校园生活的改善，着力提升学生的综合素养，为成就学生未来的美好人生和幸福人生奠定基础。这些将成为翠·微教育变革的价值基石。

第二个方面，是翠·微教育对成就学生美好人生和幸福人生的实践探索。

今天的学生在学校所接受的教育，在他们的生命中是一段重要的旅程，我们在长远的价值追求中，不能忽略学生当下校园生活的美好与幸福，因为它也决定着人在面对未来社会时，将以一种什么样的认识立场与价值取向追求个体发展。我们希望创设视野开放、多元融合的时空，生态之气、书卷之气的环境，基础发展、个性独特的课程，在具体的情境中学习，在玩耍与自由中影响，在积极的情感中体验，在好奇与梦想中探究。自理、自为、自律、自信、自省、自在，用"健康自我"的思想办学，爱心、尊重、责任、诚信、勇气、勤奋，用"明德笃行"的文化理校，让翠·微教育充满人性和人道，充满活力与智慧。唯其如此，孩子们才会有健康发展的人生底色，才能以一种更卓越、更宽广的眼光审视外部世界，才能更合理地解决未来社会对人的生存与发展提出的挑战。这是翠·微教育变革过程中的重要任务之一，也是翠微小学实现价值性变革的核心。

第三个方面，是翠·微教育对自己的社会使命和学校存在价值的终极探索。

追求"翠"的人本与"微"的精细的翠·微教育，离不开对社会未来发展趋势及对人的素质需求的探索。翠微人在推动翠微小学改进的过程中，要准确把握、积极顺应未来社会的发展趋势及对人的素质提出的要求，更新人才培养理念，确保学生能够适应未来社会发展和工作环境，成为促进未来社会和谐发展的积极力量。可持续、和谐发展，更大的社会公平、公正、多元、包容、个性、创新，是未来社会的基本趋势和价值方向。这将为人的自由而全面的发展、为人创造性的发挥提供更多的空间，

为此，翠·微教育要能够培养并提高学生自由的、自主的主体价值选择能力。从这个方面看，今天的翠·微教育需要前瞻性地培养学生自由、负责、民主的公民素质，使学生正确处理自我与他人、社会之间的关系，成为具有独立性、创造性的个体，成为具有责任心、合作能力的人，成为能够包容和同情他人的人。短视的、功利的、狭隘的教育价值导向不可能应对这一学校变革，灌输式的知识性教学、急功近利的学业价值追求、物质化的人生价值定位也不可能促进一个人实现真正的、全面的、和谐的社会性发展。因此追求真正富有生命力的翠·微教育的发展，一定是基于未来社会的总体发展需求，为实现和谐、美好的社会而培育人才。翠·微教育要建立具有前瞻性的社会价值目标，要积极引领学校变革，走上一条实现学校真正价值的求索之路。

最后需要强调的是，翠·微教育在"田"字格局、七大中心"公转自转相结合，条块纵横相交错"的特色管理下，从"培养明德笃行、自觉自为的阳光少年"育人目标出发，以"创建受社会广泛认可的翠·微教育品牌学校"为办学目标，追求"一校一特质，一园一特色，一师一特点，一生一特长"的文化价值。我们将有效整合各种教育资源，着力现代科技的信息运用、富有自然审美的教育艺术、饱含宁静内涵的教育情怀，在师生关系中，在年级互通中，在校区互融中，在社会交往中，在国际交流等诸多细节中，发乎真情，顺乎道理，学而不厌，诲人不倦，营造"桃李不言，下自成蹊"的教育境界，追求至善、至真、至美，明德至翠，立德、立功、立言，笃行于微，为学生的幸福人生奠基！

出版人 李 东
责任编辑 何 薇
版式设计 宗沅雅轩 孙欢欢
责任校对 张 珍 刘 婧
责任印制 叶小峰

图书在版编目（CIP）数据

致广大而尽精微：翠·微教育的思考与实践 / 许培
军编著. — 北京：教育科学出版社，2016.5
ISBN 978-7-5191-0447-4

Ⅰ．①致… Ⅱ．①许… Ⅲ．①小学教育-教育研究
Ⅳ．①G622.0

中国版本图书馆CIP数据核字（2016）第088062号

致广大而尽精微——翠·微教育的思考与实践
ZHI GUANGDA ER JIN JINGWEI——CUI · WEI JIAOYU DE SIKAO YU SHIJIAN

出版发行　教育科学出版社

社　　址	北京·朝阳区安慧北里安园甲 9 号		市场部电话	010-64989009	
邮　　编	100101		编辑部电话	010-64989179	
传　　真	010-64891796		网　　址	http://www.esph.com.cn	
经　　销	各地新华书店				
制　　作	宗沅雅轩				
印　　刷	保定市中画美凯印刷有限公司				
开　　本	169毫米×239毫米　16开		版　　次	2016年5月第1版	
印　　张	17.25		印　　次	2016年5月第1次印刷	
字　　数	218千		定　　价	36.00元	

如有印装质量问题，请到所购图书销售部门联系调换。